sous la direction de Céline Thérien

La Peste

Albert Camus

Notes, questionnaires et synthèses
établis par Céline Thérien

9001, boul. Louis-H.-La Fontaine, Anjou (Québec) Canada H1J 2C5
Téléphone : 514-351-6010 • Télécopieur : 514-351-3534

Direction de l'édition
Katie Moquin

Direction de la production
Danielle Latendresse

Direction de la coordination
Rodolphe Courcy

Charge de projet et révision linguistique
Nicole Lapierre-Vincent

Correction d'épreuves
Marie Théorêt

Conception et réalisation graphique
Girafe & associés

Illustration de la couverture
Normand Cousineau

Les Éditions CEC inc. remercient le gouvernement du Québec de l'aide financière accordée à l'édition de cet ouvrage par l'entremise du Programme de crédit d'impôt pour l'édition de livres, administré par la SODEC.

La Peste*, collection *Grands Textes

9001, boul. Louis-H.-La Fontaine
Anjou (Québec) H1J 2C5

Dépôt légal : 2011
Bibliothèque et Archives nationales du Québec
Bibliothèque et Archives Canada

ISBN 978-2-7617-3704-3

Imprimé au Canada
1 2 3 4 5 15 14 13 12 11

Imprimé sur papier contenant 100 % de fibres recyclées postconsommation.

Édition originale
1947, Les Éditions Gallimard, 347e édition, impression : 1955, collection NRF, 332 pages.

Sommaire

Albert Camus en compagnie de sa conjointe Francine lorsqu'il apprend qu'il est récipiendaire du prix Nobel de littérature en 1957.

PRÉSENTATION

Camus est-il toujours d'actualité ?

Romancier, journaliste et homme de théâtre, Albert Camus est l'écrivain de sa génération qui aura le mieux conjugué art et philosophie. « Pourquoi suis-je un artiste et non un philosophe ? C'est que je pense selon les mots et non selon les idées » (*Dictionnaire Camus*, page 59). Camus sait en effet plier le langage aux besoins du sujet. Toutefois, les événements tragiques de son époque, que ce soient les guerres mondiales ou les luttes anticoloniales, auront poussé Camus à se définir comme philosophe. *Le mythe de Sisyphe* tout comme *L'homme révolté* sont des essais* philosophiques qui explorent les thématiques* du suicide et de la révolte*.

Comme **romancier**, son nom demeure inéluctablement rattaché à la publication de *L'étranger*, court roman emblématique de cette époque marquée par les guerres. Le titre de cette œuvre est en soi révélateur puisque Meursault, le personnage* au cœur du récit*, paraît bizarre en refusant de se plier au conformisme social. Dans son second roman *La peste*, le thème de l'absurde* s'incarne dans cette maladie qui donne son titre au roman et qui s'abat de façon inattendue sur la ville algérienne d'Oran, repliée sur ses habitudes. Il est difficile dans ce contexte de donner un sens à la vie et, pourtant, les personnages illustrent, chacun à leur manière, comment ce dilemme peut être résolu. Écrit au moment de l'occupation nazie* en France, le récit traduit le climat d'étouffement dans lequel vit une population soumise à l'ennemi.

Camus a très tôt exercé le métier de **journaliste** qui lui permet de gagner sa vie tout en témoignant des grands enjeux de son époque. En Algérie, sa terre natale, puis en France son pays d'adoption, Camus a dénoncé toutes les formes de totalitarisme* qui fascinent les intellectuels, que ce soient ceux de gauche*, qui adhèrent plus volontiers au communisme*, ou ceux de droite, qui se laissent séduire par le fascisme*. Camus, quant à lui, se méfie

* : *Cf.* Glossaire

des idéologies* justement parce qu'elles sont à la source des extrémismes, qu'elles sont ennemies du dialogue et du juste milieu. Rédacteur en chef de *Combat*, journal de la Résistance, il trouve les mots justes pour traduire l'inquiétude de ces années sombres, au moment où l'armée hitlérienne contrôle Paris et le nord de la France et que le maréchal Pétain* adopte une politique de collaboration avec l'occupant. Il demeure également critique en ce qui concerne les Alliés*, dénonçant à la fin de la guerre l'usage de la bombe atomique par les Américains à Hiroshima*.

Pourtant, la grande passion de Camus était le théâtre, activité qui se pratique en équipe comme le soccer, son sport de prédilection. Tant **dramaturge** que **metteur en scène***, fasciné par des personnages comme Don Juan*, grandioses dans leurs paradoxes, Camus est habité par le désir de renouveler la tragédie*, une forme littéraire tombée en désuétude au XVIIIe siècle. Il compose ses propres pièces, comme *Caligula* et *Le malentendu*, ou il traduit et adapte des auteurs étrangers comme le Russe Dostoïevski* ou l'Américain Faulkner*.

Son travail de créateur traduit les préoccupations de plusieurs écrivains contemporains, regroupés par la critique sous la bannière de l'existentialisme*. Comme Jean-Paul Sartre* et Simone de Beauvoir*, Camus rejette en effet l'idée d'un Dieu préexistant à l'être humain et qui détermine sa destinée. Dissident par nature, il se méfie de ces systèmes de pensée ayant réponse à tout. Résistant à l'esprit de clan, il refuse d'adhérer à ces chapelles littéraires soumises au prestige de fortes personnalités.

Ainsi, cet homme embarqué dans un siècle dense et intense vit un difficile déchirement entre liberté et justice. Ses personnages sont à sa mesure; que ce soit le médecin Rieux, le journaliste Rambert, le jésuite Paneloux, chacun s'affirme dans une forme de grandeur, aucun ne se laisse réduire à l'insignifiance ou à la médiocrité.

Encore aujourd'hui, l'œuvre de Camus perturbe par son haut niveau d'exigence: c'est la raison pour laquelle elle plaît généralement à un jeune lectorat. On ne peut lire un roman de Camus

* : *Cf.* Glossaire

dans le détachement: ses récits sollicitent trop de significations, ils se lisent sur une large portée et réussissent à rejoindre nos inquiétudes profondes.

Camus, toujours actuel

Albert Camus, 1957.

Camus, sa vie, son œuvre

> ***En quoi la connaissance de l'homme Albert Camus peut-elle favoriser la compréhension de son œuvre ?***

La trajectoire fulgurante de cet homme ne laisse pas de fasciner : issu d'une famille très pauvre, très tôt orphelin de père, élevé par une mère pratiquement analphabète, il deviendra l'un des plus jeunes récipiendaires du prix Nobel de littérature (1957) sans jamais renier les valeurs de son milieu d'origine. Ce Méridional dans l'âme, cet amoureux de la plage et du soleil sait à la fois traduire le doute métaphysique de l'homme et son goût du bonheur.

Par ailleurs, l'importance d'un écrivain se mesure aussi à l'universalité de sa parole. Souvent invité à donner des conférences en Amérique, lu et applaudi en Europe de l'Est pour avoir dénoncé les excès du communisme*, Albert Camus trouve des adeptes jusqu'au Québec, notamment en Gérard Bessette qui s'inspire de *L'étranger* pour composer *Le libraire*. Dans *Poussière sur la ville* de Gilbert Langevin, la mentalité oppressante d'une ville minière sous le règne de Duplessis n'est pas sans rappeler cette impression d'asphyxie dont sont victimes les habitants d'Oran dans le roman *La peste*. Cette influence s'étend à la génération actuelle : lors d'une entrevue récente, Wajdi Mouawad confiait être un lecteur assidu de Camus.

Considéré comme un écrivain français, Albert Camus est pourtant né en Algérie au moment où ce pays était encore une colonie française. Située au nord de l'Afrique, avec une population d'environ sept à neuf millions d'habitants au moment de la guerre de

Communisme

Régime politique d'inspiration marxiste, en faveur de la répartition égalitaire des biens tout en favorisant la dictature du prolétariat comme étape de transition. Les termes « capitalisme » et « libéralisme » en sont des antonymes.

* : *Cf.* Glossaire

1939-1945, l'Algérie est constituée d'une majorité arabe et d'une minorité européenne. Les deux peuples vivent côte à côte sans réellement se connaître. Les injustices dont sont victimes les Arabes, majoritairement musulmans, sont pourtant nombreuses sans faire l'objet, en ce début de siècle, d'une dénonciation organisée : ils sont infériorisés socialement, souvent soumis au racisme d'employeurs européens qui les exploitent. Camus sera un des premiers journalistes à rendre compte de ce sous-développement dans ses articles intitulés *Misère de la Kabylie** (1938). Étonnamment, dans ses récits* autant que dans ses pièces de théâtre, cette réalité arabe est toutefois pratiquement occultée même si l'intrigue* de ses deux romans *L'étranger* et *La peste* se situe en Algérie, sa terre natale.

Kabylie

Région située au nord de l'Algérie.

Récit

Tout texte qui comporte une histoire (ce qui est raconté) et une narration (la façon de le raconter).

Intrigue

Suite d'événements fictifs qui constituent l'histoire dans un récit.

Une jeunesse sous le soleil algérien

À peine huit mois après la naissance de Camus en 1913 à Mondavi, près de la frontière tunisienne, son père meurt d'une blessure tout au début de la Première Guerre mondiale. L'enfant conserve de lui une photographie et quelques anecdotes rapportées par sa mère, illettrée, presque sourde, qui fait des ménages pour nourrir ses deux fils. Cette femme simple, Catherine Sintès, d'origine espagnole, éclaire par sa présence l'œuvre romanesque de Camus. Le roman *L'étranger* s'ouvre sur le décès de la mère dont le souvenir, qui resurgit au dénouement, parvient à donner un sens à la vie de Meursault qui fait face à une condamnation à mort. Dans le roman *La peste*, madame Rieux, qui soutient discrètement son fils dans sa tâche, emprunte aussi des traits à la mère de Camus.

L'enfant grandit à Belcourt, un quartier pauvre de la ville d'Alger qui servira de cadre au roman *L'étranger*.

*: *Cf.* Glossaire

Les Camus appartiennent en fait à cette classe de laissés-pour-compte ayant fui les guerres et les famines européennes pour se réfugier en Algérie, sans réel espoir de progression sociale. Les frères Camus, Lucien et Albert, ont la rue comme terrain de jeu et la plage comme horizon. Agile et concentré, Albert, le cadet, ambitionne de devenir gardien de but de son équipe de soccer lorsqu'il est frappé par la tuberculose, maladie alors inguérissable dont il subit les attaques tout au long de sa vie. Chaque rechute le renvoie à l'urgence de vivre et le rend conscient de l'indifférence du monde à l'égard de la souffrance de l'être humain. Ce soleil, cette plage existent de tout temps: l'être humain disparaît, les choses demeurent. Aussi importe-t-il de jouir de chaque instant car les années sont comptées. Cette angoisse vécue individuellement, Camus la transposera au plan collectif dans son deuxième roman tout en mettant en relief la parenté de symptômes entre la tuberculose et la variante pulmonaire de la peste.

Excellent élève, Camus est poussé à poursuivre ses études par ses professeurs qui obtiennent en sa faveur des bourses d'études, car l'éducation supérieure, qui n'est pas gratuite comme elle l'est actuellement au cégep du Québec, s'en trouve pratiquement réservée aux jeunes gens de la bourgeoisie. Camus fait au lycée* puis ensuite à l'université l'expérience douloureuse de son « étrangeté », lui qui se distingue de ses camarades plus riches par ses vêtements élimés et qui doit en quelque sorte leur cacher l'extrême dénuement du petit trois et demi où loge sa famille. Il déménagera chez un oncle plus fortuné qui met à sa disposition une bibliothèque bien garnie. Il lit les philosophes grecs et saint Augustin puis découvre André Gide*, écrivain qui le marque notamment par son franc-parler. Bien qu'attiré par le sacré, Camus affirme ne pas croire en Dieu. Il s'inscrit à vingt ans au Parti communiste, qui apparaît alors comme l'organe de toutes les dénonciations, contre le fascisme* et l'impérialisme*. À peine deux ans plus tard, il s'en détache et développe une méfiance

Gide, André

Écrivain novateur (1869-1951) qui joue un rôle prépondérant dans l'évolution des mentalités en prônant l'émancipation de l'individu à l'égard d'une morale de l'abnégation.

Fascisme

Doctrine qui fait la promotion d'une forme de totalitarisme inspiré du gouvernement de Mussolini en Italie. Un parti unique exerce en effet son emprise sur toutes les institutions de l'État.

Impérialisme

Politiques expansionnistes des superpuissances qui cherchent à contrôler le monde.

* : *Cf.* Glossaire

envers toutes les idéologies* qui ira en s'accentuant à l'écoute des récits désillusionnés de ceux qui reviennent de Russie soviétique, alors gouvernée par Staline.

Dans cette même période, en 1934 plus précisément, il épouse une jeune femme excentrique, Suzanne Hié, dont il se sépare rapidement lorsqu'il découvre sa dépendance à la morphine. Il publie ses premiers textes, *L'envers et l'endroit* à caractère autobiographique* et plus tard *Noces*, qui porte la marque d'un lyrisme* que Camus délaissera partiellement au profit d'un style* plus sobre dans *L'étranger*, puis teinté d'ironie dans *La peste*. En fait, Camus relèvera ce pari d'originalité dans toutes ses œuvres, chacune singulière tout en portant l'empreinte de l'écrivain.

Camus fonde en 1935, toujours à Alger, sa propre troupe de théâtre, ce qui lui permet à la fois de jouer, d'adapter et de mettre en scène des œuvres d'avant-garde, et même de faire ses premières tentatives d'écriture dramatique. La camaraderie, qu'il apprécie tant au théâtre, il en fait aussi l'expérience dans le journalisme, qui lui offre en outre la possibilité de gagner sa vie. Dans *Alger républicain*, journal de gauche*, Camus dérange la bonne conscience locale par des articles percutants sur la misère des Kabyles, une ethnie du sud de l'Algérie. Il est un des premiers à témoigner du déracinement des Arabes dans leur propre patrie. Sa vocation d'écrivain se précise et il projette la composition d'œuvres regroupées en cycles autour d'un thème. Il publie d'ailleurs au tournant des années quarante le roman *L'étranger* dont la signification s'éclaire à la lecture du *Mythe de Sisyphe*, essai* philosophique qui en est en quelque sorte le complément nécessaire. La pièce de théâtre *Caligula* s'inscrit dans cette trilogie de l'**absurde***.

Dans ses premières œuvres, Camus représente un univers où règne la contradiction, où les individus font face à l'incompréhension. Le langage, fait pour communiquer, semble inapte à jouer son rôle. Dans ce

Idéologie

Ensemble d'idées qui orientent la lutte pour le changement social.

Style

Ensemble d'éléments qui singularisent un texte par rapport à l'usage de la langue.

Gauche (la)

Partis ou députés qui favorisent le changement politique et les réformes.

Absurde

Thème capital dans la pensée philosophique et littéraire de l'après-guerre, associé à l'angoisse existentielle puisque l'être humain, faisant face à la mort, doute de la consolation que représente l'idée de Dieu.

*: *Cf.* Glossaire

monde régi par des institutions sclérosées appliquant des lois souvent arbitraires, l'être humain se sent humilié et dérisoire.

Le roman *La peste* s'inscrira dans le deuxième cycle, qui explore le thème de la révolte*, par lequel Camus tente de redonner sens à l'aventure humaine. La révolte est à l'opposé de l'attitude d'acceptation des volontés de Dieu que prône la religion chrétienne; elle est à l'opposé du concept de « grâce » qui veut qu'on se soumette au malheur comme s'il s'agissait d'une façon que prend Dieu d'éprouver l'amour que lui portent les humains. Aux yeux de Camus, la révolte implique l'action militante (Rieux soigne les malades), la solidarité humaine (Tarrou met sur pied des groupes de volontaires), mais aussi la quête du bonheur.

Révolte

Thème central dans la pensée de Camus qui se développe sur trois volets:
1. métaphysique par la remise en question de l'existence de Dieu qui coexiste avec une forme d'angoisse existentielle;
2. social par une critique de l'ineptie des gouvernements et la promotion de l'engagement social dans la solidarité;
3. individuel par la valorisation de l'amour et du bonheur terrestres.

C'est donc à partir de 1941 que Camus accumule des faits et des anecdotes et se documente sur les grandes épidémies qui ont auparavant frappé l'humanité. Alors sans source de revenus, il subit une grave rechute de la tuberculose et se trouve confiné à Oran, ville algérienne décrite dans son roman, où réside la famille de Francine Faure, cette jeune femme sérieuse qu'il épousera. Il quittera l'Algérie au moment de la publication de *L'étranger*. Entre-temps, les Allemands envahissent la France. Les alliés, de leur côté, débarquent en Afrique. Dans les circonstances, Camus se trouve exilé accidentellement de sa terre d'origine, séparé de son épouse et de sa famille. Ces événements personnels trouveront un écho dans le roman, mais sans jamais être traités sur le mode autobiographique.

L'exil parisien

Grâce à son ami Pascal Pia*, Camus trouve finalement un emploi à Paris, au journal *Paris soir*, un quotidien à grand tirage. Après la parution de sa trilogie de l'absurde, roman, essai et pièce, il devient membre du comité de lecture de la prestigieuse maison d'édition

* : *Cf.* Glossaire

Gallimard. Sa maladie l'empêchant de s'enrôler dans l'armée, Camus choisit de s'intégrer à l'un des nombreux réseaux de résistance aux nazis et collabore au journal clandestin *Combat* où il impose véritablement sa marque comme journaliste, toujours soucieux d'intégrité dans ses chroniques. Pour faire diversion à l'écriture, Camus fréquente les boîtes de nuit, s'affichant notamment avec l'actrice Maria Casarès*, pour qui il a eu le coup de foudre et qui est, comme sa mère, d'origine espagnole. Les comédiennes semblent d'ailleurs exercer un attrait particulier sur Camus, comme ce sera le cas plus tard pour Catherine Sellers* qui, autre hasard troublant, porte le prénom de sa mère.

Rejoint par Francine Faure à la fin de la guerre, Camus confesse dans ses *Carnets* mal s'adapter à la vie de couple. En 1945, la naissance de ses jumeaux, Jean et Catherine (toujours le prénom de sa mère), ne semble pas vraiment consolider son union. Tout en multipliant les aventures, il conserve des liens privilégiés avec son épouse tout comme avec certaines de ses amantes qui lui servent de confidentes et qui seront, dans certains cas, les premières lectrices de ses textes.

Succès et revers

Publié en 1947, *La peste* obtient un énorme succès de librairie. Les éloges fusent mais certains critiques parisiens, non sans une certaine malveillance, établissent des liens entre le héros du roman, Rieux, qui adopte un ton sentencieux, et Camus, souvent intransigeant dans sa quête de vérité. Bref, ce qui est qualité pour ses admirateurs est tourné en dérision par ses contempteurs qui vont déraper dans le règlement de comptes qui suit la parution de *L'homme révolté* (1951). Les surréalistes*, sous la houlette d'André Breton*, ne lui pardonnent pas ses attaques envers Rimbaud* et le comte de Lautréamont*, deux écrivains cultes du

Pía, Pascal

Pseudonyme de Pierre Durand (1903-1979), homme d'une grande érudition, écrivain nihiliste, allergique à la reconnaissance publique et aux honneurs. Il recrute Camus pour travailler à des journaux dont lui-même assure la direction.

Surréalisme

Courant artistique (1920-1950) favorisant l'accès aux rêves et à l'inconscient notamment par le moyen de l'écriture automatique.

*: *Cf.* Glossaire

courant. Les existentialistes, adeptes du courant à la mode grâce au couple Sartre*/Beauvoir* devenus des sommités incontournables, se considèrent comme seuls légitimes porte-parole de la thématique* de l'absurde. Les communistes s'objectent tout simplement à toute forme de critique. La perfidie de certaines analyses, notamment celle de la revue *Les temps modernes* dirigée par Sartre, considéré jusqu'alors comme un ami, minent le moral de Camus. Les rechutes de la tuberculose qui s'ajoutent aux difficultés familiales au moment où sa femme sombre dans une grave dépression et fait une tentative de suicide, tout cela le désoriente et ralentit son rythme de production.

Entre-temps, des mouvements nationalistes* dénoncent en Algérie les exactions du gouvernement colonial français. Homme de gauche, Camus a toujours dénoncé les injustices dont sont victimes les Arabes qui doivent composer avec un chômage endémique et des conditions de vie indignes. Toutefois, comme fils de colon*, il ne peut renier ses ancêtres ni se résigner aux possibles séquelles de l'indépendance. Il craint que des membres de sa famille ou des amis résidant toujours en Algérie ne soient victimes de gestes terroristes, puis contraints à l'exil. Plusieurs lui reprochent de ne pas prendre position clairement, ignorants du fait que Camus vit une profonde crise de conscience. Ses éditoriaux pour le magazine l'*Express* traduisent son désarroi, qu'il cherche à évacuer par la rédaction de son dernier roman achevé, intitulé *La chute*. Ce récit adopte en effet à plusieurs reprises la tangente de la confession à peine déguisée. Camus se réfugie aussi au théâtre. Il adapte et met en scène des auteurs qu'il aime, le Russe Fiodor Dostoïevski* et l'Américain William Faulkner*, car ses propres pièces reçoivent un accueil mitigé. Peut-être Camus a-t-il placé la barre trop haute, mais toujours est-il qu'il échoue dans son désir de renouveler la tragédie*.

En 1957, Camus reçoit le prix Nobel de littérature. Cette prestigieuse récompense a sur lui des effets

Thématique

Réseau des grandes idées significatives d'un texte.

Colon

Synonyme de pionnier qui ouvre de nouvelles terres, mais souvent en assujettissant les indigènes déjà établis sur ces terres. Par extension, **le colonialisme** est donc une pensée politique qui favorise les intérêts de la métropole au détriment de ceux de la colonie en invoquant souvent une supériorité culturelle. L'**anticolonialisme** vise l'affranchissement de toute colonie : ainsi en est-il de l'Algérie, qui souhaite devenir une nation indépendante de la métropole, la France dans ce cas précis.

* : *Cf.* Glossaire

pervers: il ploie sous les louanges qui exhalent un parfum funèbre. Certains prétendent que son œuvre est derrière lui. Il a pourtant en chantier un roman intitulé *Le premier homme*, qui le ramène à l'Algérie de son enfance. Ce dernier titre devait s'inscrire dans le troisième cycle romanesque tournant autour du thème de l'amour.

Le 4 janvier 1960, Camus trouve la mort dans un accident de voiture inexplicable: il roulait en pleine campagne sur une route droite. Deux ans plus tard, l'Algérie devient un pays indépendant. Dix ans plus tard, on publie son dernier manuscrit dans l'état même où Camus l'avait laissé.

Ainsi, on en arrive à conclure que les affrontements idéologiques en toile de fond des deux guerres mondiales, des événements aussi scandaleux et incompréhensibles que l'Holocauste ont alimenté chez Camus un sentiment de l'absurde. La tuberculose dont il est atteint très jeune l'incline aussi à réfléchir sur le sens de la vie. Agnostique*, il finit par considérer Dieu ou la religion comme des refuges illusoires. Pourtant, même dans cette privation de Dieu, l'existence humaine vaut à ses yeux la peine d'être vécue que ce soit par la solidarité dans l'action, par l'engagement social ou par la quête du bonheur, fût-il individuel. Un roman comme *La peste* aura finalement permis à Camus de concilier son art avec sa morale* personnelle: tout en défendant ses valeurs profondes, l'écrivain cherche en quelque sorte à réagir au désarroi de toute une génération.

Agnostique

Non-croyant.

Morale

Réflexion sur les notions de bien et de mal qui entraîne forcément un questionnement sur les valeurs (liberté, justice, amour) et leur ordre de priorité.

*: *Cf.* Glossaire

À retenir

- Toute sa vie, Camus marque son attachement à sa terre natale, l'Algérie. La ville d'Alger sert de cadre à son premier roman *L'étranger* tandis que l'intrigue de *La peste* se situe à Oran. Ces deux romans, bien qu'ils ne soient pas autobiographiques, présentent des faits et des anecdotes puisés dans ses propres souvenirs ou expériences personnelles.
- Rédigé en période de guerre, *La peste* fait écho au désarroi de la population parisienne sous occupation nazie. Le roman propose des remèdes au sentiment de l'absurde tout en illustrant des façons de réagir pour redonner un sens à l'aventure humaine.
- Bien qu'il se soit toujours défendu d'être existentialiste, Camus partage plusieurs caractéristiques avec les écrivains de ce groupe, notamment la thématique de l'absurde, l'importance de l'engagement et de la solidarité et, enfin, le refus de s'en remettre à Dieu pour apaiser l'angoisse existentielle.
- Dans les dernières années de sa vie, le soulèvement de la majorité arabe contre le gouvernement colonial français qui aboutit à la Guerre d'indépendance algérienne suscite chez lui une crise de conscience puisqu'il est déchiré entre ses valeurs d'homme de gauche et son attachement aux siens.

Description de l'époque : le XXe siècle

Qu'importe-t-il de connaître de l'histoire du XXe siècle pour mieux apprécier la lecture de* La peste *?

Quelques renseignements préliminaires

Les deux guerres mondiales du XXe siècle portent bien leur nom puisqu'elles ont en quelque sorte fait éclater les frontières entre les continents, forçant non seulement l'Amérique, le Canada compris, mais aussi les colonies à se porter au secours de l'Europe. Pour soutenir l'effort de guerre, la production industrielle connaît un prodigieux essor, partiellement à la source de la prospérité subséquente à ces deux conflits. Par ailleurs, la guerre provoque aussi le choc des cultures. Les soldats venus des colonies puisent dans l'exemple européen les arguments qui soutiendront leurs revendications, notamment tout ce qui est relatif aux droits de l'homme et aux valeurs démocratiques. Les mouvements qui réclament l'indépendance se répandent. Ce n'est pas seulement une nation libre qu'ils revendiquent, mais aussi la reconnaissance d'une valeur démocratique, c'est-à-dire l'égalité entre tous les êtres humains, de quelque origine qu'ils soient.

À l'époque de Camus, les antagonismes idéologiques sont exacerbés. Le communisme exerce une grande attraction car il est fondé sur une utopie politique convaincante : la disparition des inégalités entre les classes sociales. Du côté capitaliste, les États-Unis se présentent comme le modèle de la libre entreprise et du dynamisme économique. En périphérie de ces deux grandes orientations, d'autres systèmes proposent des formules de compromis, comme le socialisme, ou des solutions mieux adaptées à des contextes particuliers comme le nationalisme* anticolonial.

Le contexte politique et social

Humanisme

Tendance philosophique qui place au cœur de ses préoccupations la dignité de l'être humain.

Dictature

Forme de gouvernement autocrate, sans droit de vote ni élection.

Totalitarisme

Régime qui réprime toute possibilité d'opposition surtout sur le plan politique et qui exerce un plein contrôle sur les institutions de l'État.

Les deux guerres mondiales

Les conditions inhumaines dans lesquelles combattent les soldats lors de la **Première Guerre mondiale**, la souffrance psychologique et physique des nombreux blessés et sans-abri et l'ampleur des destructions font prendre conscience de l'absurdité d'un conflit qu'on croyait d'abord régler en quelques semaines d'affrontement. Quatre ans d'hostilités, vingt millions de morts civils et militaires (parmi lesquels le père de Camus) renvoyés à l'anonymat des cimetières où s'enlignent des milliers de croix, symboles fragiles d'une religion qui ne console pas d'autant de désastres. Les valeurs humanistes* s'écroulent devant l'impression qu'ont les citoyens d'avoir été victimes de dirigeants politiques irresponsables. Cette première vague de désabusement qui marque les mentalités est atténuée par la révolution russe* de 1917, qui suscite un grand espoir en mettant fin à l'oppression séculaire du régime tsariste. En contrepartie, plusieurs dictateurs* font reculer les frontières de la démocratie en Europe, certains plus menaçants que d'autres : Salazar au Portugal, Franco en Espagne (Camus a des origines castillanes par sa mère), Mussolini en Italie et Hitler en Allemagne. Même la Russie finit par céder au totalitarisme* sous Staline qui la gouverne d'une main de fer de 1920 jusqu'à sa mort en 1953. Après la deuxième guerre, c'est lui qui contraint tous ses adversaires à avaliser sa politique

* : *Cf.* Glossaire

de « guerre froide* » ; il prétend ainsi combattre l'« impérialisme américain », cette tendance des États-Unis à régler l'ordre mondial en fonction de leurs propres intérêts économiques.

Traumatisme indélébile au cœur du XXe siècle, la **Seconde Guerre mondiale** résulte du profond ressentiment des Allemands contre les vainqueurs de la Première Guerre qui ont imposé des traités de paix inéquitables. Hitler attise cette rancune contre les voisins immédiats. Il envahit la France en 1940, et le pays se trouve divisé en deux zones : le nord est occupé par les nazis, et le sud est placé sous l'administration du maréchal Pétain*. Ce dernier collabore avec l'occupant et il sera accusé de trahison à la fin de la guerre. D'autres choisissent le camp de la résistance à l'ennemi et Camus participera à l'un de ces réseaux clandestins. Par ailleurs, la découverte de l'horreur des camps de concentration suscite en Europe une grave crise de conscience puisque l'antisémitisme était auparavant un trait de culture plutôt généralisé.

L'après-guerre est marqué par une série de procès et de règlements de comptes qui enveniment les rapports sociaux. On dénonce et on traque les profiteurs de guerre et les collaborateurs ; on rase la chevelure des femmes qui ont eu des relations avec les soldats allemands. Tous ces événements ébranlent les individus jusque dans leurs croyances religieuses. Comment Dieu a-t-il pu concevoir une telle créature que l'être humain, aussi imparfaite, et lui laisser accomplir tant de méfaits ? Dans un tel contexte, pourquoi vivre, pourquoi écrire ? Ce monde qui s'abîme dans l'absurde engendre l'angoisse. Quant à Camus, il veut certes rendre compte de ce sentiment d'absurde, mais il refuse de s'enliser dans la morosité ambiante et en appelle à la lucidité et à la révolte.

L'Algérie : la lutte anticoloniale

L'Algérie, située au nord du continent africain, est aujourd'hui un état maghrébin, dont l'arabe est la

Guerre froide

Période de rivalité qui s'étend de 1947 à 1991 entre le camp communiste identifié à l'URSS et le camp capitaliste identifié aux États-Unis.

Pétain, Philippe

(1856-1951) Placé à la tête du gouvernement de Vichy après la défaite française, il pousse la France vers une politique de collaboration avec les nazis. À la fin de la guerre, sa condamnation à mort sera commuée en emprisonnement à vie.

* : *Cf.* Glossaire

langue officielle, avec une population d'environ trente-cinq millions d'habitants qui pratique à 99 % l'Islam d'allégeance sunnite.

À l'époque d'Albert Camus, l'Algérie est considérée comme une colonie française et son développement se fait en tenant compte des priorités de la métropole. La France a aussi favorisé l'installation de colons européens, dont certains sont d'origine espagnole, comme la mère de Camus, ou française, comme son père. Par rapport à la population arabe, le gouvernement colonial exerce une politique de discrimination qui confine au racisme. La majorité arabe est infériorisée, privée de droits politiques et judiciaires et soumise à de nombreuses exactions. Elle est en outre victime d'une politique d'acculturation : les enfants sont privés d'école, la langue arabe ne jouit d'aucun statut légal.

Pourtant, au moment des deux guerres, les soldats algériens ont été de tous les combats auprès des soldats français, contribuant largement à la victoire des alliés. Il leur paraissait légitime qu'en guise de reconnaissance on mette fin à un long régime d'inégalité. Une escalade de manifestations, durement réprimées, mènera à une radicalisation des mouvements nationalistes. Ces derniers se déclarent en faveur de l'indépendance de l'ancienne colonie, hors de toute formule de compromis avec la France.

La décolonisation semble irréductible, non seulement en Afrique, mais partout dans le monde. Même le Québec, dont la situation est très particulière, est touché par cet appel à la libération nationale. Dans le cas de l'Algérie, c'est le général de Gaulle, président de la France, qui mettra fin à cent trente-deux ans de domination française par un référendum sur l'indépendance. C'était en 1962, deux ans après la mort d'Albert Camus.

- Les deux guerres mondiales qui marquent l'Europe alimentent la désillusion par rapport à l'héritage judéo-chrétien.
- Les colonies revendiquent leur indépendance et la reconnaissance d'une valeur démocratique, l'égalité de droits, ce qui implique le rejet de toute discrimination fondée sur la race.
- Les antagonismes idéologiques, notamment entre communistes et capitalistes, forcent les intellectuels à choisir leur camp.

L'art et la littérature

En 1936, Picasso, l'un des plus notoires artistes du XXe siècle, peint *Guernica*, qu'on peut à juste titre considérer comme la toile la plus représentative de cette époque marquée par les guerres et par de nombreuses atrocités. L'art est en ébullition, déchiré entre plusieurs tendances tout aussi dynamiques les unes que les autres: le cubisme* et le surréalisme sont encore florissants, tandis que s'affirment d'autres avant-gardes, comme le groupe Cobra* à Amsterdam.

Émergeant des ghettos de l'Amérique, le jazz séduit désormais une jeunesse « branchée » qui fréquente les boîtes à la mode de Saint-Germain-des-Prés où Boris Vian* joue de la trompette pour accompagner ses chansons fantasques. L'existentialisme*, sous la houlette du couple Sartre/Beauvoir, n'est pas seulement un courant littéraire, c'est pratiquement aussi une mode dont l'égérie est Juliette Gréco*, avec ses airs de déesse égyptienne toute de noir vêtue.

Camus s'intègre à cette faune à son arrivée à Paris pour ensuite s'en éloigner progressivement jusqu'à sa rupture définitive avec Sartre au moment de la publication de *L'homme révolté*. Mais les critiques littéraires persistent à le ranger dans le camp existentialiste. En fait, Camus est surtout représentatif de l'esprit d'une époque qui veut rompre, sur le plan artistique, avec le

À retenir

Cubisme

Mouvement artistique d'avant-garde qui présente une forme de géométrisation de la réalité.

Cobra

Mouvement artistique qui favorise au XXe siècle le retour à une forme d'expression naïve ou primitive.

Existentialisme

Courant littéraire nourri d'une réflexion philosophique qui affirme que l'être humain construit son existence puisque sa nature n'est pas prédéterminée.

* : *Cf.* Glossaire

lourd héritage du réalisme*. Et on peut considérer les romans de Camus comme des œuvres charnières annonçant ce qu'on nomme aujourd'hui la postmodernité*.

Le tableau suivant présente les orientations générales adoptées par la littérature dans les décennies de 1940 à 1980, année de la mort de Sartre. Comme tel, il peut fournir des pistes pour favoriser l'analyse du roman.

Réalisme

Mouvement littéraire de la seconde moitié du XIXe siècle qui favorise une écriture d'observation visant à instruire le lecteur de la dynamique sociale, généralement centrée sur la thématique de l'argent (valeur au cœur du capitalisme) et sur les rapports de pouvoir.

Postmodernité

Terme dont l'emploi se généralise pour classifier les œuvres récentes qui font éclater les frontières entre les genres, lèvent tous les interdits et se permettent toutes les innovations.

*: *Cf.* Glossaire

Tableau des caractéristiques de l'existentialisme, 1940-1980

Existentialisme Genres privilégiés : récit et théâtre. **Représentants en France :** Jean-Paul Sartre, Albert Camus, Simone de Beauvoir. **Au Québec :** Gérard Bessette (*Le libraire*), André Langevin (*Poussière sur la ville*).	**Caractéristique générale :** l'absence de croyance en Dieu pousse à une réflexion à tendance philosophique sur la condition humaine, au développement d'un regard critique sur le monde. Les œuvres illustrent le sentiment de l'absurde. • **Personnages** d'intellectuels (surtout masculins) militants, engagés dans l'action ; antihéros* (protagonistes* peu susceptibles de provoquer l'adhésion spontanée du lecteur). • **Intrigues** à tonalité pessimiste, mises au service des idées. Temps : intérieur, subjectif, aléatoire ou circulaire*. Récits ou pièces de théâtre fragmentés ou circulaires. • **Thématique** qui fait la promotion de l'engagement social, de la libre détermination de soi, de la conscience. Le thème de l'absurde est traité dans une optique d'étrangeté à la douleur humaine, l'être humain faisant face à la mort dans le désarroi. Doute systématique ; incommunicabilité ; malaise existentiel ; mort, cruauté, violence. • **Écriture** souvent polémique*, où la fiction est mise au service des idées. Expérimentations formelles (moins radicales que pour l'antithéâtre ou le Nouveau roman*). Tonalité pessimiste.

* : *Cf.* Glossaire

Présentation du roman

Comment peut-on tirer parti des connaissances précédentes sur l'homme et sur l'époque pour mieux comprendre le roman ?
Comment le roman éclaire-t-il la réalité ?

Personnage

Être fictif fait de mots et qui constitue une des composantes essentielles du roman, porteur de la signification de l'œuvre.

Protagoniste

Synonyme de personnage principal.

Narrateur

Modalité choisie par un auteur pour raconter une histoire. Le narrateur peut être représenté dans le récit par un personnage ou la narration peut s'effectuer d'un point de vue extérieur (le narrateur n'est pas représenté). Camus invente ici un type de narration inusitée.

La composition de *La peste* résulte d'un triple engagement de Camus : social parce qu'il réagit aux événements de son époque ; philosophique parce qu'il réfléchit à la condition humaine et qu'il se questionne sur Dieu ; artistique parce qu'en écrivain conscient de son art, il cherche à innover, à se singulariser comme romancier. Sans jamais être autobiographique, le roman présente une galerie de personnages* proches de Camus. Comme l'intrigue se situe en Algérie, il est possible aussi de penser qu'elle reflète, par la bande, le contexte colonial. Ainsi, toutes les composantes du récit sont mises à contribution pour traduire une multiplicité de perspectives sur la réalité, pour ouvrir à plusieurs pistes d'analyse.

Organisation du récit et style

Camus n'a pas désiré centrer son récit sur un protagoniste* unique. Il a écrit une histoire collective en se situant à « hauteur d'hommes ». D'aucun de ses personnages il n'a fait le seul émissaire de ses valeurs : il a mis en chacun d'eux un peu de lui-même.

Bernard Rieux agit comme un élément structurant tout en étant un personnage doté d'une forte personnalité. Pivot du récit, c'est par lui que se font toutes les rencontres. Narrateur* anonyme qui ne se révèle qu'à la fin du roman, il utilise des documents, des statistiques et s'appuie même sur la chronique écrite par un autre personnage, Tarrou, pour rapporter les faits. Camus

* : *Cf.* Glossaire

rejette en effet l'emploi d'un narrateur omniscient qui prétendrait à l'objectivité : un récit implique toujours une vision partiale de la réalité. Son narrateur vise pourtant une relative neutralité, comme le fait un journaliste : il ne dit jamais « je » dans le texte. Il utilise un « nous » inclusif car il s'agit bien d'une histoire qui doit être relatée en adoptant une pluralité de points de vue. Camus tient aussi les émotions à distance : comme par hasard, le médecin Rieux n'aime ni se confier et encore moins se confesser. D'autres aspects du roman relèvent d'une façon plus traditionnelle de raconter : notamment le fait de placer les événements en ordre chronologique. Cette disposition, très précise au début du roman, se dilue toutefois en cours de récit.

Tenue captive de l'épidémie, Oran semble participer à une tragédie cosmique. Ainsi, cette chronique à première vue réaliste acquiert une force de mythe* : cette communauté représente en quelque sorte l'humanité affrontant l'adversité, symbolisée par ce fléau aux multiples significations.

La peste est aussi une somme au point de vue stylistique*. Il concentre en effet toutes les qualités d'écriture qu'on associe à Camus. Une grande sobriété caractérise les phrases faites pour traduire la lucidité d'un narrateur qui cherche à maîtriser le mal plutôt qu'à se laisser aller à des élans de sensibilité. Des passages plus lyriques en lien avec les forces de la nature donnent l'impression d'une joute lugubre aux dimensions cosmiques. Enfin, le récit est traversé d'éclairs ironiques. Certaines anecdotes font sourire, comme celle du vieillard aux chats. Les chapitres qui décrivent le comportement des autorités politiques sont tous rendus à la pointe du cynisme.

Mythe

À l'origine, récit oral légendaire ; le terme s'applique aussi à toute forme de récit qui fournit en quelque sorte des clés pour comprendre une époque.

Stylistique

Qui appartient à l'expressivité, à l'aspect non logique de l'expression ; relatif au style d'un auteur. On parle de procédés stylistiques, d'emplois stylistiques.

* : *Cf.* Glossaire

Les personnages : incarnation des préoccupations de l'auteur

Les personnages masculins présentent tous une facette de Camus, l'homme, l'artiste et le philosophe. **Bernard Rieux** véhicule sa part de la morale existentielle de Camus tout en lui étant redevable de certains traits de sa personnalité. Il a l'intensité, la pudeur de l'auteur; comme lui, il est séparé momentanément de son épouse et la maladie pèse sur son couple comme une menace. Comme Camus, Rieux est incroyant et son désir de justice passe par l'exercice toujours honnête de son métier d'homme.

Paneloux, prêtre érudit soucieux du salut de ses paroissiens, est porteur du message chrétien et, pour cette raison, il est pris à partie par Rieux. Toutefois, le médecin sait que, au-delà des mots et des croyances, tous deux partagent une même mission, celle de soulager les victimes de l'épidémie.

Jean Tarrou aime observer les comportements étranges si ce n'est insignifiants de ses contemporains. Comme le romancier, il prône l'engagement et se prononce contre la peine de mort. Refusant de faire partie des bourreaux, il se place du côté des victimes.

Raymond Rambert exerce la profession de journaliste, comme Camus l'a été en parallèle à sa carrière d'écrivain. Il souhaite écrire sur les conditions de vie des Arabes, ce qui renvoie aux articles de Camus lui-même sur la *Misère de la Kabylie*. Séparé de sa compagne (comme Camus au moment de la guerre), il incarne le goût du bonheur.

Joseph Grand agit comme une représentation ironique de l'écrivain. En temps d'épidémie (et donc en temps de guerre), ses préoccupations stylistiques apparaissent futiles. Pourtant – autre paradoxe –, l'écriture est essentielle à cet homme, peut-être davantage que l'amour d'une femme. Et cela renvoie encore une fois à Camus, à ses propres déchirements d'écrivain qui sacrifie souvent ceux qu'il aime au besoin d'écrire.

Même **Cottard** incarne une part cachée de Camus, qui a été sensible, à certains moments de sa vie, à l'attrait du suicide. Il avait d'ailleurs placé cette question au centre de son essai *Le mythe de Sisyphe*. Ce thème est ici traité avec détachement puisqu'il est plutôt rare qu'un suicidé se donne la peine d'écrire sur sa porte « Entrez, je suis pendu ». Pour le reste, Cottard représente en quelque sorte un profiteur de guerre qui spécule sur le malheur des autres. Malgré sa vénalité, Cottard partage avec nous, lecteurs, des traits d'humanité.

Paradoxalement, c'est par leur absence que les femmes participent à la signification du roman. Leurs compagnons vivent durement la séparation et l'exil. Au moment de la libération, tous ne peuvent s'adonner à la joie des retrouvailles puisque plusieurs auront perdu leur conjoint, victime de la maladie. Et Camus reconnaît la fragilité de toute cette allégresse : Raymond Rambert embrasse sa femme tout en constatant qu'il a irrémédiablement été transformé par les événements. Enfin, seule madame Rieux éclaire le roman de sa douce sollicitude. Présence exemplaire, elle ressemble en plusieurs points à la mère de Camus.

Les pistes d'interprétation

Le roman *La peste* s'inscrit dans le cycle de la révolte, terme qui a chez Camus une connotation positive. La révolte, c'est d'abord pour l'écrivain philosophe le rejet d'une attitude de soumission à Dieu ; c'est le rejet de toutes les résignations, de toutes les acceptations. L'homme meurt, tous les êtres humains sont condamnés à la mort dès leur naissance. Ce n'est pas là une raison pour ne pas clamer la légitimité du bonheur sur terre. Rieux, d'ordinaire si placide, s'emporte devant le prêtre Paneloux parce qu'il ne peut accepter qu'un enfant soit tenu responsable du Mal dans le monde. Il repousse la thèse défendue par le jésuite qui veut que Dieu punisse les hommes pour leurs péchés ou leur insouciance religieuse. Il se fait, comme il dit, « une autre idée de l'amour ». L'attitude conciliante de Rieux à l'égard de Rambert, qui cherche par tous les moyens à fuir la ville contaminée pour rejoindre son amoureuse, témoigne aussi de la légitimité que Camus accorde à toute quête de bonheur terrestre (en opposition à la félicité éternelle).

La révolte n'est pas uniquement métaphysique, contre ce Dieu tout-puissant qui laisse souffrir ses créatures; elle s'adresse aussi aux institutions politiques. Dans le roman, Camus se moque de l'inertie des administrations en place qui tergiversent devant les actions à entreprendre, plus soucieuses de soigner leur image que de combattre l'épidémie. On pourrait incidemment penser que le roman propose par le biais une dénonciation du colonialisme. La ville d'Oran pourrait renvoyer en effet à l'Algérie soumise au pouvoir colonial : isolée, Oran tourne le dos à la mer (à la mère patrie) et vit en quelque sorte dans l'abandon.

Camus s'en prend aussi à la peine de mort, qui illustre selon lui « une fureur du meurtre » généralisée. Car si on exécute en invoquant la justice, on tue aussi au nom d'idéaux révolutionnaires ou autres. Et par l'intermédiaire du personnage de Tarrou, Camus exprime ainsi sa méfiance par rapport aux idéologies qui ont recours à un langage abstrait pour travestir la réalité. Tarrou, tout comme Rieux, préfère l'action concrète aux palabres fallacieuses.

Roman choral

Roman qui entrecroise plusieurs récits; chaque personnage, avec sa propre histoire, participe au sens global du roman.

La révolte se charge d'une dernière signification : elle est engagement solidaire dans l'action. Camus a volontairement fait de *La peste* un roman choral* où il n'y pas comme tel de personnage principal : face au mal, ils sont plusieurs hommes à se serrer les coudes, à chercher des solutions pour enrayer la maladie. Rieux

* : *Cf.* Glossaire

soigne; Tarrou met sur pied des formations de volontaires; Grand, humble fonctionnaire, dresse des statistiques. Rambert constate qu'il n'y a pas de plaisir à être seul à jouir du bonheur alors que les autres souffrent. Il décide de joindre les rangs de la résistance à l'épidémie. Même les personnages plus effacés jouent leur rôle dans la dignité. Le vieux médecin Castel cherche à mettre au point un vaccin efficace; madame Rieux aide son fils et veille Tarrou à l'agonie. La révolte, vécue en solitaire par Meursault dans le roman *L'étranger* est maintenant assumée par un groupe d'hommes ne cédant pas au désespoir. Ils se soutiennent réciproquement dans un combat qui vise à enrayer le fléau.

Cette révolte permet de redonner un sens à la vie, même au moment où tout concourt à nourrir le sentiment de l'absurde. Le mal frappe la ville d'Oran au hasard. Les rats, à la source de la dissémination, meurent au début sans qu'on se soucie de leur sort; les hommes mourront plus tard sans qu'on puisse les sauver, renvoyés en quelque sorte à leur anonymat d'origine. Même les enfants sont fauchés par l'horrible bacille. Tous les habitants de la ville contaminée en viennent à craindre pour leur vie. Mais le lecteur comprendra que la peste représente en fait tous les fléaux possibles, notamment la guerre, et qu'elle symbolise en outre la condition de l'être humain, condamné à mourir. D'autres décès surviennent en cours de récit, qui ne semblent pas toujours imputables à l'épidémie: Paneloux est un cas douteux et l'épouse du médecin, dont on apprend la mort au dénouement, était déjà dans un état précaire bien avant la propagation de la peste. Camus, par la bouche de son narrateur, remet à la toute fin les pendules à l'heure en rappelant au lecteur la permanence de la menace: « Car il savait ce que cette foule en joie ignorait, et qu'on peut lire dans les livres, que le bacille de la peste ne meurt ni ne disparaît jamais ».

Analogique

Qui repose sur des rapports de ressemblance entre deux objets ou situations différentes.

À retenir

- Dès la parution du roman, Camus a reconnu le caractère analogique* de cette chronique, conçue entre autres pour traduire le climat d'oppression de la France et même de toute l'Europe sous la botte nazie.
- Plus largement, le récit dénonce tous les régimes qui briment les libertés, qui enferment les êtres humains dans des univers concentrationnaires. En cours de récit, la fermeture de la ville, la nécessité des laissez-passer pour en sortir, la pénurie générale et ses contreparties, la contrebande et le marché noir, tout cela témoigne de la volonté de Camus d'évoquer l'atmosphère de la guerre ou celle des villes occupées par les armées ennemies et, en particulier, Paris où lui-même résidait au moment de la rédaction. Les dernières pages sont encore plus explicites qui décrivent l'allégresse dans la paix revenue tout en rappelant l'holocauste par une image violente, celle d'un entassement d'humains « dans la gueule d'un four ».
- En cours de récit, le terme lui-même de *peste* se gonfle de significations et renvoie tour à tour à l'épidémie, puis à la condition humaine, puis à la vie elle-même. L'être humain n'est-il pas engagé dans une lente agonie qui commence avec la naissance ? En fait, une question resurgit tout au long du texte : si Dieu est tout-puissant, pourquoi condamne-t-il ses créatures à la souffrance et à la mort ?

*: *Cf.* Glossaire

Albert Camus
en son temps

	Vie et œuvre de Camus	Événements politiques	Événements scientifiques, littéraires et culturels
1913	Naissance d'Albert Camus en Algérie, fils de Lucien Camus, d'origine française, et de Catherine Sintès, d'origine espagnole, tous deux de milieu humble.	Promulgation des premières lois d'apartheid en Afrique du Sud (discrimination envers les Noirs).	Stravinski, *Le sacre du printemps*. Introduction du travail à la chaîne par Henry Ford dans ses usines de construction automobile.
1914	Mort du père à la guerre; la mère déménage à Alger dans un quartier pauvre.	Début de la Première Guerre mondiale.	
1917		Révolution russe.	Établissement des bases de la psychanalyse par Freud, qui changera irrémédiablement la vision que l'on aura désormais de l'être humain.
1918		Fin de la Première Guerre mondiale.	
1920		Création de la Société des Nations; naissance du Parti communiste français.	

	Vie et œuvre de Camus	**Événements politiques**	**Événements scientifiques, littéraires et culturels**
1929-1932	Obtention du baccalauréat et premières attaques de la tuberculose; Jean Grenier, son professeur et bientôt son ami, le convainc de poursuivre ses études.	Après le krach boursier américain, prolongement de la crise à l'ensemble de l'économie occidentale.	Importance du surréalisme, défini en France par les deux manifestes de Breton, en 1924 et en 1930. Se rattachent à ce courant : Dali, Ernst, De Chirico, Éluard, Buñuel, etc. Faulkner, *Le bruit et la fureur* (adapté au théâtre par Camus). Louis-Ferdinand Céline, *Voyage au bout de la nuit.*
1933		Accession d'Hitler au pouvoir en Allemagne.	André Malraux, *La condition humaine*. Cet écrivain, très admiré de Camus, s'impose sur la scène littéraire.
1936	Obtention du diplôme d'études supérieures en philosophie avec une thèse sur saint Augustin. Mise sur pied de sa première troupe de théâtre : il monte *Révolte dans les Asturies*.	Guerre civile en Espagne (1936-1939). (Camus, qui a des origines espagnoles par sa mère, se sent directement interpellé.)	Picasso, *Guernica*. Le cubisme se développe avec Picasso et Braque.

	Vie et œuvre de Camus	Événements politiques	Événements scientifiques, littéraires et culturels
1937	Début de sa carrière de journaliste à *Alger républicain*. Publication de *L'envers et l'endroit* (essai).	Émergence de partis nationalistes anticoloniaux en Afrique.	Exposition de l'« Art dégénéré » (art moderne) à Munich, organisée par les nazis.
1939	Publication de *Noces* (essai).	Seconde Guerre mondiale (1939-1945), opposant les pays alliés aux puissances de l'Axe (Allemagne nazie, Italie fasciste et Japon impérial). La participation décisive des États-Unis et de l'URSS contribue à faire de ces vainqueurs les superpuissances appelées à s'opposer l'une à l'autre après la guerre.	Jean-Paul Sartre, écrivain émergent, auteur de *La nausée* publié l'année précédente (dont Camus fait la critique dans *Alger républicain*), s'imposera comme philosophe avec *L'être et le néant* (1943).

	Vie et œuvre de Camus	Événements politiques	Événements scientifiques, littéraires et culturels
1940	Second mariage avec une compatriote, Francine Faure, avec qui il aura des jumeaux, dont il ne divorce pas malgré les difficultés et ses nombreuses aventures extraconjugales.	Défaite de la France coupée en deux zones ; le maréchal Pétain dirige la zone libre, mais en collaborant étroitement avec l'ennemi.	Charlie Chaplin, *Les temps modernes* et *Le dictateur* (cinéma). Manifestation d'écrivains surréalistes – dont certains engagés dans la Résistance –, notamment Éluard et Aragon.
1941	Entrée dans la Résistance.	Entrée des États-Unis dans la guerre.	Orson Wells, *Citizen Kane*, film culte du cinéma américain.
1942	*L'étranger* (roman), un des titres les plus vendus de la maison d'édition Gallimard. *Le mythe de Sisyphe* (essai).	Débarquement allié en Afrique.	
1944	*Le malentendu* (théâtre).	Libération de la France.	Jean-Paul Sartre, *Huis clos* (théâtre).

	Vie et œuvre de Camus	Événements politiques	Événements scientifiques, littéraires et culturels
1945	*Caligula* (théâtre).	Bombe atomique sur Hiroshima et Nagasaki*. Armistice. Découverte des charniers dans les camps de concentration. Procès de Nuremberg : mise en accusation des dirigeants nazis.	Gabrielle Roy, *Bonheur d'occasion*.
1946	Voyage aux États-Unis et au Québec.	Début de la Guerre d'Indochine (alors colonie française) ; le mouvement anticolonial s'étendra à toutes les colonies (Maroc, Tunisie, etc.).	Jacques Prévert, *Paroles*. La réalité coloniale est attestée par les écrivains suivants : Léopold Sédar Senghor (Mouvement de la Négritude), Aimé Césaire, Assia Djebar, Ahmadou Kourouma.
1947	*La peste* (roman), grand succès de librairie.		
1948	*L'état de siège* (théâtre).	Création de l'État d'Israël.	*Refus global*, manifeste de l'automatisme, signé par Borduas, dénonçant la sclérose de la société québécoise.
1949	*Les justes* (théâtre).	Prise de pouvoir par les communistes de Mao en Chine.	
1953		En Russie, mort de Staline.	

*: *Cf.* Glossaire

	Vie et œuvre de Camus	Événements politiques	Événements scientifiques, littéraires et culturels
1954	*L'été* (essai).	Indépendance de l'Indochine, ancienne colonie française. Guerre d'Algérie, se terminant en 1962 avec l'accession à l'indépendance sous la présidence de Charles de Gaulle.	Simone de Beauvoir, *Les mandarins*, alors perçu par plusieurs comme un roman à clef sur les personnalités du groupe existentialiste. Samuel Beckett, *En attendant Godot* (théâtre). André Langevin, *Poussière sur la ville* (1953). Ce roman, influencé par la tonalité existentialiste, marque une rupture avec les romans du terroir et contribue à ouvrir la littérature québécoise à la modernité. Premières manifestations du mouvement *beatnik*, auquel se rattache Jack Kerouac.
1955-1960	Adaptations d'auteurs connus pour le théâtre.	Au Québec, mort du premier ministre Maurice Duplessis, associé à une période de stagnation politique.	Émergence des réalisateurs de la Nouvelle Vague : François Truffaut, Jean-Luc Godard, Jacques Rivette, Agnès Varda, etc.
1956	*La chute* (roman). Interventions ponctuelles dans la crise politique algérienne.		Popularisation du jazz partout en Occident à partir des années 1950 ; le jazz est ensuite associé à la mode du *blue-jean*, illustrant ainsi la fascination pour la culture américaine.

	Vie et œuvre de Camus	Événements politiques	Événements scientifiques, littéraires et culturels
1957	*L'exil et le royaume* (nouvelles). *Réflexions sur la peine capitale* (essai), en collaboration avec Arthur Koestler. Prix Nobel de la littérature, *Discours de Suède*.	Bataille d'Alger. Arrestations et tortures d'activistes algériens. Riposte : actes de terrorisme revendiqués par le FLN (Front de libération nationale algérien).	
1960	Mort dans un accident d'auto le 4 janvier.	Au Québec, début de la Révolution tranquille : modernisation des institutions politiques.	Reconnaissance du Nouveau roman grâce à Robbe-Grillet, à Nathalie Sarraute, à Marguerite Duras et à d'autres. Gérard Bessette, *Le libraire*, roman d'inspiration camusienne, publié au Québec. Jean-Paul Desbiens, *Les insolences du frère Untel*, une critique des faiblesses du système d'éducation du Québec.
1962		Indépendance de l'Algérie.	

La Peste

Albert Camus

« Il est aussi raisonnable de représenter une espèce d'emprisonnement par une autre que de représenter n'importe quelle chose qui existe réellement par quelque chose qui n'existe pas. »

DANIEL DEFOE[1]

1. Citation tirée de *Robinson Crusoé* (1719) de Daniel Defoe (1660-1731).

Première partie

Les curieux événements qui font le sujet de cette chronique se sont produits en 194., à Oran. De l'avis général, ils n'y étaient pas à leur place, sortant un peu de l'ordinaire. À première vue, Oran est, en effet, une ville ordinaire et rien de plus qu'une préfecture française de la côte algérienne.

La cité elle-même, on doit l'avouer, est laide. D'aspect tranquille, il faut quelque temps pour apercevoir ce qui la rend différente de tant d'autres villes commerçantes, sous toutes les latitudes. Comment faire imaginer, par exemple, une ville sans pigeons, sans arbres et sans jardins, où l'on ne rencontre ni battements d'ailes ni froissements de feuilles, un lieu neutre pour tout dire ? Le changement des saisons ne s'y lit que dans le ciel. Le printemps s'annonce seulement par la qualité de l'air ou par les corbeilles de fleurs que de petits vendeurs ramènent des banlieues ; c'est un printemps qu'on vend sur les marchés. Pendant l'été, le soleil incendie les maisons trop sèches et couvre les murs d'une cendre grise ; on ne peut plus vivre alors que dans l'ombre des volets clos. En automne, c'est, au contraire, un déluge de boue. Les beaux jours viennent seulement en hiver.

Une manière commode de faire la connaissance d'une ville est de chercher comment on y travaille, comment on y aime et comment on y meurt. Dans notre petite ville, est-ce l'effet du climat, tout cela se fait ensemble, du même air frénétique et absent. C'est-à-dire qu'on s'y ennuie et qu'on s'y applique à prendre des habitudes. Nos concitoyens travaillent beaucoup, mais toujours pour s'enrichir. Ils s'intéressent surtout au commerce et ils s'occupent d'abord, selon leur expression, de faire des affaires. Naturellement, ils ont du goût aussi pour les joies simples, ils aiment les femmes, le cinéma et les bains de mer. Mais, très raisonnablement, ils réservent ces plaisirs pour le samedi soir et le dimanche, essayant, les autres jours de la semaine, de gagner beaucoup d'argent. Le soir, lorsqu'ils quittent leurs bureaux, ils se réunissent à heure fixe dans les cafés, ils se promènent sur le même boulevard ou bien ils se mettent à leurs balcons. Les désirs des plus jeunes sont violents et brefs, tandis que les vices des plus âgés ne dépassent pas les associations de boulomanes[1], les banquets des amicales et les cercles où l'on joue gros jeu sur le hasard des cartes.

On dira sans doute que cela n'est pas particulier à notre ville et qu'en somme tous nos contemporains sont ainsi. Sans doute, rien n'est plus naturel, aujourd'hui, que de voir des gens travailler du matin au soir et choisir ensuite de perdre aux cartes, au café, et en bavardages, le temps qui leur reste pour vivre. Mais il est des villes et des pays où les gens ont, de temps en temps, le soupçon d'autre chose. En général, cela ne change pas leur vie. Seulement, il y a eu le soupçon et c'est toujours cela de gagné. Oran, au contraire, est apparemment une ville sans soupçons, c'est-à-dire une ville tout à fait moderne. Il n'est pas nécessaire, en conséquence, de préciser la façon dont on s'aime chez nous. Les hommes et les

note

1. **associations de boulomanes :** regroupements de joueurs de pétanque, jeu de boules sur terrain plat.

femmes, ou bien se dévorent rapidement dans ce qu'on appelle l'acte d'amour, ou bien s'engagent dans une longue habitude à deux. Entre ces extrêmes, il n'y a pas souvent de milieu. Cela non plus n'est pas original. À Oran comme ailleurs, faute de temps et de réflexion, on est bien obligé de s'aimer sans le savoir.

Ce qui est plus original dans notre ville est la difficulté qu'on peut y trouver à mourir. Difficulté, d'ailleurs, n'est pas le bon mot et il serait plus juste de parler d'inconfort. Ce n'est jamais agréable d'être malade, mais il y a des villes et des pays qui vous soutiennent dans la maladie, où l'on peut, en quelque sorte, se laisser aller. Un malade a besoin de douceur, il aime à s'appuyer sur quelque chose, c'est bien naturel. Mais à Oran, les excès du climat, l'importance des affaires qu'on y traite, l'insignifiance du décor, la rapidité du crépuscule et la qualité des plaisirs, tout demande la bonne santé. Un malade s'y trouve bien seul. Qu'on pense alors à celui qui va mourir, pris au piège derrière des centaines de murs crépitants de chaleur, pendant qu'à la même minute, toute une population, au téléphone ou dans les cafés, parle de traites, de connaissements[1] et d'escompte. On comprendra ce qu'il peut y avoir d'inconfortable dans la mort, même moderne, lorsqu'elle survient ainsi dans un lieu sec.

Ces quelques indications donnent peut-être une idée suffisante de notre cité. Au demeurant, on ne doit rien exagérer. Ce qu'il fallait souligner, c'est l'aspect banal de la ville et de la vie. Mais on passe ses journées sans difficultés aussitôt qu'on a des habitudes. Du moment que notre ville favorise justement les habitudes, on peut dire que tout est pour le mieux. Sous cet angle, sans doute, la vie n'est pas très passionnante. Du moins, on ne connaît pas chez nous le désordre. Et notre population franche, sympathique et active, a toujours provoqué chez le voyageur une estime raisonnable. Cette cité sans pittoresque, sans végétation et sans âme finit par sembler

note

1. connaissements : terme relatif au commerce ; forme de reçus.

reposante et on s'y endort enfin. Mais il est juste d'ajouter qu'elle s'est greffée sur un paysage sans égal, au milieu d'un plateau nu, entouré de collines lumineuses, devant une baie au dessin parfait. On peut seulement regretter qu'elle se soit construite en tournant le dos à cette baie et que, partant, il soit impossible d'apercevoir la mer qu'il faut toujours aller chercher.

Arrivé là, on admettra sans peine que rien ne pouvait faire espérer à nos concitoyens les incidents qui se produisirent au printemps de cette année-là et qui furent, nous le comprîmes ensuite, comme les premiers signes de la série des graves événements dont on s'est proposé de faire ici la chronique. Ces faits paraîtront bien naturels à certains et, à d'autres, invraisemblables au contraire. Mais, après tout, un chroniqueur ne peut tenir compte de ces contradictions. Sa tâche est seulement de dire : « Ceci est arrivé », lorsqu'il sait que ceci est, en effet, arrivé, que ceci a intéressé la vie de tout un peuple, et qu'il y a donc des milliers de témoins qui estimeront dans leur cœur la vérité de ce qu'il dit.

Du reste, le narrateur, qu'on connaîtra toujours à temps, n'aurait guère de titre à faire valoir dans une entreprise de ce genre si le hasard ne l'avait mis à même de recueillir un certain nombre de dépositions et si la force des choses ne l'avait mêlé à tout ce qu'il prétend relater. C'est ce qui l'autorise à faire œuvre d'historien. Bien entendu, un historien, même s'il est un amateur, a toujours des documents. Le narrateur de cette histoire a donc les siens : son témoignage d'abord, celui des autres ensuite, puisque, par son rôle, il fut amené à recueillir les confidences de tous les personnages de cette chronique, et, en dernier lieu, les textes qui finirent par tomber entre ses mains. Il se propose d'y puiser quand il le jugera bon et de les utiliser comme il lui plaira. Il se propose encore... Mais il est peut-être temps de laisser les commentaires et les précautions de langage pour en venir au récit lui-même. La relation des premières journées demande quelque minutie.

La plage de la ville d'Oran,
telle que Camus a pu la connaître vers la fin des années 40.

La Peste

passage analysé

Le matin du 16 avril, le docteur Bernard Rieux sortit de son cabinet et buta sur un rat mort, au milieu du palier. Sur le moment, il écarta la bête sans y prendre garde et descendit l'escalier. Mais, arrivé dans la rue, la pensée lui vint que ce rat n'était pas à sa place et il retourna sur ses pas pour avertir le concierge. Devant la réaction du vieux M. Michel, il sentit mieux ce que sa découverte avait d'insolite. La présence de ce rat mort lui avait paru seulement bizarre tandis que, pour le concierge, elle constituait un scandale. La position de ce dernier était d'ailleurs catégorique : il n'y avait pas de rats dans la maison. Le docteur eut beau l'assurer qu'il y en avait un sur le palier du premier étage, et probablement mort, la conviction de M. Michel restait entière. Il n'y avait pas de rats dans la maison, il fallait donc qu'on eût apporté celui-ci du dehors. Bref, il s'agissait d'une farce.

Le soir même, Bernard Rieux, debout dans le couloir de l'immeuble, cherchait ses clefs avant de monter chez lui, lorsqu'il vit surgir, du fond obscur du corridor, un gros rat à la démarche incertaine et au pelage mouillé. La bête s'arrêta, sembla chercher un équilibre, prit sa course vers le docteur, s'arrêta encore, tourna sur elle même avec un petit cri et tomba enfin en rejetant du sang par les babines entrouvertes. Le docteur la contempla un moment et remonta chez lui.

Ce n'était pas au rat qu'il pensait. Ce sang rejeté le ramenait à sa préoccupation. Sa femme, malade depuis un an, devait partir le lendemain pour une station de montagne. Il la trouva couchée dans leur chambre, comme il lui avait demandé de le faire. Ainsi se préparait-elle à la fatigue du déplacement. Elle souriait.

– Je me sens très bien, disait-elle.

Le docteur regardait le visage tourné vers lui dans la lumière de la lampe de chevet. Pour Rieux, à trente ans et malgré les marques de la maladie, ce visage était toujours celui de la jeunesse, à cause peut-être de ce sourire qui emportait tout le reste.

– Dors si tu peux, dit-il. La garde viendra à onze heures et je vous mènerai au train de midi.

Il embrassa un front légèrement moite. Le sourire l'accompagna jusqu'à la porte.

Le lendemain 17 avril, à huit heures, le concierge arrêta le docteur au passage et accusa des mauvais plaisants d'avoir déposé trois rats morts au milieu du couloir. On avait dû les prendre avec de gros pièges, car ils étaient pleins de sang. Le concierge était resté quelque temps sur le pas de la porte, tenant les rats par les pattes, et attendant que les coupables voulussent bien se trahir par quelque sarcasme. Mais rien n'était venu.

– Ah ! ceux-là, disait M. Michel, je finirai par les avoir.

Intrigué, Rieux décida de commencer sa tournée par les quartiers extérieurs où habitaient les plus pauvres de ses clients. La collecte des ordures s'y faisait beaucoup plus tard et l'auto qui roulait le long des voies droites et poussiéreuses de ce quartier frôlait les boîtes de détritus, laissées au bord du trottoir. Dans une rue qu'il longeait ainsi, le docteur compta une douzaine de rats jetés sur les débris de légumes et les chiffons sales.

Il trouva son premier malade au lit, dans une pièce donnant sur la rue et qui servait à la fois de chambre à coucher et de salle à manger. C'était un vieil Espagnol au visage dur et raviné. Il avait devant lui, sur la couverture, deux marmites remplies de pois. Au moment où le docteur entrait, le malade, à demi dressé dans son lit, se renversait en arrière pour tenter de retrouver son souffle caillouteux de vieil asthmatique. Sa femme apporta une cuvette.

– Hein, docteur, dit-il pendant la piqûre, ils sortent, vous avez vu ?

– Oui, dit la femme, le voisin en a ramassé trois.

Le vieux se frottait les mains.

– Ils sortent, on en voit dans toutes les poubelles, c'est la faim !

Rieux n'eut pas de peine à constater ensuite que tout le quartier parlait des rats. Ses visites terminées, il revint chez lui.

– Il y a un télégramme pour vous, là-haut, dit M. Michel.

Le docteur lui demanda s'il avait vu de nouveaux rats.

– Ah ! non, dit le concierge, je fais le guet, vous comprenez. Et ces cochons-là n'osent pas.

Le télégramme avertissait Rieux de l'arrivée de sa mère pour le lendemain. Elle venait s'occuper de la maison de son fils, en l'absence de la malade. Quand le docteur entra chez lui, la garde était déjà là. Rieux vit sa femme debout, en tailleur, et avec les couleurs du fard. Il lui sourit :

– C'est bien, dit-il, très bien.

Un moment après, à la gare, il l'installait dans le wagon-lit. Elle regardait le compartiment.

– C'est trop cher pour nous, n'est-ce pas ?

– Il le faut, dit Rieux.

– Qu'est-ce que c'est que cette histoire de rats ?

– Je ne sais pas. C'est bizarre, mais cela passera.

Puis il lui dit très vite qu'il lui demandait pardon, il aurait dû veiller sur elle et il l'avait beaucoup négligée. Elle secouait la tête, comme pour lui signifier de se taire. Mais il ajouta :

– Tout ira mieux quand tu reviendras. Nous recommencerons.

– Oui, dit-elle, les yeux brillants, nous recommencerons.

Un moment après, elle lui tournait le dos et regardait à travers la vitre. Sur le quai, les gens se pressaient et se heurtaient. Le chuintement de la locomotive arrivait jusqu'à eux. Il appela sa femme par son prénom et, quand elle se retourna, il vit que son visage était couvert de larmes.

– Non, dit-il doucement.

Sous les larmes, le sourire revint, un peu crispé. Elle respira profondément:

– Va-t'en, tout ira bien.

Il la serra contre lui, et sur le quai maintenant, de l'autre côté de la vitre, il ne voyait plus que son sourire.

– Je t'en prie, dit-il, veille sur toi.

Mais elle ne pouvait pas l'entendre.

Près de la sortie, sur le quai de la gare, Rieux heurta M. Othon, le juge d'instruction[1], qui tenait son petit garçon par la main. Le docteur lui demanda s'il partait en voyage. M. Othon, long et noir, et qui ressemblait moitié à ce qu'on appelait autrefois un homme du monde, moitié à un croque-mort[2], répondit d'une voix aimable, mais brève.

– J'attends Mme Othon qui est allée présenter ses respects à ma famille.

La locomotive siffla.

– Les rats..., dit le juge.

Rieux eut un mouvement dans la direction du train, mais se retourna vers la sortie.

- Oui, dit-il, ce n'est rien.

Tout ce qu'il retint de ce moment fut le passage d'un homme d'équipe qui portait sous le bras une caisse pleine de rats morts.

L'après-midi du même jour, au début de sa consultation, Rieux reçut un jeune homme dont on lui dit qu'il était journaliste et

passage analysé

notes

1. **juge d'instruction**: responsable des enquêtes dans le système judiciaire français.

2. **croque-mort**: employé responsable de l'enterrement des cadavres.

qu'il était déjà venu le matin. Il s'appelait Raymond Rambert. Court de taille, les épaules épaisses, le visage décidé, les yeux clairs et intelligents, Rambert portait des habits de coupe sportive et semblait à l'aise dans la vie. Il alla droit au but. Il enquêtait pour un grand journal de Paris sur les conditions de vie des Arabes et voulait des renseignements sur leur état sanitaire. Rieux lui dit que cet état n'était pas bon. Mais il voulait savoir, avant d'aller plus loin, si le journaliste pouvait dire la vérité.

– Certes, dit l'autre.

– Je veux dire : pouvez-vous porter condamnation totale ?

– Totale, non, il faut bien le dire. Mais je suppose que cette condamnation serait sans fondement.

Doucement, Rieux dit qu'en effet une pareille condamnation serait sans fondement, mais qu'en posant cette question, il cherchait seulement à savoir si le témoignage de Rambert pouvait ou non être sans réserves.

– Je n'admets que les témoignages sans réserves. Je ne soutiendrai donc pas le vôtre de mes renseignements.

– C'est le langage de Saint-Just[1], dit le journaliste en souriant.

Rieux dit sans élever le ton qu'il n'en savait rien, mais que c'était le langage d'un homme lassé du monde où il vivait, ayant pourtant le goût de ses semblables et décidé à refuser, pour sa part, l'injustice et les concessions. Rambert, le cou dans les épaules, regardait le docteur.

– Je crois que je vous comprends, dit-il enfin en se levant.

Le docteur l'accompagnait vers la porte :

– Je vous remercie de prendre les choses ainsi.

Rambert parut impatienté :

– Oui, dit-il, je comprends, pardonnez-moi ce dérangement.

Le docteur lui serra la main et lui dit qu'il y aurait un curieux reportage à faire sur la quantité de rats morts qu'on trouvait dans

passage analysé

note

1. L.-A. Léon de Saint-Just (1767-1794) : homme politique français, rallié à la révolution française de 1789 ; il meurt guillotiné.

la ville en ce moment.

– Ah ! s'exclama Rambert, cela m'intéresse.

À dix-sept heures, comme il sortait pour de nouvelles visites, le docteur croisa dans l'escalier un homme encore jeune, à la silhouette lourde, au visage massif et creusé, barré d'épais sourcils. Il l'avait rencontré, quelquefois, chez les danseurs espagnols qui habitaient le dernier étage de son immeuble. Jean Tarrou fumait une cigarette avec application en contemplant les dernières convulsions d'un rat qui crevait sur une marche, à ses pieds. Il leva sur le docteur le regard calme et un peu appuyé de ses yeux gris, lui dit bonjour et ajouta que cette apparition des rats était une curieuse chose.

– Oui, dit Rieux, mais qui finit par être agaçante.

– Dans un sens, docteur, dans un sens seulement. Nous n'avons jamais rien vu de semblable, voilà tout. Mais je trouve cela intéressant, oui, positivement intéressant.

Tarrou passa la main sur ses cheveux pour les rejeter en arrière, regarda de nouveau le rat, maintenant immobile, puis sourit à Rieux.

– Mais, en somme, docteur, c'est surtout l'affaire du concierge.

Justement, le docteur trouva le concierge devant la maison, adossé au mur près de l'entrée, une expression de lassitude sur son visage d'ordinaire congestionné.

– Oui, je sais, dit le vieux Michel à Rieux qui lui signalait la nouvelle découverte. C'est par deux ou trois qu'on les trouve maintenant. Mais c'est la même chose dans les autres maisons.

Il paraissait abattu et soucieux. Il se frottait le cou d'un geste machinal. Rieux lui demanda comment il se portait. Le concierge ne pouvait pas dire, bien entendu, que ça n'allait pas. Seulement, il ne se sentait pas dans son assiette. À son avis, c'était le moral qui travaillait. Ces rats lui avaient donné un coup et tout irait beaucoup mieux quand ils auraient disparu.

Mais le lendemain matin, 18 avril, le docteur qui ramenait sa mère de la gare trouva M. Michel avec une mine encore plus creusée : de la cave au grenier, une dizaine de rats jonchaient les escaliers. Les poubelles des maisons voisines en étaient pleines. La mère du docteur apprit la nouvelle sans s'étonner.

– Ce sont des choses qui arrivent.

C'était une petite femme aux cheveux argentés, aux yeux noirs et doux.

– Je suis heureuse de te revoir, Bernard, disait-elle. Les rats ne peuvent rien contre ça.

Lui approuvait ; c'était vrai qu'avec elle tout paraissait toujours facile.

Rieux téléphona cependant au service communal de dératisation, dont il connaissait le directeur. Celui-ci avait-il entendu parler de ces rats qui venaient en grand nombre mourir à l'air libre ? Mercier, le directeur, en avait entendu parler et, dans son service même, installé non loin des quais, on en avait découvert une cinquantaine. Il se demandait cependant si c'était sérieux. Rieux ne pouvait pas en décider, mais il pensait que le service de dératisation devait intervenir.

– Oui, dit Mercier, avec un ordre. Si tu crois que ça vaut vraiment la peine, je peux essayer d'obtenir un ordre.

– Ça en vaut toujours la peine, dit Rieux.

Sa femme de ménage venait de lui apprendre qu'on avait collecté plusieurs centaines de rats morts dans la grande usine où travaillait son mari.

C'est à peu près à cette époque en tout cas que nos concitoyens commencèrent à s'inquiéter. Car, à partir du 18, les usines et les entrepôts dégorgèrent, en effet, des centaines de cadavres de rats. Dans quelques cas, on fut obligé d'achever les bêtes, dont l'agonie était trop longue. Mais, depuis les quartiers extérieurs jusqu'au centre de la ville, partout où le docteur Rieux venait à passer, partout où nos concitoyens se rassemblaient, les rats attendaient en tas, dans les poubelles, ou en longues files, dans les ruisseaux. La presse du soir s'empara de l'affaire, dès ce jour-là, et demanda si la municipalité, oui ou non, se proposait d'agir et quelles mesures d'urgence elle avait envisagées pour garantir ses administrés de cette invasion répugnante. La municipalité ne s'était rien proposé et n'avait rien envisagé du tout, mais commença par se réunir en conseil pour délibérer. L'ordre fut donné au service de dératisation de collecter les rats morts, tous les matins, à l'aube. La collecte finie, deux voitures du service devaient porter les bêtes à l'usine d'incinération des ordures, afin de les brûler.

Mais dans les jours qui suivirent, la situation s'aggrava. Le nombre des rongeurs ramassés allait croissant et la récolte était tous les matins plus abondante. Dès le quatrième jour, les rats commencèrent à sortir pour mourir en groupes. Des réduits, des sous-sols, des caves, des égouts, ils montaient en longues files titubantes pour venir vaciller à la lumière, tourner sur eux-mêmes et mourir près des humains. La nuit, dans les couloirs ou les ruelles, on entendait distinctement leurs petits cris d'agonie. Le matin, dans les faubourgs, on les trouvait étalés à même le ruisseau, une petite fleur de sang sur le museau pointu, les uns gonflés et putrides, les autres raidis et les moustaches encore dressées. Dans la ville même, on les rencontrait par petits tas, sur les paliers ou dans les cours. Ils venaient aussi mourir isolément dans les halls administratifs, dans les préaux d'école, à la terrasse des cafés, quelquefois. Nos concitoyens stupéfaits les découvraient aux endroits les plus fréquentés de la ville. La place d'Armes, les boulevards, la promenade du Front-de-Mer, de loin en loin, étaient souillés. Nettoyée à l'aube de ses bêtes mortes, la ville les retrouvait peu à peu, de plus en plus nombreuses, pendant la journée. Sur les trottoirs, il arrivait aussi à plus d'un promeneur nocturne de sentir sous son pied la masse élastique d'un cadavre encore frais. On eût dit que la terre même où étaient plantées nos maisons se purgeait de son chargement d'humeurs, qu'elle laissait monter à la surface des furoncles[1] et des sanies[2] qui, jusqu'ici, la travaillaient intérieurement. Qu'on envisage seulement la stupéfaction de notre petite ville, si tranquille jusque-là, et bouleversée en quelques jours, comme un homme bien portant dont le sang épais se mettrait tout d'un coup en révolution !

Les choses allèrent si loin que l'agence Ransdoc (renseignements, documentation, tous les renseignements sur n'importe quel sujet) annonça, dans son émission radiophonique d'informations gratuites, six mille deux cent trente et un rats collectés et brûlés dans la seule journée du 25. Ce chiffre, qui donnait un sens clair au spectacle quotidien que la ville avait sous les yeux, accrut le désarroi. Jusqu'alors, on s'était seulement plaint d'un accident un peu répugnant. On s'apercevait maintenant que ce phénomène dont on ne pouvait encore ni préciser l'ampleur ni déceler l'origine avait quelque chose de menaçant. Seul le vieil Espagnol asthmatique continuait de se frotter les mains et répétait : « Ils sortent, ils sortent », avec une joie sénile.

Le 28 avril, cependant, Ransdoc annonçait une collecte de huit mille rats environ et l'anxiété était à son comble dans la ville. On demandait des mesures radicales, on accusait les autorités, et certains qui avaient des maisons au bord de la mer parlaient déjà de s'y retirer. Mais, le lendemain, l'agence annonça que le phénomène avait cessé brutalement et que le service de dératisation n'avait collecté qu'une quantité négligeable de rats morts. La ville respira.

C'est pourtant le même jour, à midi, que le docteur Rieux, arrêtant sa voiture devant son immeuble, aperçut au bout de la rue le concierge qui avançait péniblement, la tête penchée, bras et jambes écartés, dans une attitude de pantin. Le vieil homme tenait le bras d'un prêtre que le docteur reconnut. C'était le père Paneloux, un jésuite érudit et militant qu'il avait rencontré quelquefois et qui était très estimé dans notre ville, même parmi

notes

| **1. furoncles :** abcès ou boutons sur la peau. | **2. sanies :** synonyme de pus.

ceux qui sont indifférents en matière de religion. Il les attendit. Le vieux Michel avait les yeux brillants et la respiration sifflante. Il ne s'était pas senti très bien et avait voulu prendre l'air. Mais des douleurs vives au cou, aux aisselles et aux aines l'avaient forcé à revenir et à demander l'aide du père Paneloux.

– Ce sont des grosseurs, dit-il. J'ai dû faire un effort.

Le bras hors de la portière, le docteur promena son doigt à la base du cou que Michel lui tendait; une sorte de nœud de bois s'y était formé.

– Couchez-vous, prenez votre température, je viendrai vous voir cet après-midi.

Le concierge parti, Rieux demanda au père Paneloux ce qu'il pensait de cette histoire de rats:

– Oh! dit le père, ce doit être une épidémie, et ses yeux sourirent derrière les lunettes rondes.

Après le déjeuner, Rieux relisait le télégramme de la maison de santé qui lui annonçait l'arrivée de sa femme, quand le téléphone se fit entendre. C'était un de ses anciens clients, employé de mairie, qui l'appelait. Il avait longtemps souffert d'un rétrécissement de l'aorte, et, comme il était pauvre, Rieux l'avait soigné gratuitement.

– Oui, disait-il, vous vous souvenez de moi. Mais il s'agit d'un autre. Venez vite, il est arrivé quelque chose chez mon voisin.

Sa voix s'essoufflait. Rieux pensa au concierge et décida qu'il le verrait ensuite. Quelques minutes plus tard, il franchissait la porte d'une maison basse de la rue Faidherbe, dans un quartier extérieur. Au milieu de l'escalier frais et puant, il rencontra Joseph Grand, l'employé, qui descendait à sa rencontre. C'était un homme d'une cinquantaine d'années, à la moustache jaune, long et voûté, les épaules étroites et les membres maigres.

– Cela va mieux, dit-il en arrivant vers Rieux, mais j'ai cru qu'il y passait.

Il se mouchait. Au deuxième et dernier étage, sur la porte de gauche, Rieux lut, tracé à la craie rouge: « Entrez, je suis pendu. »

Ils entrèrent. La corde pendait de la suspension au-dessus d'une chaise renversée, la table poussée dans un coin. Mais elle pendait dans le vide.

– Je l'ai décroché à temps, disait Grand qui semblait toujours chercher ses mots, bien qu'il parlât le langage le plus simple. Je sortais, justement, et j'ai entendu du bruit. Quand j'ai vu l'inscription, comment vous expliquer, j'ai cru à une farce. Mais il a poussé un gémissement drôle, et même sinistre, on peut le dire.

Il se grattait la tête :

– À mon avis, l'opération doit être douloureuse. Naturellement, je suis entré.

Ils avaient poussé une porte et se trouvaient sur le seuil d'une chambre claire, mais meublée pauvrement. Un petit homme rond était couché sur le lit de cuivre. Il respirait fortement et les regardait avec des yeux congestionnés. Le docteur s'arrêta. Dans les intervalles de la respiration, il lui semblait entendre des petits cris de rats. Mais rien ne bougeait dans les coins. Rieux alla vers le lit. L'homme n'était pas tombé d'assez haut, ni trop brusquement, les vertèbres avaient tenu. Bien entendu, un peu d'asphyxie. Il faudrait avoir une radiographie. Le docteur fit une piqûre d'huile camphrée et dit que tout s'arrangerait en quelques jours.

– Merci, docteur, dit l'homme d'une voix étouffée.

Rieux demanda à Grand s'il avait prévenu le commissariat et l'employé prit un air déconfit :

– Non, dit-il, oh ! non. J'ai pensé que le plus pressé...

– Bien sûr, coupa Rieux, je le ferai donc.

Mais, à ce moment, le malade s'agita et se dressa dans le lit en protestant qu'il allait bien et que ce n'était pas la peine.

– Calmez-vous, dit Rieux. Ce n'est pas une affaire, croyez-moi, et il faut que je fasse ma déclaration.

– Oh ! fit l'autre.

Et il se rejeta en arrière pour pleurer à petits coups. Grand, qui tripotait sa moustache depuis un moment, s'approcha de lui.

– Allons, monsieur Cottard, dit-il. Essayez de comprendre. On peut dire que le docteur est responsable. Si, par exemple, il vous prenait l'envie de recommencer...

Mais Cottard dit, au milieu de ses larmes, qu'il ne recommencerait pas, que c'était seulement un moment d'affolement et qu'il désirait seulement qu'on lui laissât la paix. Rieux rédigeait une ordonnance.

– C'est entendu, dit-il. Laissons cela, je reviendrai dans deux ou trois jours. Mais ne faites pas de bêtises.

Sur le palier, il dit à Grand qu'il était obligé de faire sa déclaration, mais qu'il demanderait au commissaire de ne faire son enquête que deux jours après.

– Il faut le surveiller cette nuit. A-t-il de la famille ?

– Je ne la connais pas. Mais je peux veiller moi-même.

Il hochait la tête.

– Lui non plus, remarquez-le, je ne peux pas dire que je le connaisse. Mais il faut bien s'entraider.

Dans les couloirs de la maison, Rieux regarda machinalement vers les recoins et demanda à Grand si les rats avaient totalement disparu de son quartier. L'employé n'en savait rien. On lui avait parlé en effet de cette histoire, mais il ne prêtait pas beaucoup d'attention aux bruits du quartier.

– J'ai d'autres soucis, dit-il.

Rieux lui serrait déjà la main. Il était pressé de voir le concierge avant d'écrire à sa femme.

Les crieurs des journaux du soir annonçaient que l'invasion des rats était stoppée. Mais Rieux trouva son malade à demi versé hors du lit, une main sur le ventre et l'autre autour du cou, vomissant avec de grands arrachements une bile rosâtre dans un bidon d'ordures. Après de longs efforts, hors d'haleine, le concierge se recoucha. La température était à trente-neuf cinq, les ganglions du cou et les membres avaient gonflé, deux taches noirâtres s'élargissaient à son flanc. Il se plaignait maintenant d'une douleur intérieure.

– Ça brûle, disait-il, ce cochon-là me brûle.

Sa bouche fuligineuse[1] lui faisait mâcher les mots et il tournait vers le docteur des yeux globuleux où le mal de tête mettait des larmes. Sa femme regardait avec anxiété Rieux qui demeurait muet.

– Docteur, disait-elle, qu'est-ce que c'est ?

– Ça peut être n'importe quoi. Mais il n'y a encore rien de sûr. Jusqu'à ce soir, diète et dépuratif[2]. Qu'il boive beaucoup.

Justement, le concierge était dévoré par la soif.

Rentré chez lui, Rieux téléphonait à son confrère Richard, un des médecins les plus importants de la ville.

– Non, disait Richard, je n'ai rien vu d'extraordinaire.

– Pas de fièvre avec inflammations locales ?

– Ah ! si, pourtant, deux cas avec des ganglions très enflammés.

– Anormalement ?

– Heu, dit Richard, le normal, vous savez...

Le soir, dans tous les cas, le concierge délirait et, à quarante degrés, se plaignait des rats. Rieux tenta un abcès de fixation. Sous la brûlure de la térébenthine, le concierge hurla : « Ah ! les cochons ! »

Les ganglions avaient encore grossi, durs et ligneux[3] au toucher. La femme du concierge s'affolait :

– Veillez, lui dit le docteur, et appelez-moi s'il y a lieu.

Le lendemain, 30 avril, une brise déjà tiède soufflait dans un ciel bleu et humide. Elle apportait une odeur de fleurs qui venait des banlieues les plus lointaines. Les bruits du matin dans les rues semblaient plus vifs, plus joyeux qu'à l'ordinaire. Dans toute notre petite ville, débarrassée de la sourde appréhension où elle avait vécu pendant la semaine, ce jour-là était celui du renouveau.

notes

1. **fuligineuse** : noirâtre et épaissie.
2. **dépuratif** : produit ou médicament qui purge l'organisme.
3. **ligneux** : qui présentent une surface ressemblant à celle du bois.

Rieux lui-même, rassuré par une lettre de sa femme, descendit chez le concierge avec légèreté. Et en effet, au matin, la fièvre était tombée à trente-huit degrés. Affaibli, le malade souriait dans son lit.

– Cela va mieux, n'est-ce pas, docteur ? dit sa femme.

– Attendons encore.

Mais, à midi, la fièvre était montée d'un seul coup à quarante degrés, le malade délirait sans arrêt et les vomissements avaient repris. Les ganglions du cou étaient douloureux au toucher et le concierge semblait vouloir tenir sa tête le plus possible éloignée du corps. Sa femme était assise au pied du lit, les mains sur la couverture, tenant doucement les pieds du malade. Elle regardait Rieux.

– Écoutez, dit celui-ci, il faut l'isoler et tenter un traitement d'exception. Je téléphone à l'hôpital et nous le transporterons en ambulance.

Deux heures après, dans l'ambulance, le docteur et la femme se penchaient sur le malade. De sa bouche tapissée de fongosités, des bribes de mots sortaient : « Les rats ! » disait-il. Verdâtre, les lèvres cireuses, les paupières plombées, le souffle saccadé et court, écartelé par les ganglions, tassé au fond de sa couchette comme s'il eût voulu la refermer sur lui ou comme si quelque chose, venu du fond de la terre, l'appelait sans répit, le concierge étouffait sous une pesée invisible. La femme pleurait.

– N'y a-t-il donc plus d'espoir, docteur ?

– Il est mort, dit Rieux.

La mort du concierge, il est possible de le dire, marqua la fin de cette période remplie de signes déconcertants et le début d'une autre, relativement plus difficile, où la surprise des premiers temps se transforma peu à peu en panique. Nos concitoyens, ils s'en rendaient compte désormais, n'avaient jamais pensé que notre petite ville pût être un lieu particulièrement désigné pour que les rats y meurent au soleil et que les concierges y périssent de maladies bizarres. De ce point de vue, ils se trouvaient en somme dans l'erreur et leurs idées étaient à réviser. Si tout s'était arrêté là, les habitudes sans doute l'eussent emporté. Mais d'autres parmi nos concitoyens, et qui n'étaient pas toujours concierges ni pauvres, durent suivre la route sur laquelle M. Michel s'était engagé le premier. C'est à partir de ce moment que la peur, et la réflexion avec elle, commencèrent.

Cependant, avant d'entrer dans le détail de ces nouveaux événements, le narrateur croit utile de donner sur la période qui vient d'être décrite l'opinion d'un autre témoin. Jean Tarrou, qu'on a déjà rencontré au début de ce récit, s'était fixé à Oran quelques semaines plus tôt et habitait, depuis ce temps, un grand hôtel du centre. Apparemment, il semblait assez aisé pour vivre de ses revenus. Mais, bien que la ville se fût peu à peu habituée à lui, personne ne pouvait dire d'où il venait, ni pourquoi il était là. On le rencontrait dans tous les endroits publics. Dès le début du printemps, on l'avait beaucoup vu sur les plages, nageant souvent et avec un plaisir manifeste. Bonhomme, toujours souriant, il semblait être l'ami de tous les plaisirs normaux, sans en être l'esclave. En fait, la seule habitude qu'on lui connût était la fréquentation assidue des danseurs et des musiciens espagnols, assez nombreux dans notre ville.

Ses carnets, en tout cas, constituent eux aussi une sorte de chronique de cette période difficile. Mais il s'agit d'une chronique très particulière qui semble obéir à un parti pris d'insignifiance. À première vue, on pourrait croire que Tarrou s'est ingénié à considérer les choses et les êtres par le gros bout de la lorgnette. Dans le désarroi général, il s'appliquait, en somme, à se faire l'historien de ce qui n'a pas d'histoire. On peut déplorer sans doute ce parti pris et y soupçonner la sécheresse du cœur. Mais il n'en reste pas moins que ces carnets peuvent fournir, pour une chronique de cette période, une foule de détails secondaires qui ont cependant leur importance et dont la bizarrerie même empêchera qu'on juge trop vite cet intéressant personnage.

Les premières notes prises par Jean Tarrou datent de son arrivée à Oran. Elles montrent, dès le début, une curieuse satisfaction de se trouver dans une ville aussi laide par elle-même. On y trouve la description détaillée des deux lions de bronze qui ornent la mairie, des considérations bienveillantes sur l'absence d'arbres, les maisons disgracieuses et le plan absurde de la ville. Tarrou y mêle encore des dialogues entendus dans les tramways et dans les rues, sans y ajouter de commentaires, sauf, un peu plus tard, pour l'une de ces conversations, concernant un nommé Camps. Tarrou avait assisté à l'entretien de deux receveurs de tramways.

– Tu as bien connu Camps, disait l'un.

– Camps ? Un grand avec une moustache noire ?

– C'est ça. Il était à l'aiguillage.

– Oui, bien sûr.

– Eh bien, il est mort.

– Ah ! et quand donc ?

– Après l'histoire des rats.

– Tiens ! Et qu'est-ce qu'il a eu ?

– Je ne sais pas, la fièvre. Et puis, il n'était pas fort. Il a eu des abcès sous le bras. Il n'a pas résisté.

– Il avait pourtant l'air comme tout le monde.

– Non, il avait la poitrine faible, et il faisait de la musique à l'Orphéon[1]. Toujours souffler dans un piston, ça use.

– Ah ! termina le deuxième, quand on est malade, il ne faut pas souffler dans un piston.

Après ces quelques indications, Tarrou se demandait pourquoi Camps était entré à l'Orphéon contre son intérêt le plus évident et quelles étaient les raisons profondes qui l'avaient conduit à risquer sa vie pour des défilés dominicaux.

Tarrou semblait ensuite avoir été favorablement impressionné par une scène qui se déroulait souvent au balcon qui faisait face à sa fenêtre. Sa chambre donnait en effet sur une petite rue transversale où des chats dormaient à l'ombre des murs. Mais tous les jours, après déjeuner, aux heures où la ville tout entière somnolait dans la chaleur, un petit vieux apparaissait sur un balcon, de l'autre côté de la rue. Les cheveux blancs et bien peignés, droit et sévère dans ses vêtements de coupe militaire, il appelait les chats d'un « Minet, minet », à la fois distant et doux. Les chats levaient leurs yeux pâles de sommeil, sans encore se déranger. L'autre déchirait des petits bouts de papier au-dessus de la rue et les bêtes, attirées par cette pluie de papillons blancs, avançaient au milieu de la chaussée, tendant une patte hésitante vers les derniers morceaux

note

1. Orphéon : synonyme de fanfare.

de papier. Le petit vieux crachait alors sur les chats avec force et précision. Si l'un des crachats atteignait son but, il riait.

Enfin, Tarrou paraissait avoir été définitivement séduit par le caractère commercial de la ville dont l'apparence, l'animation et même les plaisirs semblaient commandés par les nécessités du négoce. Cette singularité (c'est le terme employé par les carnets) recevait l'approbation de Tarrou et l'une de ses remarques élogieuses se terminait même par l'exclamation : « Enfin ! » Ce sont les seuls endroits où les notes du voyageur, à cette date, semblent prendre un caractère personnel. Il est difficile simplement d'en apprécier la signification et le sérieux. C'est ainsi qu'après avoir relaté que la découverte d'un rat mort avait poussé le caissier de l'hôtel à commettre une erreur dans sa note, Tarrou avait ajouté, d'une écriture moins nette que d'habitude : « Question : comment faire pour ne pas perdre son temps ? Réponse : l'éprouver dans toute sa longueur. Moyens : passer des journées dans l'antichambre d'un dentiste, sur une chaise inconfortable ; vivre à son balcon le dimanche après-midi ; écouter des conférences dans une langue qu'on ne comprend pas, choisir les itinéraires de chemin de fer les plus longs et les moins commodes et voyager debout naturellement ; faire la queue aux guichets des spectacles et ne pas prendre sa place, etc. » Mais tout de suite après ces écarts de langage ou de pensée, les carnets commencent une description détaillée des tramways de notre ville, de leur forme de nacelle, leur couleur indécise, leur saleté habituelle, et terminent ces considérations par un « c'est remarquable » qui n'explique rien.

Voici en tout cas les indications données par Tarrou sur l'histoire des rats :

« Aujourd'hui, le petit vieux d'en face est décontenancé. Il n'y a plus de chats. Ils ont en effet disparu, excités par les rats morts que l'on découvre en grand nombre dans les rues. À mon avis, il n'est pas question que les chats mangent les rats morts. Je me souviens que les miens détestaient ça. Il n'empêche qu'ils doivent courir dans les caves et que le petit vieux est décontenancé. Il est moins bien peigné, moins vigoureux. On le sent inquiet. Au bout d'un moment, il est rentré. Mais il avait craché, une fois, dans le vide.

« Dans la ville, on a arrêté un tram aujourd'hui parce qu'on y avait découvert un rat mort, parvenu là on ne sait comment. Deux ou trois femmes sont descendues. On a jeté le rat. Le tram est reparti.

« À l'hôtel, le veilleur de nuit, qui est un homme digne de foi, m'a dit qu'il s'attendait à un malheur avec tous ces rats. "Quand les rats quittent le navire..." Je lui ai répondu que c'était vrai dans le cas des bateaux, mais qu'on ne l'avait jamais vérifié pour les villes. Cependant, sa conviction est faite. Je lui ai demandé quel malheur, selon lui, on pouvait attendre. Il ne savait pas, le malheur étant impossible à prévoir. Mais il n'aurait pas été étonné qu'un tremblement de terre fît l'affaire. J'ai reconnu que c'était possible et il m'a demandé si ça ne m'inquiétait pas.

« – La seule chose qui m'intéresse, lui ai-je dit, c'est de trouver la paix intérieure.

« Il m'a parfaitement compris.

« Au restaurant de l'hôtel, il y a toute une famille bien intéressante. Le père est un grand homme maigre, habillé de noir, avec un col dur. Il a le milieu du crâne chauve et deux touffes de cheveux gris, à droite et à gauche. Des petits yeux ronds et durs, un nez mince, une bouche horizontale, lui donnent l'air d'une chouette bien élevée. Il arrive toujours le premier à la porte du restaurant, s'efface, laisse passer sa femme, menue comme une souris noire, et entre alors avec, sur les talons, un petit garçon et une petite fille habillés comme des chiens savants. Arrivé à sa table, il attend que sa femme ait pris place, s'assied, et les deux caniches peuvent enfin se percher sur leurs chaises. Il dit "vous" à sa femme et à ses enfants, débite des méchancetés polies à la première et des paroles définitives aux héritiers :

«– Nicole, vous vous montrez souverainement antipathique !

« Et la petite fille est prête à pleurer. C'est ce qu'il faut.

« Ce matin, le petit garçon était tout excité par l'histoire des rats. Il a voulu dire un mot à table :

«– On ne parle pas de rats à table, Philippe. Je vous interdis à l'avenir de prononcer ce mot.

«– Votre père a raison, a dit la souris noire.

« Les deux caniches ont piqué le nez dans leur pâtée et la chouette a remercié d'un signe de tête qui n'en disait pas long.

« Malgré ce bel exemple, on parle beaucoup en ville de cette histoire de rats. Le journal s'en est mêlé. La chronique locale, qui d'habitude est très variée, est maintenant occupée tout entière par une campagne contre la municipalité : "Nos édiles[1] se sont-ils avisés du danger que pouvaient présenter les cadavres putréfiés de ces rongeurs ?" Le directeur de l'hôtel ne peut plus parler d'autre chose. Mais c'est aussi qu'il est vexé. Découvrir des rats dans l'ascenseur d'un hôtel honorable lui paraît inconcevable. Pour le consoler, je lui ai dit :

«– Mais tout le monde en est là.

«– Justement, m'a-t-il répondu, nous sommes maintenant comme tout le monde.

« C'est lui qui m'a parlé des premiers cas de cette fièvre surprenante dont on commence à s'inquiéter. Une de ses femmes de chambre en est atteinte.

«– Mais sûrement, ce n'est pas contagieux, a-t-il précisé avec empressement.

« Je lui ai dit que cela m'était égal.

«– Ah ! Je vois. Monsieur est comme moi, Monsieur est fataliste.

« Je n'avais rien avancé de semblable et d'ailleurs je ne suis pas fataliste. Je le lui ai dit... »

note

1. **édiles** : dirigeants politiques.

C'est à partir de ce moment que les carnets de Tarrou commencent à parler avec un peu de détails de cette fièvre inconnue dont on s'inquiétait déjà dans le public. En notant que le petit vieux avait retrouvé enfin ses chats avec la disparition des rats, et rectifiait patiemment ses tirs, Tarrou ajoutait qu'on pouvait déjà citer une dizaine de cas de cette fièvre, dont la plupart avaient été mortels.

À titre documentaire, on peut enfin reproduire le portrait du docteur Rieux par Tarrou. Autant que le narrateur puisse juger, il est assez fidèle :

« Paraît trente-cinq ans. Taille moyenne. Les épaules fortes. Visage presque rectangulaire. Les yeux sombres et droits, mais les mâchoires saillantes. Le nez fort est régulier. Cheveux noirs coupés très courts. La bouche est arquée avec des lèvres pleines et presque toujours serrées. Il a un peu l'air d'un paysan sicilien avec sa peau cuite, son poil noir et ses vêtements de teintes toujours foncées, mais qui lui vont bien.

« Il marche vite. Il descend les trottoirs sans changer son allure, mais deux fois sur trois remonte sur le trottoir opposé en faisant un léger saut. Il est distrait au volant de son auto et laisse souvent ses flèches de direction levées, même après qu'il a effectué son tournant. Toujours nu-tête. L'air renseigné. »

Les chiffres de Tarrou étaient exacts. Le docteur Rieux en savait quelque chose. Le corps du concierge isolé, il avait téléphoné à Richard pour le questionner sur ces fièvres inguinales[1].

– Je n'y comprends rien, avait dit Richard. Deux morts, l'un en quarante-huit heures, l'autre en trois jours. J'avais laissé le dernier avec toutes les apparences de la convalescence, un matin.

– Prévenez-moi, si vous avez d'autres cas, dit Rieux.

Il appela encore quelques médecins. L'enquête ainsi menée lui donna une vingtaine de cas semblables en quelques jours. Presque tous avaient été mortels. Il demanda alors à Richard, secrétaire du syndicat des médecins d'Oran, l'isolement des nouveaux malades.

– Mais je n'y puis rien, dit Richard. Il faudrait des mesures préfectorales[2]. D'ailleurs, qui vous dit qu'il y a risque de contagion ?

– Rien ne me le dit, mais les symptômes sont inquiétants.

Richard, cependant, estimait qu'« il n'avait pas qualité ». Tout ce qu'il pouvait faire était d'en parler au préfet.

notes

1. **inguinales** : terme désignant la région de l'aine.

2. **préfectorales** : administratives (de la mairie).

Mais, pendant qu'on parlait, le temps se gâtait. Au lendemain de la mort du concierge, de grandes brumes couvrirent le ciel. Des pluies diluviennes et brèves s'abattirent sur la ville ; une chaleur orageuse suivait ces brusques ondées. La mer elle-même avait perdu son bleu profond et, sous le ciel brumeux, elle prenait des éclats d'argent ou de fer, douloureux pour la vue. La chaleur humide de ce printemps faisait souhaiter les ardeurs de l'été. Dans la ville, bâtie en escargot sur son plateau, à peine ouverte vers la mer, une torpeur morne régnait. Au milieu de ses longs murs crépis, parmi les rues aux vitrines poudreuses, dans les tramways d'un jaune sale, on se sentait un peu prisonnier du ciel. Seul, le vieux malade de Rieux triomphait de son asthme pour se réjouir de ce temps.

– Ça cuit, disait-il, c'est bon pour les bronches.

Ça cuisait en effet, mais ni plus ni moins qu'une fièvre. Toute la ville avait la fièvre, c'était du moins l'impression qui poursuivait le docteur Rieux, le matin où il se rendait rue Faidherbe, afin d'assister à l'enquête sur la tentative de suicide de Cottard. Mais cette impression lui paraissait déraisonnable. Il l'attribuait à l'énervement et aux préoccupations dont il était assailli et il admit qu'il était urgent de mettre un peu d'ordre dans ses idées.

Quand il arriva, le commissaire n'était pas encore là. Grand attendait sur le palier et ils décidèrent d'entrer d'abord chez lui en laissant la porte ouverte. L'employé de mairie habitait deux pièces, meublées très sommairement. On remarquait seulement un rayon de bois blanc garni de deux ou trois dictionnaires, et un tableau noir sur lequel on pouvait lire encore, à demi effacés, les mots « allées fleuries ». Selon Grand, Cottard avait passé une bonne nuit. Mais il s'était réveillé, le matin, souffrant de la tête et incapable d'aucune réaction. Grand paraissait fatigué et nerveux, se promenant de long en large, ouvrant et refermant sur la table un gros dossier rempli de feuilles manuscrites.

Il raconta cependant au docteur qu'il connaissait mal Cottard, mais qu'il lui supposait un petit avoir. Cottard était un homme bizarre. Longtemps, leurs relations s'étaient bornées à quelques saluts dans l'escalier.

– Je n'ai eu que deux conversations avec lui. Il y a quelques jours, j'ai renversé sur le palier une boîte de craies que je ramenais chez moi. Il y avait des craies rouges et des craies bleues. À ce moment, Cottard est sorti sur le palier et m'a aidé à les ramasser. Il m'a demandé à quoi servaient ces craies de différentes couleurs.

Grand lui avait alors expliqué qu'il essayait de refaire un peu de latin. Depuis le lycée, ses connaissances s'étaient estompées.

– Oui, dit-il au docteur, on m'a assuré que c'était utile pour mieux connaître le sens des mots français.

Il écrivait donc des mots latins sur son tableau. Il recopiait à la craie bleue la partie des mots qui changeait suivant les déclinaisons et les conjugaisons, et, à la craie rouge, celle qui ne changeait jamais.

– Je ne sais pas si Cottard a bien compris, mais il a paru intéressé et m'a demandé une craie rouge. J'ai été un peu surpris, mais après tout... Je ne pouvais pas deviner, bien sûr, que cela servirait son projet.

Rieux demanda quel était le sujet de la deuxième conversation. Mais, accompagné de son secrétaire, le commissaire arrivait qui voulait d'abord entendre les déclarations de Grand. Le docteur remarqua que Grand, parlant de Cottard, l'appelait toujours « le désespéré ». Il employa même à un moment l'expression « résolution fatale ». Ils discutèrent sur le motif du suicide et Grand se montra tatillon sur le choix des termes. On s'arrêta enfin sur les mots « chagrins intimes ». Le commissaire demanda si rien dans l'attitude de Cottard ne laissait prévoir ce qu'il appelait « sa détermination ».

– Il a frappé hier à ma porte, dit Grand, pour me demander des allumettes. Je lui ai donné ma boîte. Il s'est excusé en me disant qu'entre voisins... Puis il m'a assuré qu'il me rendrait ma boîte. Je lui ai dit de la garder.

Le commissaire demanda à l'employé si Cottard ne lui avait pas paru bizarre.

– Ce qui m'a paru bizarre, c'est qu'il avait l'air de vouloir engager conversation. Mais moi j'étais en train de travailler.

Grand se tourna vers Rieux et ajouta, d'un air embarrassé :

– Un travail personnel.

Le commissaire voulait voir cependant le malade. Mais Rieux pensait qu'il valait mieux préparer d'abord Cottard à cette visite. Quand il entra dans la chambre, ce dernier, vêtu seulement d'une flanelle grisâtre, était dressé dans son lit et tourné vers la porte avec une expression d'anxiété.

– C'est la police, hein ?

– Oui, dit Rieux, et ne vous agitez pas. Deux ou trois formalités et vous aurez la paix.

Mais Cottard répondit que cela ne servait à rien et qu'il n'aimait pas la police. Rieux marqua de l'impatience.

– Je ne l'adore pas non plus. Il s'agit de répondre vite et correctement à leurs questions, pour en finir une bonne fois.

Cottard se tut et le docteur retourna vers la porte. Mais le petit homme l'appelait déjà et lui prit les mains quand il fut près du lit :

– On ne peut pas toucher à un malade, à un homme qui s'est pendu, n'est-ce pas, docteur ?

Rieux le considéra un moment et l'assura enfin qu'il n'avait jamais été question de rien de ce genre et qu'aussi bien, il était là pour protéger son malade. Celui-ci parut se détendre et Rieux fit entrer le commissaire.

On lut à Cottard le témoignage de Grand et on lui demanda s'il pouvait préciser les motifs de son acte. Il répondit seulement et sans regarder le commissaire que « chagrins intimes, c'était très bien». Le commissaire le pressa de dire s'il avait envie de recommencer. Cottard, s'animant, répondit que non et qu'il désirait seulement qu'on lui laissât la paix.

– Je vous ferai remarquer, dit le commissaire sur un ton irrité, que, pour le moment, c'est vous qui troublez celle des autres.

Mais sur un signe de Rieux, on en resta là.

– Vous pensez, soupira le commissaire en sortant, nous avons d'autres chats à fouetter, depuis qu'on parle de cette fièvre...

Il demanda au docteur si la chose était sérieuse et Rieux dit qu'il n'en savait rien.

– C'est le temps, voilà tout, conclut le commissaire.

C'était le temps, sans doute. Tout poissait aux mains à mesure que la journée avançait et Rieux sentait son appréhension croître à chaque visite. Le soir de ce même jour, dans le faubourg, un voisin du vieux malade se pressait sur les aines et vomissait au milieu du délire. Les ganglions étaient bien plus gros que ceux du concierge. L'un d'eux commençait à suppurer et, bientôt, il s'ouvrit comme un mauvais fruit. Rentré chez lui, Rieux téléphona au dépôt de produits pharmaceutiques du département. Ses notes professionnelles mentionnent seulement à cette date: «Réponse négative». Et, déjà, on l'appelait ailleurs pour des cas semblables. Il fallait ouvrir les abcès, c'était évident. Deux coups de bistouri en croix et les ganglions déversaient une purée mêlée de sang. Les malades saignaient, écartelés. Mais des taches apparaissaient au ventre et aux jambes un ganglion cessait de suppurer, puis se regonflait. La plupart du temps, le malade mourait dans une odeur épouvantable.

La presse, si bavarde dans l'affaire des rats, ne parlait plus de rien. C'est que les rats meurent dans la rue et les hommes dans leur chambre. Et les journaux ne s'occupent que de la rue. Mais la préfecture et la municipalité commençaient à s'interroger. Aussi longtemps que chaque médecin n'avait pas eu connaissance de plus de deux ou trois cas, personne n'avait pensé à bouger.

Mais, en somme, il suffit que quelqu'un songeât à faire l'addition. L'addition était consternante. En quelques jours à peine, les cas mortels se multiplièrent et il devint évident pour ceux qui se préoccupaient de ce mal curieux qu'il s'agissait d'une véritable épidémie. C'est le moment que choisit Castel, un confrère de Rieux, beaucoup plus âgé que lui, pour venir le voir.

– Naturellement, lui dit-il, vous savez ce que c'est, Rieux ?

– J'attends le résultat des analyses.

– Moi, je le sais. Et je n'ai pas besoin d'analyses. J'ai fait une partie de ma carrière en Chine, et j'ai vu quelques cas à Paris, il y a une vingtaine d'années. Seulement on n'a pas osé leur donner un nom, sur le moment. L'opinion publique, c'est sacré : pas d'affolement, surtout pas d'affolement. Et puis comme disait un confrère : « C'est impossible, tout le monde sait qu'elle a disparu de l'Occident. » Oui, tout le monde le savait, sauf les morts. Allons, Rieux, vous savez aussi bien que moi ce que c'est.

Rieux réfléchissait. Par la fenêtre de son bureau, il regardait l'épaule de la falaise pierreuse qui se refermait au loin sur la baie. Le ciel, quoique bleu, avait un éclat terne qui s'adoucissait à mesure que l'après-midi s'avançait.

– Oui, Castel, dit-il, c'est à peine croyable. Mais il semble bien que ce soit la peste.

Castel se leva et se dirigea vers la porte.

–Vous savez ce qu'on nous répondra, dit le vieux docteur : « Elle a disparu des pays tempérés depuis des années. »

– Qu'est-ce que ça veut dire, disparaître ? répondit Rieux en haussant les épaules.

– Oui. Et n'oubliez pas : à Paris encore, il y a presque vingt ans.

– Bon. Espérons que ce ne sera pas plus grave aujourd'hui qu'alors. Mais c'est vraiment incroyable.

Le mot de « peste » venait d'être prononcé pour la première fois. À ce point du récit qui laisse Bernard Rieux derrière sa fenêtre, on permettra au narrateur de justifier l'incertitude et la surprise du docteur, puisque, avec des nuances, sa réaction fut celle de la plupart de nos concitoyens. Les fléaux, en effet, sont une chose commune, mais on croit difficilement aux fléaux lorsqu'ils vous tombent sur la tête. Il y a eu dans le monde autant de pestes que de guerres. Et pourtant pestes et guerres trouvent les gens toujours aussi dépourvus. Le docteur Rieux était dépourvu, comme l'étaient nos concitoyens, et c'est ainsi qu'il faut comprendre ses hésitations. C'est ainsi qu'il faut comprendre aussi qu'il fut partagé entre l'inquiétude et la confiance. Quand une guerre éclate, les gens disent : « Ça ne durera pas, c'est trop bête. » Et sans doute une guerre est certainement trop bête, mais cela ne l'empêche pas de durer. La bêtise insiste toujours, on s'en apercevrait si l'on ne pensait pas toujours à soi. Nos concitoyens à cet égard étaient comme tout le monde, ils pensaient à eux-mêmes, autrement dit ils étaient humanistes : ils ne croyaient pas aux fléaux. Le fléau n'est pas à la mesure de l'homme, on se dit donc que le fléau est irréel, c'est un mauvais rêve qui va passer. Mais il ne passe pas toujours et, de mauvais rêve en mauvais rêve, ce sont les hommes qui passent, et les humanistes en premier lieu, parce qu'ils n'ont pas pris leurs précautions. Nos concitoyens n'étaient pas plus coupables que d'autres, ils oubliaient d'être modestes, voilà tout, et ils pensaient que tout était encore possible pour eux, ce qui supposait que les fléaux étaient impossibles. Ils continuaient de faire des affaires, ils préparaient des voyages et ils avaient des opinions. Comment auraient-ils pensé à la peste qui supprime l'avenir, les déplacements et les discussions ? Ils se croyaient libres et personne ne sera jamais libre tant qu'il y aura des fléaux.

Même lorsque le docteur Rieux eut reconnu devant son ami qu'une poignée de malades dispersés venaient, sans avertissement, de mourir de la peste, le danger demeurait irréel pour lui. Simplement, quand on est médecin, on s'est fait une idée de la douleur et on a un peu plus d'imagination. En regardant par la fenêtre sa ville qui n'avait pas changé, c'est à peine si le docteur sentait naître en lui ce léger écœurement devant l'avenir qu'on appelle inquiétude. Il essayait de rassembler dans son esprit ce qu'il savait de cette maladie. Des chiffres flottaient dans sa mémoire et il se disait que la trentaine de grandes pestes que l'histoire a connues avait fait près de cent millions de morts. Mais qu'est-ce que cent millions de morts ? Quand on a fait la guerre, c'est à peine si on sait déjà ce que c'est qu'un mort. Et puisqu'un homme mort n'a de poids que si on l'a vu mort, cent millions de cadavres semés à travers l'histoire ne sont qu'une fumée dans l'imagination. Le docteur se souvenait de la peste de Constantinople[1] qui, selon Procope[2], avait fait dix mille victimes en un jour. Dix mille morts font cinq fois le public d'un grand cinéma. Voilà ce qu'il faudrait faire. On rassemble les gens à la sortie de cinq cinémas, on les conduit sur une place de la ville et on les fait mourir en tas

notes

1. **Constantinople** : appellation précédente de la ville d'Istanbul en Turquie.

2. **Procope** : historien du VIe siècle.

pour y voir un peu clair. Au moins, on pourrait mettre alors des visages connus sur cet entassement anonyme. Mais, naturellement, c'est impossible à réaliser, et puis qui connaît dix mille visages? D'ailleurs, des gens comme Procope ne savaient pas compter, la chose est connue. À Canton[1], il y avait soixante-dix ans, quarante mille rats étaient morts de la peste avant que le fléau s'intéressât aux habitants. Mais, en 1871, on n'avait pas le moyen de compter les rats. On faisait son calcul approximativement, en gros, avec des chances évidentes d'erreur. Pourtant, si un rat a trente centimètres de long, quarante mille rats mis bout à bout feraient...

Mais le docteur s'impatientait. Il se laissait aller et il ne le fallait pas. Quelques cas ne font pas une épidémie et il suffit de prendre des précautions. Il fallait s'en tenir à ce qu'on savait, la stupeur et la prostration, les yeux rouges, la bouche sale, les maux de tête, les bubons[2], la soif terrible, le délire, les taches sur le corps, l'écartèlement intérieur, et au bout de tout cela... Au bout de tout cela, une phrase revenait au docteur Rieux, une phrase qui terminait justement dans son manuel l'énumération des symptômes: « Le pouls devient filiforme et la mort survient à l'occasion d'un mouvement insignifiant. » Oui, au bout de tout cela, on était pendu à un fil et les trois quarts des gens, c'était le chiffre exact, étaient assez impatients pour faire ce mouvement imperceptible qui les précipitait.

Le docteur regardait toujours par la fenêtre. D'un côté de la vitre, le ciel frais du printemps, et de l'autre côté le mot qui résonnait encore dans la pièce: la peste. Le mot ne contenait pas seulement ce que la science voulait bien y mettre, mais une longue suite d'images extraordinaires qui ne s'accordaient pas avec cette ville jaune et grise, modérément animée à cette heure, bourdonnante plutôt que bruyante, heureuse en somme, s'il est possible qu'on puisse être à la fois heureux et morne. Et une

notes

1. **Canton**: ville chinoise.

2. **bubons**: ganglions infectés.

tranquillité si pacifique et si indifférente niait presque sans effort les vieilles images du fléau, Athènes empestée et désertée par les oiseaux, les villes chinoises remplies d'agonisants silencieux, les bagnards de Marseille empilant dans des trous les corps dégoulinants, la construction en Provence du grand mur qui devait arrêter le vent furieux de la peste, Jaffa[1] et ses hideux mendiants, les lits humides et pourris collés à la terre battue de l'hôpital de Constantinople, les malades tirés avec des crochets, le carnaval des médecins masqués pendant la Peste noire, les accouplements des vivants dans les cimetières de Milan, les charrettes de morts dans Londres épouvanté, et les nuits et les jours remplis partout et toujours du cri interminable des hommes. Non, tout cela n'était pas encore assez fort pour tuer la paix de cette journée. De l'autre côté de la vitre, le timbre d'un tramway invisible résonnait tout d'un coup et réfutait en une seconde la cruauté et la douleur. Seule la mer, au bout du damier terne des maisons, témoignait de ce qu'il y a d'inquiétant et de jamais reposé dans le monde. Et le docteur Rieux, qui regardait le golfe, pensait à ces bûchers dont parle Lucrèce[2] et que les Athéniens frappés par la maladie élevaient devant la mer. On y portait les morts durant la nuit, mais la place manquait et les vivants se battaient à coups de torches pour y placer ceux qui leur avaient été chers, soutenant des luttes sanglantes plutôt que d'abandonner leurs cadavres. On pouvait imaginer les bûchers rougeoyants devant l'eau tranquille et sombre, les combats de torches dans la nuit crépitante d'étincelles et d'épaisses vapeurs empoisonnées montant vers le ciel attentif. On pouvait craindre...

Mais ce vertige ne tenait pas devant la raison. Il est vrai que le mot de « peste » avait été prononcé, il est vrai qu'à la minute même le fléau secouait et jetait à terre une ou deux victimes. Mais quoi,

notes

1. **Jaffa** : ville de Palestine.

2. **Lucrèce** (98-54 av. J.-C.) : écrivain et philosophe latin.

cela pouvait s'arrêter. Ce qu'il fallait faire, c'était reconnaître clairement ce qui devait être reconnu, chasser enfin les ombres inutiles et prendre les mesures qui convenaient. Ensuite, la peste s'arrêterait parce que la peste ne s'imaginait pas ou s'imaginait faussement. Si elle s'arrêtait, et c'était le plus probable, tout irait bien. Dans le cas contraire, on saurait ce qu'elle était et s'il n'y avait pas moyen de s'en arranger d'abord pour la vaincre ensuite.

Le docteur ouvrit la fenêtre et le bruit de la ville s'enfla d'un coup. D'un atelier voisin montait le sifflement bref et répété d'une scie mécanique. Rieux se secoua. Là était la certitude, dans le travail de tous les jours. Le reste tenait à des fils et à des mouvements insignifiants, on ne pouvait s'y arrêter. L'essentiel était de bien faire son métier.

Le docteur Rieux en était là de ses réflexions quand on lui annonça Joseph Grand. Employé à la mairie, et bien que ses occupations y fussent très diverses, on l'utilisait périodiquement au service des statistiques, à l'état civil. Il était amené ainsi à faire les additions des décès. Et, de naturel obligeant, il avait consenti à apporter lui-même chez Rieux une copie de ses résultats.

Le docteur vit entrer Grand avec son voisin Cottard. L'employé brandissait une feuille de papier.

– Les chiffres montent, docteur, annonça-t-il : onze morts en quarante-huit heures.

Rieux salua Cottard et lui demanda comment il se sentait. Grand expliqua que Cottard avait tenu à remercier le docteur et à s'excuser des ennuis qu'il lui avait causés. Mais Rieux regardait la feuille de statistiques :

– Allons, dit Rieux, il faut peut-être se décider à appeler cette maladie par son nom. Jusqu'à présent, nous avons piétiné. Mais venez avec moi, je dois aller au laboratoire.

– Oui, oui, disait Grand en descendant les escaliers derrière le docteur. Il faut appeler les choses par leur nom. Mais quel est ce nom ?

– Je ne puis vous le dire, et d'ailleurs cela ne vous serait pas utile.

– Vous voyez, sourit l'employé. Ce n'est pas si facile.

Ils se dirigèrent vers la place d'Armes. Cottard se taisait toujours. Les rues commençaient à se charger de monde. Le crépuscule fugitif de notre pays reculait déjà devant la nuit et les premières étoiles apparaissaient dans l'horizon encore net. Quelques secondes plus tard, les lampes au-dessus des rues obscurcirent tout le ciel en s'allumant et le bruit des conversations parut monter d'un ton.

– Pardonnez-moi, dit Grand au coin de la place d'Armes. Mais il faut que je prenne mon tramway. Mes soirées sont sacrées. Comme on dit dans mon pays : « Il ne faut jamais remettre au lendemain... »

Rieux avait déjà noté cette manie qu'avait Grand, né à Montélimar, d'invoquer les locutions de son pays et d'ajouter ensuite des formules banales qui étaient de nulle part comme « un temps de rêve » ou « un éclairage féerique ».

– Ah ! dit Cottard, c'est vrai. On ne peut pas le tirer de chez lui après le dîner.

Rieux demanda à Grand s'il travaillait pour la mairie. Grand répondit que non, il travaillait pour lui.

– Ah ! dit Rieux pour dire quelque chose, et ça avance ?

– Depuis des années que j'y travaille, forcément. Quoique dans un autre sens, il n'y ait pas beaucoup de progrès.

– Mais, en somme, de quoi s'agit-il ? dit le docteur en s'arrêtant.

Grand bredouilla en assurant son chapeau rond sur ses grandes oreilles. Et Rieux comprit très vaguement qu'il s'agissait de quelque chose sur l'essor d'une personnalité. Mais l'employé les quittait déjà et il remontait le boulevard de la Marne, sous les ficus, d'un petit pas pressé. Au seuil du laboratoire, Cottard dit au docteur qu'il voudrait bien le voir pour lui demander conseil. Rieux, qui tripotait dans ses poches la feuille de statistiques, l'invita à venir à sa consultation, puis, se ravisant, lui dit qu'il allait dans son quartier le lendemain et qu'il passerait le voir en fin d'après-midi.

En quittant Cottard, le docteur s'aperçut qu'il pensait à Grand. Il l'imaginait au milieu d'une peste, et non pas de celle-ci qui sans doute ne serait pas sérieuse, mais d'une des grandes pestes de l'histoire. « C'est le genre d'homme qui est épargné dans ces cas-là. » Il se souvenait d'avoir lu que la peste épargnait les constitutions faibles et détruisait surtout les complexions vigoureuses. Et continuant d'y penser, le docteur trouvait à l'employé un air de petit mystère.

À première vue, en effet, Joseph Grand n'était rien de plus que le petit employé de mairie dont il avait l'allure. Long et maigre, il flottait au milieu de vêtements qu'il choisissait toujours trop grands, dans l'illusion qu'ils lui feraient plus d'usage. S'il gardait encore la plupart de ses dents sur les gencives inférieures, il avait perdu en revanche celles de la mâchoire supérieure. Son sourire, qui relevait surtout la lèvre du haut, lui donnait ainsi une bouche d'ombre. Si l'on ajoute à ce portrait une démarche de séminariste, l'art de raser les murs et de se glisser dans les portes, un parfum de cave et de fumée, toutes les mines de l'insignifiance, on reconnaîtra que l'on ne pouvait pas l'imaginer ailleurs que devant un bureau, appliqué à réviser les tarifs des bains-douches de la ville ou à réunir pour un jeune rédacteur les éléments d'un rapport concernant la nouvelle taxe sur l'enlèvement des ordures ménagères. Même pour un esprit non prévenu, il semblait avoir été mis au monde pour exercer les fonctions discrètes mais indispensables d'auxiliaire municipal temporaire à soixante-deux francs[1] trente par jour.

C'était en effet la mention qu'il disait faire figurer sur les feuilles d'emploi, à la suite du mot « qualification ». Lorsque vingt-deux ans auparavant, à la sortie d'une licence que, faute d'argent, il ne

note

1. **francs :** bien avant la conversion à l'euro, monnaie française.

pouvait dépasser, il avait accepté cet emploi, on lui avait fait espérer, disait-il, une « titularisation[1] » rapide. Il s'agissait seulement de donner pendant quelque temps les preuves de sa compétence dans les questions délicates que posait l'administration de notre cité. Par la suite, il ne pouvait manquer, on l'en avait assuré, d'arriver à un poste de rédacteur qui lui permettrait de vivre largement. Certes, ce n'était pas l'ambition qui faisait agir Joseph Grand, il s'en portait garant avec un sourire mélancolique. Mais la perspective d'une vie matérielle assurée par des moyens honnêtes, et, partant, la possibilité de se livrer sans remords à ses occupations favorites lui souriait beaucoup. S'il avait accepté l'offre qui lui était faite, ce fut pour des raisons honorables et, si l'on peut dire, par fidélité à un idéal.

Il y avait de longues années que cet état de choses provisoire durait, la vie avait augmenté dans des proportions démesurées, et le salaire de Grand, malgré quelques augmentations générales, était encore dérisoire. Il s'en était plaint à Rieux, mais personne ne paraissait s'en aviser. C'est ici que se place l'originalité de Grand, ou du moins l'un de ses signes. Il eût pu, en effet, faire valoir, sinon des droits dont il n'était pas sûr, du moins les assurances qu'on lui avait données. Mais, d'abord, le chef de bureau qui l'avait engagé était mort depuis longtemps et l'employé, au demeurant, ne se souvenait pas des termes exacts de la promesse qui lui avait été faite. Enfin, et surtout, Joseph Grand ne trouvait pas ses mots.

C'est cette particularité qui peignait le mieux notre concitoyen, comme Rieux put le remarquer. C'est elle en effet qui l'empêchait toujours d'écrire la lettre de réclamation qu'il méditait, ou de faire la démarche que les circonstances exigeaient. À l'en croire, il se sentait particulièrement empêché d'employer le mot « droit » sur lequel il n'était pas ferme, ni celui de « promesses » qui aurait impliqué qu'il réclamait son dû et aurait par conséquent revêtu

note

1. **titularisation** : obtention de la permanence dans un emploi.

un caractère de hardiesse, peu compatible avec la modestie des fonctions qu'il occupait. D'un autre côté, il se refusait à utiliser les termes de « bienveillance », « solliciter », « gratitude », dont il estimait qu'ils ne se conciliaient pas avec sa dignité personnelle. C'est ainsi que, faute de trouver le mot juste, notre concitoyen continua d'exercer ses obscures fonctions jusqu'à un âge assez avancé. Au reste, et toujours selon ce qu'il disait au docteur Rieux, il s'aperçut à l'usage que sa vie matérielle était assurée, de toutes façons, puisqu'il lui suffisait, après tout, d'adapter ses besoins à ses ressources. Il reconnut ainsi la justesse d'un des mots favoris du maire, gros industriel de notre ville, lequel affirmait avec force que finalement (et il insistait sur ce mot qui portait tout le poids du raisonnement), finalement donc, on n'avait jamais vu personne mourir de faim. Dans tous les cas, la vie quasi ascétique que menait Joseph Grand l'avait finalement, en effet, délivré de tout souci de cet ordre. Il continuait de chercher ses mots.

Dans un certain sens, on peut bien dire que sa vie était exemplaire. Il était de ces hommes, rares dans notre ville comme ailleurs, qui ont toujours le courage de leurs bons sentiments. Le peu qu'il confiait de lui témoignait en effet de bontés et d'attachements qu'on n'ose pas avouer de nos jours. Il ne rougissait pas de convenir qu'il aimait ses neveux et sa sœur, seule parente qu'il eut gardée et qu'il allait, tous les deux ans, visiter en France. Il reconnaissait que le souvenir de ses parents, morts alors qu'il était encore jeune, lui donnait du chagrin. Il ne refusait pas d'admettre qu'il aimait par-dessus tout une certaine cloche de son quartier qui résonnait doucement vers cinq heures du soir. Mais pour évoquer des émotions si simples cependant, le moindre mot lui coûtait mille peines. Finalement, cette difficulté avait fait son plus grand souci. « Ah ! docteur, disait-il, je voudrais bien apprendre à m'exprimer. » Il en parlait à Rieux chaque fois qu'il le rencontrait.

Le docteur, ce soir-là, regardant partir l'employé, comprenait tout d'un coup ce que Grand avait voulu dire : il écrivait sans doute un livre ou quelque chose d'approchant. Jusque dans le laboratoire où il se rendit enfin, cela rassurait Rieux. Il savait que cette impression était stupide, mais il n'arrivait pas à croire que la peste pût s'installer vraiment dans une ville où l'on pouvait trouver des fonctionnaires modestes qui cultivaient d'honorables manies. Exactement, il n'imaginait pas la place de ces manies au milieu de la peste et il jugeait donc que, pratiquement, la peste était sans avenir parmi nos concitoyens.

Le lendemain, grâce à une insistance jugée déplacée, Rieux obtenait la convocation à la préfecture d'une commission sanitaire.

– Il est vrai que la population s'inquiète, avait reconnu Richard. Et puis les bavardages exagèrent tout. Le préfet m'a dit : « Faisons vite si vous voulez, mais en silence. » Il est d'ailleurs persuadé qu'il s'agit d'une fausse alerte.

Bernard Rieux prit Castel dans sa voiture pour gagner la préfecture.

– Savez-vous, lui dit ce dernier, que le département n'a pas de sérum ?

– Je sais. J'ai téléphoné au dépôt. Le directeur est tombé des nues. Il faut faire venir ça de Paris.

– J'espère que ce ne sera pas long.

– J'ai déjà télégraphié, répondit Rieux.

Le préfet était aimable, mais nerveux.

– Commençons, messieurs, disait-il. Dois-je résumer la situation ?

Richard pensait que c'était inutile. Les médecins connaissaient la situation. La question était seulement de savoir quelles mesures il convenait de prendre.

– La question, dit brutalement le vieux Castel, est de savoir s'il s'agit de la peste ou non.

Deux ou trois médecins s'exclamèrent. Les autres semblaient hésiter. Quant au préfet, il sursauta et se retourna machinalement vers la porte, comme pour vérifier qu'elle avait bien empêché cette énormité de se répandre dans les couloirs. Richard déclara qu'à son avis, il ne fallait pas céder à l'affolement ; il s'agissait d'une fièvre à complications inguinales, c'était tout ce qu'on pouvait dire, les hypothèses, en science comme dans la vie, étant toujours dangereuses. Le vieux Castel, qui mâchonnait tranquillement sa moustache jaunie, leva des yeux clairs sur Rieux. Puis il tourna un regard bienveillant vers l'assistance et fit remarquer qu'il savait très bien que c'était la peste, mais que, bien entendu, le reconnaître officiellement obligerait à prendre des mesures impitoyables. Il savait que c'était, au fond, ce qui faisait reculer ses confrères et, partant, il voulait bien admettre pour leur tranquillité que ce ne fût pas la peste. Le préfet s'agita et déclara que, dans tous les cas, ce n'était pas une bonne façon de raisonner.

– L'important, dit Castel, n'est pas que cette façon de raisonner soit bonne, mais qu'elle fasse réfléchir.

Comme Rieux se taisait, on lui demanda son avis :

– Il s'agit d'une fièvre à caractère typhoïde[1], mais accompagnée de bubons et de vomissements. J'ai pratiqué l'incision des bubons. J'ai pu ainsi provoquer des analyses où le laboratoire croit reconnaître le bacille trapu de la peste. Pour être complet, il faut dire cependant que certaines modifications spécifiques du microbe ne coïncident pas avec la description classique.

Richard souligna que cela autorisait des hésitations et qu'il faudrait attendre au moins le résultat statistique de la série d'analyses, commencée depuis quelques jours.

note

1. **typhoïde :** synonyme de contagieux.

– Quand un microbe, dit Rieux, après un court silence, est capable en trois jours de temps de quadrupler le volume de la rate, de donner aux ganglions mésentériques le volume d'une orange et la consistance de la bouillie, il n'autorise justement pas d'hésitations. Les foyers d'infection sont en extension croissante. À l'allure où la maladie se répand, si elle n'est pas stoppée, elle risque de tuer la moitié de la ville avant deux mois. Par conséquent, il importe peu que vous l'appeliez peste ou fièvre de croissance. Il importe seulement que vous l'empêchiez de tuer la moitié de la ville.

Richard trouvait qu'il ne fallait rien pousser au noir et que la contagion d'ailleurs n'était pas prouvée puisque les parents de ses malades étaient encore indemnes.

– Mais d'autres sont morts, fit remarquer Rieux. Et, bien entendu, la contagion n'est jamais absolue, sans quoi on obtiendrait une croissante mathématique infinie et un dépeuplement foudroyant. Il ne s'agit pas de rien pousser au noir. Il s'agit de prendre des précautions.

Richard, cependant, pensait résumer la situation en rappelant que pour arrêter cette maladie, si elle ne s'arrêtait pas d'elle-même, il fallait appliquer les graves mesures de prophylaxie[1] prévues par la loi ; que, pour ce faire, il fallait reconnaître officiellement qu'il s'agissait de la peste ; que la certitude n'était pas absolue à cet égard et qu'en conséquence, cela demandait réflexion.

– La question, insista Rieux, n'est pas de savoir si les mesures prévues par la loi sont graves mais si elles sont nécessaires pour empêcher la moitié de la ville d'être tuée. Le reste est affaire d'administration et, justement, nos institutions ont prévu un préfet pour régler ces questions.

note

1. **prophylaxie :** ensemble de mesures préventives contre une maladie.

– Sans doute, dit le préfet, mais j'ai besoin que vous reconnaissiez officiellement qu'il s'agit d'une épidémie de peste.

– Si nous ne le reconnaissons pas, dit Rieux, elle risque quand même de tuer la moitié de la ville.

Richard intervint avec quelque nervosité.

– La vérité est que notre confrère croit à la peste. Sa description du syndrome[1] le prouve.

Rieux répondit qu'il n'avait pas décrit un syndrome, il avait décrit ce qu'il avait vu. Et ce qu'il avait vu, c'étaient des bubons, des taches, des fièvres délirantes, fatales en quarante-huit heures. Est-ce que M. Richard pouvait prendre la responsabilité d'affirmer que l'épidémie s'arrêterait sans mesures de prophylaxie rigoureuses ?

Richard hésita et regarda Rieux :

– Sincèrement, dites-moi votre pensée, avez-vous la certitude qu'il s'agit de la peste ?

– Vous posez mal le problème. Ce n'est pas une question de vocabulaire, c'est une question de temps.

– Votre pensée, dit le préfet, serait que, même s'il ne s'agissait pas de la peste, les mesures prophylactiques indiquées en temps de peste devraient cependant être appliquées.

– S'il faut absolument que j'aie une pensée, c'est en effet celle-ci.

Les médecins se consultèrent et Richard finit par dire :

– Il faut donc que nous prenions la responsabilité d'agir comme si la maladie était une peste.

La formule fut chaleureusement approuvée.

– C'est aussi votre avis, mon cher confrère ? demanda Richard.

– La formule m'est indifférente, dit Rieux. Disons seulement que nous ne devons pas agir comme si la moitié de la ville ne risquait pas d'être tuée, car alors elle le serait.

note

1. **syndrome** : synonyme de symptômes.

Au milieu de l'agacement général, Rieux partit. Quelques moments après, dans le faubourg qui sentait la friture et l'urine, une femme qui hurlait à la mort, les aines ensanglantées, se tournait vers lui.

Le lendemain de la conférence, la fièvre fit encore un petit bond. Elle passa même dans les journaux, mais sous une forme bénigne, puisqu'ils se contentèrent d'y faire quelques allusions. Le surlendemain, en tout cas, Rieux pouvait lire de petites affiches blanches que la préfecture avait fait rapidement coller dans les coins les plus discrets de la ville. Il était difficile de tirer de cette affiche la preuve que les autorités regardaient la situation en face. Les mesures n'étaient pas draconiennes et l'on semblait avoir beaucoup sacrifié au désir de ne pas inquiéter l'opinion publique. L'exorde de l'arrêté annonçait, en effet, que quelques cas d'une fièvre pernicieuse, dont on ne pouvait encore dire si elle était contagieuse, avaient fait leur apparition dans la commune d'Oran. Ces cas n'étaient pas assez caractérisés pour être réellement inquiétants et il n'y avait pas de doute que la population saurait garder son sang-froid. Néanmoins, et dans un esprit de prudence qui pouvait être compris par tout le monde, le préfet prenait quelques mesures préventives. Comprises et appliquées comme elles devaient l'être, ces mesures étaient de nature à arrêter net toute menace d'épidémie. En conséquence, le préfet ne doutait pas un instant que ses administrés n'apportassent la plus dévouée des collaborations à son effort personnel.

L'affiche annonçait ensuite des mesures d'ensemble, parmi lesquelles une dératisation scientifique par injection de gaz toxiques dans les égouts et une surveillance étroite de l'alimentation en eau. Elle recommandait aux habitants la plus extrême propreté et invitait enfin les porteurs de puces à se présenter dans les dispensaires municipaux. D'autre part, les familles devaient obligatoirement déclarer les cas diagnostiqués par le médecin et consentir à l'isolement de leurs malades dans les salles spéciales de l'hôpital. Ces salles étaient d'ailleurs équipées pour soigner les malades dans le minimum de temps et avec le maximum de chances de guérison. Quelques articles supplémentaires soumettaient à la désinfection obligatoire la chambre du malade et le véhicule de transport. Pour le reste, on se bornait à recommander aux proches de se soumettre à une surveillance sanitaire.

Le docteur Rieux se détourna brusquement de l'affiche et reprit le chemin de son cabinet. Joseph Grand, qui l'attendait, leva de nouveau les bras en l'apercevant.

– Oui, dit Rieux, je sais, les chiffres montent.

La veille, une dizaine de malades avaient succombé dans la ville. Le docteur dit à Grand qu'il le verrait peut-être le soir, puisqu'il allait rendre visite à Cottard.

– Vous avez raison, dit Grand. Vous lui ferez du bien, car je le trouve changé.

– Et comment cela ?

– Il est devenu poli.

– Ne l'était-il pas auparavant ?

Grand hésita. Il ne pouvait dire que Cottard fût impoli, l'expression n'aurait pas été juste. C'était un homme renfermé et silencieux qui avait un peu l'allure du sanglier. Sa chambre, un restaurant modeste et des sorties assez mystérieuses, c'était toute la vie de Cottard. Officiellement, il était représentant en vins et liqueurs. De loin en loin, il recevait la visite de deux ou trois hommes qui devaient être ses clients. Le soir, quelquefois, il allait au cinéma qui se trouvait en face de la maison. L'employé avait même remarqué que Cottard semblait voir de préférence les films de gangsters. En toutes occasions, le représentant demeurait solitaire et méfiant.

Tout cela, selon Grand, avait bien changé :

– Je ne sais pas comment dire, mais j'ai l'impression, voyez-vous, qu'il cherche à se concilier les gens, qu'il veut mettre tout le monde avec lui. Il me parle souvent, il m'offre de sortir avec lui et je ne sais pas toujours refuser. Au reste, il m'intéresse, et, en somme, je lui ai sauvé la vie.

Depuis sa tentative de suicide, Cottard n'avait plus reçu aucune visite. Dans les rues, chez les fournisseurs, il cherchait toutes les sympathies. On n'avait jamais mis tant de douceur à parler aux épiciers, tant d'intérêt à écouter une marchande de tabacs.

– Cette marchande de tabacs, remarquait Grand, est une vraie vipère. Je l'ai dit à Cottard, mais il m'a répondu que je me trompais et qu'elle avait de bons côtés qu'il fallait savoir trouver.

Deux ou trois fois enfin, Cottard avait emmené Grand dans les restaurants et les cafés luxueux de la ville. Il s'était mis à les fréquenter en effet.

– On y est bien, disait-il, et puis on est en bonne compagnie.

Grand avait remarqué les attentions spéciales du personnel pour le représentant et il en comprit la raison en observant les pourboires excessifs que celui-ci laissait. Cottard paraissait très sensible aux amabilités dont on le payait de retour. Un jour que le maître d'hôtel l'avait reconduit et aidé à endosser son pardessus, Cottard avait dit à Grand :

– C'est un bon garçon, il peut témoigner.

– Témoigner de quoi ?

Cottard avait hésité.

– Eh bien ! que je ne suis pas un mauvais homme.

Du reste, il avait des sautes d'humeur. Un jour où l'épicier s'était montré moins aimable, il était revenu chez lui dans un état de fureur démesurée :

– Il passe avec les autres, cette crapule, répétait-il.

– Quels autres ?

– Tous les autres.

Grand avait même assisté à une scène curieuse chez la marchande de tabacs. Au milieu d'une conversation animée, celle-ci avait parlé d'une arrestation récente qui avait fait du bruit à Alger. Il s'agissait d'un jeune employé de commerce qui avait tué un Arabe sur une plage.

– Si l'on mettait toute cette racaille en prison, avait dit la marchande, les honnêtes gens pourraient respirer.

Mais elle avait dû s'interrompre devant l'agitation subite de Cottard qui s'était jeté hors de la boutique, sans un mot d'excuse. Grand et la marchande, les bras ballants, l'avaient regardé fuir.

Par la suite, Grand devait signaler à Rieux d'autres changements dans le caractère de Cottard. Ce dernier avait toujours été d'opinions très libérales. Sa phrase favorite : « Les gros mangent toujours les petits » le prouvait bien. Mais depuis quelque temps, il n'achetait plus que le journal bien pensant d'Oran et on ne pouvait même se défendre de croire qu'il mettait une certaine ostentation à le lire dans des endroits publics. De même, quelques jours après s'être levé, il avait prié Grand, qui allait à la poste, de bien vouloir expédier un mandat de cent francs qu'il envoyait tous les mois à une sœur éloignée. Mais au moment où Grand partait :

– Envoyez-lui deux cents francs, demanda Cottard, ce sera une bonne surprise pour elle. Elle croit que je ne pense jamais à elle. Mais la vérité est que je l'aime beaucoup.

Enfin il avait eu avec Grand une curieuse conversation. Celui-ci avait été obligé de répondre aux questions de Cottard intrigué par le petit travail auquel Grand se livrait chaque soir.

– Bon, avait dit Cottard, vous faites un livre.

– Si vous voulez, mais c'est plus compliqué que cela !

– Ah ! s'était écrié Cottard, je voudrais bien faire comme vous.

Grand avait paru surpris et Cottard avait balbutié qu'être un artiste devait arranger bien des choses.

– Pourquoi ? avait demandé Grand.

– Eh bien, parce qu'un artiste a plus de droits qu'un autre, tout le monde sait ça. On lui passe plus de choses.

– Allons, dit Rieux à Grand, le matin des affiches, l'histoire des rats lui a tourné la tête comme à beaucoup d'autres, voilà tout. Ou encore il a peur de la fièvre.

Grand répondit :

– Je ne crois pas, docteur, et si vous voulez mon avis...

La voiture de dératisation passa sous leur fenêtre dans un grand bruit d'échappement. Rieux se tut jusqu'à ce qu'il fût possible de se faire entendre et demanda distraitement l'avis de l'employé. L'autre le regardait avec gravité :

– C'est un homme, dit-il, qui a quelque chose à se reprocher.

Le docteur haussa les épaules. Comme disait le commissaire, il y avait d'autres chats à fouetter.

Dans l'après-midi, Rieux eut une conférence avec Castel. Les sérums n'arrivaient pas.

– Du reste, demandait Rieux, seraient-ils utiles ? Ce bacille est bizarre.

– Oh ! dit Castel, je ne suis pas de votre avis. Ces animaux ont toujours un air d'originalité. Mais, dans le fond, c'est la même chose.

–Vous le supposez du moins. En fait, nous ne savons rien de tout cela.

– Évidemment, je le suppose. Mais tout le monde en est là.

Pendant toute la journée, le docteur sentit croître le petit vertige qui le prenait chaque fois qu'il pensait à la peste. Finalement, il reconnut qu'il avait peur. Il entra deux fois dans des cafés pleins de monde. Lui aussi, comme Cottard, sentait un besoin de chaleur humaine. Rieux trouvait cela stupide, mais cela l'aida à se souvenir qu'il avait promis une visite au représentant.

Le soir, le docteur trouva Cottard devant la table de sa salle à manger. Quand il entra, il y avait sur la table un roman policier étalé. Mais la soirée était déjà avancée et, certainement, il devait être difficile de lire dans l'obscurité naissante. Cottard devait plutôt, une minute auparavant, se tenir assis et réfléchir dans la pénombre. Rieux lui demanda comment il allait. Cottard, en s'asseyant, bougonna qu'il allait bien et qu'il irait encore mieux s'il pouvait être sûr que personne ne s'occupât de lui. Rieux fit observer qu'on ne pouvait pas toujours être seul.

– Oh ! ce n'est pas cela. Moi, je parle des gens qui s'occupent de vous apporter des ennuis.

Rieux se taisait.

– Ce n'est pas mon cas, remarquez-le bien. Mais je lisais ce roman. Voilà un malheureux qu'on arrête un matin, tout d'un coup. On s'occupait de lui et il n'en savait rien. On parlait de lui dans des bureaux, on inscrivait son nom sur des fiches. Vous trouvez que c'est juste ? Vous trouvez qu'on a le droit de faire ça à un homme ?

– Cela dépend, dit Rieux. Dans un sens, on n'a jamais le droit, en effet. Mais tout cela est secondaire. Il ne faut pas rester trop longtemps enfermé. Il faut que vous sortiez.

Cottard sembla s'énerver, dit qu'il ne faisait que cela, et que, s'il le fallait, tout le quartier pourrait témoigner pour lui. Hors du quartier même, il ne manquait pas de relations.

– Vous connaissez M. Rigaud, l'architecte ? Il est de mes amis.

L'ombre s'épaississait dans la pièce. La rue du faubourg s'animait et une exclamation sourde et soulagée salua, au dehors, l'instant où les lampes s'allumèrent. Rieux alla au balcon et Cottard l'y suivit. De tous les quartiers alentour, comme chaque soir dans notre ville, une légère brise charriait des murmures, des odeurs de viande grillée, le bourdonnement joyeux et odorant de la liberté qui gonflait peu à peu la rue, envahie par une jeunesse bruyante. La nuit, les grands cris des bateaux invisibles, la rumeur qui montait de la mer et de la foule qui s'écoulait, cette heure que Rieux connaissait bien et aimait autrefois lui paraissait aujourd'hui oppressante à cause de tout ce qu'il savait.

– Pouvons-nous allumer? dit-il à Cottard.

La lumière une fois revenue, le petit homme le regarda avec des yeux clignotants:

– Dites-moi, docteur, si je tombais malade, est-ce que vous me prendriez dans votre service à l'hôpital?

– Pourquoi pas?

Cottard demanda alors s'il était arrivé qu'on arrêtât quelqu'un qui se trouvait dans une clinique ou dans un hôpital. Rieux répondit que cela s'était vu, mais que tout dépendait de l'état du malade.

– Moi, dit Cottard, j'ai confiance en vous.

Puis il demanda au docteur s'il voulait bien le mener en ville dans son auto.

Au centre de la ville, les rues étaient déjà moins peuplées et les lumières plus rares. Des enfants jouaient encore devant les portes. Quand Cottard le demanda, le docteur arrêta sa voiture devant un groupe de ces enfants. Ils jouaient à la marelle en poussant des cris. Mais l'un d'eux, aux cheveux noirs collés, la raie parfaite et la figure sale, fixait Rieux de ses yeux clairs et intimidants. Le docteur détourna son regard. Cottard, debout sur le trottoir, lui serrait la main. Le représentant parlait d'une voix rauque et difficile. Deux ou trois fois, il regarda derrière lui.

– Les gens parlent d'épidémie. Est-ce que c'est vrai, docteur?

– Les gens parlent toujours, c'est naturel, dit Rieux.

– Vous avez raison. Et puis quand nous aurons une dizaine de morts, ce sera le bout du monde. Ce n'est pas cela qu'il nous faudrait.

Le moteur ronflait déjà. Rieux avait la main sur son levier de vitesse. Mais il regardait à nouveau l'enfant qui n'avait pas cessé de le dévisager avec son air grave et tranquille. Et soudain, sans transition, l'enfant lui sourit de toutes ses dents.

– Qu'est-ce donc qu'il nous faudrait ? demanda le docteur en souriant à l'enfant.

Cottard agrippa soudain la portière et, avant de s'enfuir, cria d'une voix pleine de larmes et de fureur :

– Un tremblement de terre. Un vrai !

Il n'y eut pas de tremblement de terre et la journée du lendemain se passa, seulement pour Rieux, en longues courses aux quatre coins de la ville, en pourparlers avec les familles de malades et en discussions avec les malades eux-mêmes. Jamais Rieux n'avait trouvé son métier aussi lourd. Jusque-là, les malades lui facilitaient la tâche, ils se donnaient à lui. Pour la première fois, le docteur les sentait réticents, réfugiés au fond de leur maladie avec une sorte d'étonnement méfiant. C'était une lutte à laquelle il n'était pas encore habitué. Et vers dix heures du soir, sa voiture arrêtée devant la maison du vieil asthmatique qu'il visitait en dernier lieu, Rieux avait de la peine à s'arracher à son siège. Il s'attardait à regarder la rue sombre et les étoiles qui apparaissaient et disparaissaient dans le ciel noir.

Le vieil asthmatique était dressé dans son lit. Il semblait respirer mieux et comptait les pois chiches qu'il faisait passer d'une des marmites dans l'autre. Il accueillit le docteur avec une mine réjouie.

– Alors, docteur, c'est le choléra ?

– Où avez-vous pris ça ?

– Dans le journal, et la radio l'a dit aussi.

– Non, ce n'est pas le choléra.

– En tout cas, dit le vieux très surexcité, ils y vont fort, hein, les grosses têtes !

– N'en croyez rien, dit le docteur.

Il avait examiné le vieux et maintenant il était assis au milieu de cette salle à manger misérable. Oui, il avait peur. Il savait que dans le faubourg même une dizaine de malades l'attendraient, le lendemain matin, courbés sur leurs bubons. Dans deux ou trois cas seulement, l'incision des bubons avait amené un mieux. Mais, pour la plupart, ce serait l'hôpital et il savait ce que l'hôpital voulait dire pour les pauvres. «Je ne veux pas qu'il serve à leurs expériences», lui avait dit la femme d'un des malades. Il ne servirait pas leurs expériences, il mourrait et c'était tout. Les mesures arrêtées étaient insuffisantes, cela était bien clair. Quant aux salles «spécialement équipées», il savait ce qu'il en était: deux pavillons hâtivement déménagés de leurs autres malades, leurs fenêtres calfeutrées, entourés d'un cordon sanitaire. Si l'épidémie ne s'arrêtait pas d'elle-même, elle ne serait pas vaincue par les mesures que l'administration avait imaginées.

Cependant, le soir, les communiqués officiels restaient optimistes. Le lendemain, l'agence Ransdoc annonçait que les mesures préfectorales avaient été accueillies avec sérénité et que, déjà, une trentaine de malades s'étaient déclarés. Castel avait téléphoné à Rieux.

– Combien de lits offrent les pavillons?

– Quatre-vingts.

– Il y a certainement plus de trente malades dans la ville?

– Il y a ceux qui ont peur et les autres, les plus nombreux, ceux qui n'ont pas eu le temps.

– Les enterrements ne sont pas surveillés?

– Non. J'ai téléphoné à Richard qu'il fallait des mesures complètes, non des phrases, et qu'il fallait élever contre l'épidémie une vraie barrière ou rien du tout.

– Et alors?

– Il m'a répondu qu'il n'avait pas pouvoir. À mon avis, ça va monter.

En trois jours, en effet, les deux pavillons furent remplis. Richard croyait savoir qu'on allait désaffecter une école et prévoir un hôpital auxiliaire. Rieux attendait les vaccins et ouvrait les bubons. Castel retournait à ses vieux livres et faisait de longues stations à la bibliothèque.

– Les rats sont morts de la peste ou de quelque chose qui lui ressemble beaucoup, concluait-il. Ils ont mis dans la circulation des dizaines de milliers de puces qui transmettront l'infection suivant une proportion géométrique, si on ne l'arrête pas à temps.

Rieux se taisait.

À cette époque le temps parut se fixer. Le soleil pompait les flaques des dernières averses. De beaux ciels bleus débordant d'une lumière jaune, des ronronnements d'avions dans la chaleur naissante, tout dans la saison invitait à la sérénité. En quatre jours, cependant, la fièvre fit quatre bonds surprenants : seize morts, vingt-quatre, vingt-huit et trente-deux. Le quatrième jour, on annonça l'ouverture de l'hôpital auxiliaire dans une école maternelle. Nos concitoyens qui, jusque-là, avaient continué de masquer leur inquiétude sous des plaisanteries, semblaient dans les rues plus abattus et plus silencieux.

Rieux décida de téléphoner au préfet.

– Les mesures sont insuffisantes.

– J'ai les chiffres, dit le préfet, ils sont en effet inquiétants.

– Ils sont plus qu'inquiétants, ils sont clairs.

– Je vais demander des ordres au Gouvernement général.

Rieux raccrocha devant Castel :

– Des ordres ! Et il faudrait de l'imagination.

– Et les sérums ?

– Ils arriveront dans la semaine.

La préfecture, par l'intermédiaire de Richard, demanda à Rieux un rapport destiné à être envoyé dans la capitale de la colonie pour solliciter des ordres. Rieux y mit une description clinique et des chiffres. Le même jour, on compta une quarantaine de morts. Le préfet prit sur lui, comme il disait, d'aggraver dès le lendemain les mesures prescrites. La déclaration obligatoire et l'isolement furent maintenus. Les maisons des malades devaient être fermées et désinfectées, les proches soumis à une quarantaine de sécurité, les enterrements organisés par la ville dans les conditions qu'on verra.

Un jour après, les sérums arrivaient par avion. Ils pouvaient suffire aux cas en traitement. Ils étaient insuffisants si l'épidémie devait s'étendre. On répondit au télégramme[1] de Rieux que le stock de sécurité était épuisé et que de nouvelles fabrications étaient commencées.

Pendant ce temps, et de toutes les banlieues environnantes, le printemps arrivait sur les marchés. Des milliers de roses se fanaient dans les corbeilles des marchands, au long des trottoirs, et leur odeur sucrée flottait dans toute la ville. Apparemment, rien n'était changé. Les tramways étaient toujours pleins aux heures de pointe, vides et sales dans la journée. Tarrou observait le petit vieux et le petit vieux crachait sur les chats. Grand rentrait tous les soirs chez lui pour son mystérieux travail. Cottard tournait en rond et M. Othon, le juge d'instruction, conduisait toujours sa ménagerie. Le vieil asthmatique transvasait ses pois et l'on rencontrait parfois le journaliste Rambert, l'air tranquille et intéressé. Le soir, la même foule emplissait les rues et les queues s'allongeaient devant les cinémas. D'ailleurs, l'épidémie sembla reculer et, pendant quelques jours, on compta une dizaine de morts seulement. Puis, tout d'un coup, elle remonta en flèche. Le jour où le chiffre des morts atteignit de nouveau la trentaine, Bernard Rieux regardait la dépêche officielle que le préfet lui avait tendue en disant: «Ils ont eu peur.» La dépêche portait: «Déclarez l'état de peste. Fermez la ville.»

note

1. télégramme: bien avant les courriels, court texte qu'on envoie par télégraphe (machine qui sert à les coder).

Un rat et une puce (vecteurs de la maladie) sont personnifiés afin de sensibiliser la population indienne au danger de la peste. L'Inde a été fortement touchée par une épidémie de peste à la fin des années 1800 et début 1900.

Deuxième partie

À partir de ce moment, il est possible de dire que la peste fut notre affaire à tous. Jusque-là, malgré la surprise et l'inquiétude que leur avaient apportées ces événements singuliers, chacun de nos concitoyens avait poursuivi ses occupations, comme il l'avait pu, à sa place ordinaire. Et sans doute, cela devait continuer. Mais une fois les portes fermées, ils s'aperçurent qu'ils étaient tous, et le narrateur lui-même, pris dans le même sac et qu'il fallait s'en arranger. C'est ainsi, par exemple, qu'un sentiment aussi individuel que celui de la séparation d'avec un être aimé devint soudain, dès les premières semaines, celui de tout un peuple, et, avec la peur, la souffrance principale de ce long temps d'exil.

Une des conséquences les plus remarquables de la fermeture des portes fut, en effet, la soudaine séparation où furent placés des êtres qui n'y étaient pas préparés. Des mères et des enfants, des époux, des amants qui avaient cru procéder quelques jours auparavant à une séparation temporaire, qui s'étaient embrassés sur le quai de notre gare avec deux ou trois recommandations, certains de se revoir quelques jours ou quelques semaines plus tard, enfoncés dans la stupide confiance humaine, à peine distraits par ce départ de leurs préoccupations habituelles, se virent d'un seul coup éloignés sans recours, empêchés de se rejoindre ou de communiquer. Car la fermeture s'était faite quelques heures avant que l'arrêt préfectoral fût publié et, naturellement, il était impossible de prendre en considération les cas particuliers. On peut dire que cette invasion brutale de la maladie eut pour premier effet d'obliger nos concitoyens à agir comme s'ils n'avaient pas de sentiments individuels. Dans les premières heures de la journée où l'arrêté entra en vigueur, la préfecture fut assaillie par une foule de demandeurs qui, au téléphone ou auprès des fonctionnaires, exposaient des situations également intéressantes et, en même temps, également impossibles à examiner. À la vérité, il fallut plusieurs jours pour que nous nous rendissions compte que nous nous trouvions dans une situation sans compromis, et que les mots « transiger », « faveur », « exception » n'avaient plus de sens.

Même la légère satisfaction d'écrire nous fut refusée. D'une part, en effet, la ville n'était plus reliée au reste du pays par les moyens de communication habituels, et, d'autre part, un nouvel arrêté interdit l'échange de toute correspondance, pour éviter que les lettres pussent devenir les véhicules de l'infection. Au début, quelques privilégiés purent s'aboucher, aux portes de la ville, avec des sentinelles des postes de garde, qui consentirent à faire passer des messages à l'extérieur. Encore était-ce dans les premiers jours de l'épidémie, à un moment où les gardes trouvaient naturel de céder à des mouvements de compassion. Mais, au bout de quelque temps, lorsque les mêmes gardes furent bien persuadés de la gravité de la situation, ils se refusèrent à prendre des responsabilités dont ils ne pouvaient prévoir l'étendue. Les communications téléphoniques interurbaines, autorisées au début, provoquèrent de tels encombrements aux cabines publiques et sur les lignes, qu'elles furent totalement suspendues pendant quelques jours, puis sévèrement limitées à ce qu'on appelait les cas urgents, comme la mort, la naissance et le mariage. Les télégrammes restèrent alors notre seule ressource. Des êtres que liaient l'intelligence, le cœur et la chair, en furent réduits à chercher les signes de cette communion ancienne dans les majuscules d'une dépêche de dix mots. Et comme, en fait, les formules qu'on peut utiliser dans un télégramme sont vite épuisées, de longues vies communes ou des passions douloureuses se résumèrent rapidement dans un échange périodique de formules toutes faites comme : « Vais bien. Pense à toi. Tendresse. »

Certains d'entre nous, cependant, s'obstinaient à écrire et imaginaient sans trêve, pour correspondre avec l'extérieur, des combinaisons qui finissaient toujours par s'avérer illusoires. Quand même quelques-uns des moyens que nous avions imaginés réussissaient, nous n'en savions rien, ne recevant pas de réponse. Pendant des semaines, nous fûmes réduits alors à recommencer sans cesse la même lettre, à recopier les mêmes renseignements et les mêmes appels, si bien qu'au bout d'un certain temps, les mots qui d'abord étaient sortis tout saignants de notre cœur se vidaient de leur sens. Nous les recopiions alors machinalement, essayant de donner au moyen de ces phrases mortes des signes de notre vie difficile. Et pour finir, à ce monologue stérile et entêté, à cette conversation aride avec un mur, l'appel conventionnel du télégramme nous paraissait préférable.

Au bout de quelques jours d'ailleurs, quand il devint évident que personne ne parviendrait à sortir de notre ville, on eut l'idée de demander si le retour de ceux qui étaient partis avant l'épidémie pouvait être autorisé. Après quelques jours de réflexion, la préfecture répondit par l'affirmative. Mais elle précisa que les rapatriés ne pourraient, en aucun cas, ressortir de la ville et que, s'ils étaient libres de venir, ils ne le seraient pas de repartir. Là encore, quelques familles, d'ailleurs rares, prirent la situation à la légère, et faisant passer avant toute prudence le désir où elles étaient de revoir leurs parents, invitèrent ces derniers à profiter de l'occasion. Mais, très rapidement, ceux qui étaient prisonniers de la peste comprirent le danger auquel ils exposaient leurs proches et se résignèrent à souffrir cette séparation. Au plus grave de la maladie, on ne vit qu'un cas où les sentiments humains furent plus forts que la peur d'une mort torturée. Ce ne fut pas, comme on pouvait s'y attendre, deux amants que l'amour jetait l'un vers l'autre, par-dessus la souffrance. Il s'agissait seulement du vieux docteur Castel et de sa femme, mariés depuis de nombreuses années. Mme Castel, quelques jours avant l'épidémie, s'était rendue dans une ville voisine. Ce n'était même pas un de ces ménages qui offrent au monde l'exemple d'un bonheur exemplaire et le narrateur est en mesure de dire que, selon toute probabilité, ces époux, jusqu'ici, n'étaient pas certains d'être satisfaits de leur union. Mais cette séparation brutale et prolongée les avait mis à même de s'assurer qu'ils ne pouvaient vivre éloignés l'un de l'autre, et qu'auprès de cette vérité soudain mise à jour, la peste était peu de chose.

Il s'agissait d'une exception. Dans la majorité des cas, la séparation, c'était évident, ne devait cesser qu'avec l'épidémie. Et pour nous tous, le sentiment qui faisait notre vie et que, pourtant, nous croyions bien connaître (les Oranais, on l'a déjà dit, ont des passions simples), prenait un visage nouveau. Des maris et des amants qui avaient la plus grande confiance dans leur compagne se découvraient jaloux. Des hommes qui se croyaient légers en amour retrouvaient une constance. Des fils, qui avaient vécu près de leur mère en la regardant à peine, mettaient toute leur inquiétude et leur regret dans un pli de son visage qui hantait leur souvenir. Cette séparation brutale, sans bavures, sans avenir prévisible, nous laissait décontenancés, incapables de réagir contre le souvenir de cette présence, encore si proche et déjà si lointaine, qui occupait maintenant nos journées. En fait, nous souffrions deux fois – de notre souffrance d'abord et de celle ensuite que nous imaginions aux absents, fils, épouse ou amante.

En d'autres circonstances, d'ailleurs, nos concitoyens auraient trouvé une issue dans une vie plus extérieure et plus active. Mais, en même temps, la peste les laissait oisifs, réduits à tourner en rond dans leur ville morne et livrés, jour après jour, aux jeux décevants du souvenir. Car dans leurs promenades sans but, ils étaient amenés à passer toujours par les mêmes chemins, et, la plupart du temps, dans une si petite ville, ces chemins étaient précisément ceux qu'à une autre époque ils avaient parcourus avec l'absent.

Ainsi, la première chose que la peste apporta à nos concitoyens fut l'exil. Et le narrateur est persuadé qu'il peut écrire ici, au nom de tous, ce que lui-même a éprouvé alors, puisqu'il l'a éprouvé en même temps que beaucoup de nos concitoyens. Car c'était bien le sentiment de l'exil que ce creux que nous portions constamment en nous, cette émotion précise, le désir déraisonnable de revenir en arrière ou au contraire de presser la marche du temps, ces flèches brûlantes de la mémoire. Si, quelquefois, nous nous laissions aller à l'imagination et nous plaisions à attendre le coup de sonnette du retour ou un pas familier dans l'escalier, si, à ces moments-là, nous consentions à oublier que les trains étaient immobilisés, si nous nous arrangions alors pour rester chez nous à l'heure où, normalement, un voyageur amené par l'express du soir pouvait être rendu dans notre quartier, bien entendu, ces jeux ne pouvaient durer. Il venait toujours un moment où nous nous apercevions clairement que les trains n'arrivaient pas. Nous savions alors que notre séparation était destinée à durer et que nous devions essayer de nous arranger avec le temps. Dès lors, nous réintégrions en somme notre condition de prisonniers, nous étions réduits à notre passé, et si même quelques-uns d'entre nous avaient la tentation de vivre dans l'avenir, ils y renonçaient rapidement, autant du moins qu'il leur était possible, en éprouvant les blessures que finalement l'imagination inflige à ceux qui lui font confiance.

En particulier, tous nos concitoyens se privèrent très vite, même en public, de l'habitude qu'ils avaient pu prendre de supputer la durée de leur séparation. Pourquoi ? C'est que lorsque les plus pessimistes l'avaient fixée par exemple à six mois, lorsqu'ils avaient épuisé d'avance toute l'amertume de ces mois à venir, hissé à grand-peine leur courage au niveau de cette épreuve, tendu leurs dernières forces pour demeurer sans faiblir à la hauteur de cette souffrance étirée sur une si longue suite de jours, alors, parfois, un ami de rencontre, un avis donné par un journal, un soupçon fugitif ou une brusque clairvoyance, leur donnait l'idée qu'après tout, il n'y avait pas de raison pour que la maladie ne durât pas plus de six mois, et peut-être un an, ou plus encore.

À ce moment, l'effondrement de leur courage, de leur volonté et de leur patience était si brusque qu'il leur semblait qu'ils ne pourraient plus jamais remonter de ce trou. Ils s'astreignaient par conséquent à ne penser jamais au terme de leur délivrance, à ne plus se tourner vers l'avenir et à toujours garder, pour ainsi dire, les yeux baissés. Mais, naturellement, cette prudence, cette façon de ruser avec la douleur, de fermer leur garde pour refuser le combat étaient mal récompensées. En même temps qu'ils évitaient cet effondrement dont ils ne voulaient à aucun prix, ils se privaient en effet de ces moments, en somme assez fréquents, où ils pouvaient oublier la peste dans les images de leur réunion à venir. Et par là, échoués à mi-distance de ces abîmes et de ces sommets, ils flottaient plutôt qu'ils ne vivaient, abandonnés à des jours sans direction et à des souvenirs stériles, ombres errantes qui n'auraient pu prendre force qu'en acceptant de s'enraciner dans la terre de leur douleur.

Ils éprouvaient ainsi la souffrance profonde de tous les prisonniers et de tous les exilés, qui est de vivre avec une mémoire qui ne sert à rien. Ce passé même auquel ils réfléchissaient sans cesse n'avait que le goût du regret. Ils auraient voulu, en effet, pouvoir lui ajouter tout ce qu'ils déploraient de n'avoir pas fait quand ils pouvaient encore le faire avec celui ou celle qu'ils attendaient – de même qu'à toutes les circonstances, même relativement heureuses, de leur vie de prisonniers, ils mêlaient l'absent, et ce qu'ils étaient alors ne pouvait les satisfaire. Impatients de leur présent, ennemis de leur passé et privés d'avenir, nous ressemblions bien ainsi à ceux que la justice ou la haine humaines font vivre derrière des barreaux. Pour finir, le seul moyen d'échapper à ces vacances insupportables était de faire marcher à nouveau les trains par l'imagination et de remplir les heures avec les carillons répétés d'une sonnette pourtant obstinément silencieuse.

Mais si c'était l'exil, dans la majorité des cas c'était l'exil chez soi. Et quoique le narrateur n'ait connu que l'exil de tout le monde, il ne doit pas oublier ceux, comme le journaliste Rambert ou d'autres, pour qui, au contraire, les peines de la séparation s'amplifièrent du fait que, voyageurs surpris par la peste et retenus dans la ville, ils se trouvaient éloignés à la fois de l'être qu'ils ne pouvaient rejoindre et du pays qui était le leur. Dans l'exil général, ils étaient les plus exilés, car si le temps suscitait chez eux, comme chez tous, l'angoisse qui lui est propre, ils étaient attachés aussi à l'espace et se heurtaient sans cesse aux murs qui séparaient leur refuge empesté de leur patrie perdue. C'était eux sans doute qu'on voyait errer à toute heure du jour dans la ville poussiéreuse, appelant en silence des soirs qu'ils étaient seuls à connaître, et les matins de leur pays. Ils nourrissaient alors leur mal de signes impondérables et de messages déconcertants comme un vol d'hirondelles, une rosée de couchant, ou ces rayons bizarres que le soleil abandonne parfois dans les rues désertes. Ce monde extérieur qui peut toujours sauver de tout, ils fermaient les yeux sur lui, entêtés qu'ils étaient à caresser leurs chimères trop réelles et à poursuivre de toutes leurs forces les images d'une terre où une certaine lumière, deux ou trois collines, l'arbre favori et des visages de femmes composaient un climat pour eux irremplaçable.

Pour parler enfin plus expressément des amants, qui sont les plus intéressants et dont le narrateur est peut-être mieux placé pour parler, ils se trouvaient tourmentés encore par d'autres angoisses au nombre desquelles il faut signaler le remords. Cette situation, en effet, leur permettait de considérer leur sentiment avec une sorte de fiévreuse objectivité. Et il était rare que, dans ces occasions, leurs propres défaillances ne leur apparussent pas clairement. Ils en trouvaient la première occasion dans la difficulté qu'ils avaient à imaginer précisément les faits et gestes de l'absent. Ils déploraient alors l'ignorance où ils étaient de son emploi du temps ; ils s'accusaient de la légèreté avec laquelle ils avaient négligé de s'en informer et feint de croire que, pour un être qui aime, l'emploi du temps de l'aimé n'est pas la source de toutes les joies. Il leur était facile, à partir de ce moment, de remonter dans leur amour et d'en examiner les imperfections. En temps ordinaire, nous savions tous, consciemment ou non, qu'il n'est pas d'amour qui ne puisse se surpasser, et nous acceptions pourtant, avec plus ou moins de tranquillité, que le nôtre demeurât médiocre. Mais le souvenir est plus exigeant. Et, de façon très conséquente, ce malheur qui nous venait de l'extérieur et qui frappait toute une ville, ne nous apportait pas seulement une souffrance injuste dont nous aurions pu nous indigner. Il nous provoquait aussi à nous faire souffrir nous-mêmes et nous faisait ainsi consentir à la douleur. C'était là une des façons qu'avait la maladie de détourner l'attention et de brouiller les cartes.

Ainsi, chacun dut accepter de vivre au jour le jour, et seul en face du ciel. Cet abandon général qui pouvait à la longue tremper les caractères commençait pourtant par les rendre futiles. Pour certains de nos concitoyens, par exemple, ils étaient alors soumis à un autre esclavage qui les mettait au service du soleil et de la pluie. Il semblait, à les voir, qu'ils recevaient pour la première fois, et directement, l'impression du temps qu'il faisait. Ils avaient la mine réjouie sur la simple visite d'une lumière dorée, tandis que les jours de pluie mettaient un voile épais sur leurs visages et leurs pensées. Ils échappaient, quelques semaines plus tôt, à cette faiblesse et à cet asservissement déraisonnable parce qu'ils n'étaient pas seuls en face du monde et que, dans une certaine mesure, l'être qui vivait avec eux se plaçait devant leur univers. À partir de cet instant, au contraire, ils furent apparemment livrés aux caprices du ciel, c'est-à-dire qu'ils souffrirent et espérèrent sans raison.

Dans ces extrémités de la solitude, enfin, personne ne pouvait espérer l'aide du voisin et chacun restait seul avec sa préoccupation. Si l'un d'entre nous, par hasard, essayait de se confier ou de dire quelque chose de son sentiment, la réponse qu'il recevait, quelle qu'elle fût, le blessait la plupart du temps. Il s'apercevait alors que son interlocuteur et lui ne parlaient pas de la même chose. Lui, en effet, s'exprimait du fond de longues journées de rumination et de souffrances et l'image qu'il voulait communiquer avait cuit longtemps au feu de l'attente et de la passion. L'autre, au contraire, imaginait une émotion conventionnelle, la douleur qu'on vend sur les marchés, une mélancolie de série. Bienveillante ou hostile, la réponse tombait toujours à faux, il fallait y renoncer. Ou du moins, pour ceux à qui le silence était insupportable, et puisque les autres ne pouvaient trouver le vrai langage du cœur, ils se résignaient à adopter la langue des marchés et à parler, eux aussi, sur le mode conventionnel, celui de la simple relation et du fait divers, de la chronique quotidienne en quelque sorte. Là encore, les douleurs les plus vraies prirent l'habitude de se traduire dans les formules banales de la conversation. C'est à ce prix seulement que les prisonniers de la peste pouvaient obtenir la compassion de leur concierge ou l'intérêt de leurs auditeurs.

Cependant, et c'est le plus important, si douloureuses que fussent ces angoisses, si lourd à porter que fût ce cœur pourtant vide, on peut bien dire que ces exilés, dans la première période de la peste, furent des privilégiés. Au moment même, en effet, où la population commençait à s'affoler, leur pensée était tout entière tournée vers l'être qu'ils attendaient. Dans la détresse générale, l'égoïsme de l'amour les préservait, et, s'ils pensaient à la peste, ce n'était jamais que dans la mesure où elle donnait à leur séparation des risques d'être éternelle. Ils apportaient ainsi au cœur même de l'épidémie une distraction salutaire qu'on était tenté de prendre pour du sang-froid. Leur désespoir les sauvait de la panique, leur malheur avait du bon. Par exemple, s'il arrivait que l'un d'eux fût emporté par la maladie, c'était presque toujours sans qu'il eût le temps d'y prendre garde. Tiré de cette longue conversation intérieure qu'il soutenait avec une ombre, il était alors jeté sans transition au plus épais silence de la terre. Il n'avait eu le temps de rien.

Deuxième partie

Pendant que nos concitoyens essayaient de s'arranger avec ce soudain exil, la peste mettait des gardes aux portes et détournait les navires qui faisaient route vers Oran. Depuis la fermeture, pas un véhicule n'était entré dans la ville. À partir de ce jour-là, on eut l'impression que les automobiles se mettaient à tourner en rond. Le port présentait aussi un aspect singulier, pour ceux qui le regardaient du haut des boulevards. L'animation habituelle qui en faisait l'un des premiers ports de la côte s'était brusquement éteinte. Quelques navires maintenus en quarantaine s'y voyaient encore. Mais, sur les quais, de grandes grues désarmées, les wagonnets renversés sur le flanc, des piles solitaires de fûts ou de sacs, témoignaient que le commerce, lui aussi, était mort de la peste.

Malgré ces spectacles inaccoutumés, nos concitoyens avaient apparemment du mal à comprendre ce qui leur arrivait. Il y avait les sentiments communs comme la séparation ou la peur, mais on continuait aussi de mettre au premier plan les préoccupations personnelles. Personne n'avait encore accepté réellement la maladie. La plupart étaient surtout sensibles à ce qui dérangeait leurs habitudes ou atteignait leurs intérêts. Ils en étaient agacés ou irrités et ce ne sont pas là des sentiments qu'on puisse opposer à la peste. Leur première réaction, par exemple, fut d'incriminer l'administration. La réponse du préfet en présence des critiques dont la presse se faisait l'écho («Ne pourrait-on envisager un assouplissement des mesures envisagées?») fut assez imprévue. Jusqu'ici, ni les journaux ni l'agence Ransdoc n'avaient reçu communication officielle des statistiques de la maladie. Le préfet les communiqua, jour après jour, à l'agence, en la priant d'en faire une annonce hebdomadaire.

Là encore, cependant, la réaction du public ne fut pas immédiate. En effet, l'annonce que la troisième semaine de peste avait compté trois cent deux morts ne parlait pas à l'imagination. D'une part, tous peut-être n'étaient pas morts de la peste. Et, d'autre part, personne en ville ne savait combien, en temps ordinaire, il mourait de gens par semaine. La ville avait deux cent mille habitants. On ignorait si cette proportion de décès était normale. C'est même le genre de précisions dont on ne se préoccupe jamais, malgré l'intérêt évident qu'elles présentent. Le public manquait, en quelque sorte, de points de comparaison. Ce n'est qu'à la longue, en constatant l'augmentation des décès, que l'opinion prit conscience de la vérité. La cinquième semaine donna en effet trois cent vingt et un morts et la sixième, trois cent quarante-cinq. Les augmentations, du moins, étaient éloquentes. Mais elles n'étaient pas assez fortes pour que nos concitoyens ne gardassent, au milieu de leur inquiétude, l'impression qu'il s'agissait d'un accident sans doute fâcheux, mais après tout temporaire.

Ils continuaient ainsi de circuler dans les rues et de s'attabler à la terrasse des cafés. Dans l'ensemble, ils n'étaient pas lâches, échangeaient plus de plaisanteries que de lamentations et faisaient mine d'accepter avec bonne humeur des inconvénients évidemment passagers. Les apparences étaient sauvées. Vers la fin du mois cependant, et à peu près pendant la semaine de prières dont il sera question plus loin, des transformations plus graves modifièrent l'aspect de notre ville. Tout d'abord, le préfet prit des mesures concernant la circulation des véhicules et le ravitaillement. Le ravitaillement fut limité et l'essence rationnée. On prescrivit même des économies d'électricité. Seuls, les produits indispensables parvinrent par la route et par l'air, à Oran. C'est ainsi qu'on vit la circulation diminuer progressivement jusqu'à devenir à peu près nulle, des magasins de luxe fermer du jour au lendemain, d'autres garnir leurs vitrines de pancartes négatives, pendant que des files d'acheteurs stationnaient devant leurs portes.

Oran prit ainsi un aspect singulier. Le nombre des piétons devint plus considérable et même, aux heures creuses, beaucoup de gens réduits à l'inaction par la fermeture des magasins ou de certains bureaux emplissaient les rues et les cafés. Pour le moment, ils n'étaient pas encore en chômage, mais en congé. Oran donnait alors, vers trois heures de l'après-midi par exemple, et sous un beau ciel, l'impression trompeuse d'une cité en fête dont on eût arrêté la circulation et fermé les magasins pour permettre le déroulement d'une manifestation publique, et dont les habitants eussent envahi les rues pour participer aux réjouissances.

Naturellement, les cinémas profitaient de ce congé général et faisaient de grosses affaires. Mais les circuits que les films accomplissaient dans le département étaient interrompus. Au bout de deux semaines, les établissements furent obligés d'échanger leurs programmes et, après quelque temps, les cinémas finirent par projeter toujours le même film. Leurs recettes cependant ne diminuaient pas.

Les cafés enfin, grâce aux stocks considérables accumulés dans une ville où le commerce des vins et des alcools tient la première place, purent également alimenter leurs clients. À vrai dire, on buvait beaucoup. Un café ayant affiché que « le vin probe tue le microbe », l'idée déjà naturelle au public que l'alcool préservait des maladies infectieuses se fortifia dans l'opinion. Toutes les nuits, vers deux heures, un nombre assez considérable d'ivrognes expulsés des cafés emplissaient les rues et s'y répandaient en propos optimistes.

Mais tous ces changements, dans un sens, étaient si extraordinaires et s'étaient accomplis si rapidement, qu'il n'était pas facile de les considérer comme normaux et durables. Le résultat est que nous continuions à mettre au premier plan nos sentiments personnels.

En sortant de l'hôpital, deux jours après la fermeture des portes, le docteur Rieux rencontra Cottard qui leva vers lui le visage même de la satisfaction. Rieux le félicita de sa mine.

– Oui, ça va tout à fait bien, dit le petit homme. Dites-moi, docteur, cette sacrée peste, hein ! ça commence à devenir sérieux.

Le docteur le reconnut. Et l'autre constata avec une sorte d'enjouement :

– Il n'y a pas de raison qu'elle s'arrête maintenant. Tout va être sens dessus dessous.

Ils marchèrent un moment ensemble. Cottard racontait qu'un gros épicier de son quartier avait stocké des produits alimentaires pour les vendre au prix fort et qu'on avait découvert des boîtes de conserves sous son lit, quand on était venu le chercher pour l'emmener à l'hôpital. « Il y est mort. La peste, ça ne paie pas. » Cottard était ainsi plein d'histoires, vraies ou fausses, sur l'épidémie. On disait, par exemple, que dans le centre, un matin, un homme présentant les signes de la peste, et dans le délire de la maladie, s'était précipité au-dehors, jeté sur la première femme rencontrée et l'avait étreinte en criant qu'il avait la peste.

– Bon ! remarquait Cottard, sur un ton aimable qui n'allait pas avec son affirmation, nous allons tous devenir fous, c'est sûr.

De même, l'après-midi du même jour, Joseph Grand avait fini par faire des confidences personnelles au docteur Rieux. Il avait aperçu la photographie de Mme Rieux sur le bureau et avait regardé le docteur. Rieux répondit que sa femme se soignait hors de la ville. « Dans un sens, avait dit Grand, c'est une chance. » Le docteur répondit que c'était une chance sans doute et qu'il fallait espérer seulement que sa femme guérît.

– Ah ! fit Grand, je comprends.

Et pour la première fois depuis que Rieux le connaissait, il se mit à parler d'abondance. Bien qu'il cherchât encore ses mots, il réussissait presque toujours à les trouver comme si, depuis longtemps, il avait pensé à ce qu'il était en train de dire.

Il s'était marié fort jeune avec une jeune fille pauvre de son voisinage. C'était même pour se marier qu'il avait interrompu ses études et pris un emploi. Ni Jeanne ni lui ne sortaient jamais de leur quartier. Il allait la voir chez elle, et les parents de Jeanne riaient un peu de ce prétendant silencieux et maladroit. Le père était cheminot. Quand il était de repos, on le voyait toujours assis dans un coin, près de la fenêtre pensif, regardant le mouvement de la rue, ses mains énormes à plat sur les cuisses. La mère était toujours au ménage, Jeanne l'aidait. Elle était si menue que Grand ne pouvait la voir traverser une rue sans être angoissé. Les véhicules lui paraissaient alors démesurés. Un jour, devant une boutique de Noël, Jeanne, qui regardait la vitrine avec émerveillement, s'était renversée vers lui en disant : « Que c'est beau ! » Il lui avait serré le poignet. C'est ainsi que le mariage avait été décidé.

Le reste de l'histoire, selon Grand, était très simple. Il en est ainsi pour tout le monde : on se marie, on aime encore un peu, on travaille. On travaille tant qu'on en oublie d'aimer. Jeanne aussi travaillait, puisque les promesses du chef de bureau n'avaient pas été tenues. Ici, il fallait un peu d'imagination pour comprendre ce que voulait dire Grand. La fatigue aidant, il s'était laissé aller, il s'était tu de plus en plus et il n'avait pas soutenu sa jeune femme dans l'idée qu'elle était aimée. Un homme qui travaille, la pauvreté, l'avenir lentement fermé, le silence des soirs autour de la table, il n'y a pas de place pour la passion dans un tel univers. Probablement, Jeanne avait souffert. Elle était restée cependant : il arrive qu'on souffre longtemps sans le savoir. Les années avaient passé. Plus tard, elle était partie. Bien entendu, elle n'était pas partie seule. « Je t'ai bien aimé, mais maintenant je suis fatiguée... Je ne suis pas heureuse de partir, mais on n'a pas besoin d'être heureux pour recommencer. » C'est, en gros, ce qu'elle lui avait écrit.

Joseph Grand à son tour avait souffert. Il aurait pu recommencer, comme le lui fit remarquer Rieux. Mais voilà, il n'avait pas la foi.

Simplement, il pensait toujours à elle. Ce qu'il aurait voulu, c'est lui écrire une lettre pour se justifier. « Mais c'est difficile, disait-il. Il y a longtemps que j'y pense. Tant que nous nous sommes aimés, nous nous sommes compris sans paroles. Mais on ne s'aime pas toujours. À un moment donné, j'aurais dû trouver les mots qui l'auraient retenue, mais je n'ai pas pu. » Grand se mouchait dans une sorte de serviette à carreaux. Puis il s'essuyait les moustaches. Rieux le regardait.

– Excusez-moi, docteur, dit le vieux, mais, comment dire ?... J'ai confiance en vous. Avec vous, je peux parler. Alors, ça me donne de l'émotion.

Visiblement, Grand était à mille lieues de la peste.

Le soir, Rieux télégraphiait à sa femme que la ville était fermée, qu'il allait bien, qu'elle devait continuer de veiller sur elle-même et qu'il pensait à elle.

Trois semaines après la fermeture des portes, Rieux trouva, à la sortie de l'hôpital, un jeune homme qui l'attendait.

– Je suppose, lui dit ce dernier, que vous me reconnaissez.

Rieux croyait le connaître, mais il hésitait.

– Je suis venu avant ces événements, dit l'autre, vous demander des renseignements sur les conditions de vie des Arabes. Je m'appelle Raymond Rambert.

– Ah ! oui, dit Rieux. Eh bien, vous avez maintenant un beau sujet de reportage.

L'autre paraissait nerveux. Il dit que ce n'était pas cela et qu'il venait demander une aide au docteur Rieux.

– Je m'en excuse, ajouta-t-il, mais je ne connais personne dans cette ville et le correspondant de mon journal a le malheur d'être imbécile.

Rieux lui proposa de marcher jusqu'à un dispensaire[1] du centre, car il avait quelques ordres à donner. Ils descendirent les ruelles du quartier nègre. Le soir approchait, mais la ville, si bruyante autrefois à cette heure-là, paraissait curieusement solitaire. Quelques sonneries de clairon dans le ciel encore doré témoignaient seulement que les militaires se donnaient l'air de faire leur métier. Pendant ce temps, le long des rues abruptes, entre les murs bleus, ocre et violets des maisons mauresques[2], Rambert parlait, très agité. Il avait laissé sa femme à Paris. À vrai dire, ce n'était pas sa femme, mais c'était la même chose. Il lui avait télégraphié dès la fermeture de la ville. Il avait d'abord pensé qu'il s'agissait d'un événement provisoire et il avait seulement cherché à correspondre avec elle. Ses confrères d'Oran lui avaient dit qu'ils ne pouvaient rien, la poste l'avait renvoyé, une secrétaire de la préfecture lui avait ri au nez. Il avait fini, après une attente de deux heures dans une file, par faire accepter un télégramme où il avait inscrit : « Tout va bien. À bientôt. »

Mais le matin, en se levant, l'idée lui était venue brusquement qu'après tout, il ne savait pas combien de temps cela pouvait durer. Il avait décidé de partir. Comme il était recommandé (dans son métier, on a des facilités), il avait pu toucher le directeur du cabinet préfectoral et lui avait dit qu'il n'avait pas de rapport avec Oran, que ce n'était pas son affaire d'y rester, qu'il se trouvait là par accident et qu'il était juste qu'on lui permît de s'en aller, même si, une fois dehors, on devait lui faire subir une quarantaine. Le directeur lui avait dit qu'il comprenait très bien, mais

notes

1. dispensaire : établissement où l'on dispense des soins médicaux.

2. mauresques : synonyme de musulmanes ou arabes.

qu'on ne pouvait pas faire d'exception, qu'il allait voir, mais qu'en somme la situation était grave et que l'on ne pouvait rien décider.

– Mais enfin, avait dit Rambert, je suis étranger à cette ville.

– Sans doute, mais après tout, espérons que l'épidémie ne durera pas.

Pour finir, il avait essayé de consoler Rambert en lui faisant remarquer aussi qu'il pouvait trouver à Oran la matière d'un reportage intéressant et qu'il n'était pas d'événement, tout bien considéré, qui n'eût son bon côté. Rambert haussait les épaules. On arrivait au centre de la ville :

– C'est stupide, docteur, vous comprenez. Je n'ai pas été mis au monde pour faire des reportages. Mais peut-être ai-je été mis au monde pour vivre avec une femme. Cela n'est-il pas dans l'ordre ?

Rieux dit qu'en tout cas cela paraissait raisonnable.

Sur les boulevards du centre, ce n'était pas la foule ordinaire. Quelques passants se hâtaient vers des demeures lointaines. Aucun ne souriait. Rieux pensa que c'était le résultat de l'annonce Ransdoc qui se faisait ce jour-là. Au bout de vingt-quatre heures, nos concitoyens recommençaient à espérer. Mais le jour même, les chiffres étaient encore trop frais dans les mémoires.

– C'est que, dit Rambert sans crier gare, elle et moi nous sommes rencontrés depuis peu et nous nous entendons bien.

Rieux ne disait rien.

– Mais je vous ennuie, reprit Rambert. Je voulais seulement vous demander si vous ne pouvez pas me faire un certificat où il serait affirmé que je n'ai pas cette sacrée maladie. Je crois que cela pourrait me servir.

Rieux approuva de la tête, il reçut un petit garçon qui se jetait dans ses jambes et le remit doucement sur ses pieds. Ils repartirent et arrivèrent sur la place d'Armes. Les branches des ficus et des palmiers pendaient, immobiles, grises de poussière, autour d'une statue de la République, poudreuse et sale. Ils s'arrêtèrent sous le monument. Rieux frappa contre le sol, l'un après l'autre, ses pieds couverts d'un enduit blanchâtre. Il regarda Rambert. Le feutre un peu en arrière, le col de chemise déboutonné sous la cravate, mal rasé, le journaliste avait un air buté et boudeur.

– Soyez sûr que je vous comprends, dit enfin Rieux, mais votre raisonnement n'est pas bon. Je ne peux pas vous faire ce certificat parce qu'en fait, j'ignore si vous avez ou non cette maladie et parce que, même dans ce cas, je ne puis pas certifier qu'entre la seconde où vous sortirez de mon bureau et celle où vous entrerez à la préfecture, vous ne serez pas infecté. Et puis même...

– Et puis même ? dit Rambert.

– Et puis, même si je vous donnais ce certificat, il ne vous servirait de rien.

– Pourquoi ?

– Parce qu'il y a dans cette ville des milliers d'hommes dans votre cas et qu'on ne peut cependant pas les laisser sortir.

– Mais s'ils n'ont pas la peste eux-mêmes ?

– Ce n'est pas une raison suffisante. Cette histoire est stupide, je sais bien, mais elle nous concerne tous. Il faut la prendre comme elle est.

– Mais je ne suis pas d'ici !

– À partir de maintenant, hélas ! vous serez d'ici comme tout le monde.

L'autre s'animait :

– C'est une question d'humanité, je vous le jure. Peut-être ne vous rendez-vous pas compte de ce que signifie une séparation comme celle-ci pour deux personnes qui s'entendent bien.

Rieux ne répondit pas tout de suite. Puis il dit qu'il croyait qu'il s'en rendait compte. De toutes ses forces, il désirait que Rambert retrouvât sa femme et que tous ceux qui s'aimaient fussent réunis, mais il y avait des arrêtés et des lois, il y avait la peste, son rôle à lui était de faire ce qu'il fallait.

– Non, dit Rambert avec amertume, vous ne pouvez pas comprendre. Vous parlez le langage de la raison, vous êtes dans l'abstraction.

Le docteur leva les yeux sur la République et dit qu'il ne savait pas s'il parlait le langage de la raison, mais il parlait le langage de l'évidence et ce n'était pas forcément la même chose. Le journaliste rajustait sa cravate :

– Alors, cela signifie qu'il faut que je me débrouille autrement ? Mais, reprit-il avec une sorte de défi, je quitterai cette ville.

Le docteur dit qu'il le comprenait encore, mais que cela ne le regardait pas.

– Si, cela vous regarde, fit Rambert avec un éclat soudain. Je suis venu vers vous parce qu'on m'a dit que vous aviez eu une grande part dans les décisions prises. J'ai pensé alors que, pour un cas au moins, vous pourriez défaire ce que vous aviez contribué à faire. Mais cela vous est égal. Vous n'avez pensé à personne. Vous n'avez pas tenu compte de ceux qui étaient séparés.

Rieux reconnut que, dans un sens, cela était vrai, il n'avait pas voulu en tenir compte.

– Ah ! je vois, fit Rambert, vous allez parler de service public. Mais le bien public est fait du bonheur de chacun.

– Allons, dit le docteur qui semblait sortir d'une distraction, il y a cela et il y a autre chose. Il ne faut pas juger. Mais vous avez tort de vous fâcher. Si vous pouvez vous tirer de cette affaire, j'en serai profondément heureux. Simplement, il y a des choses que ma fonction m'interdit.

L'autre secoua la tête avec impatience.

– Oui, j'ai tort de me fâcher. Et je vous ai pris assez de temps comme cela.

Rieux lui demanda de le tenir au courant de ses démarches et de ne pas lui garder rancune. Il y avait sûrement un plan sur lequel ils pouvaient se rencontrer. Rambert parut soudain perplexe :

– Je le crois, dit-il, après un silence, oui, je le crois malgré moi et malgré tout ce que vous m'avez dit.

Il hésita :

– Mais je ne puis pas vous approuver.

Il baissa son feutre sur le front et partit d'un pas rapide. Rieux le vit entrer dans l'hôtel où habitait Jean Tarrou.

Après un moment, le docteur secoua la tête. Le journaliste avait raison dans son impatience de bonheur. Mais avait-il raison quand il l'accusait ? « Vous vivez dans l'abstraction. » Était-ce vraiment l'abstraction que ces journées passées dans son hôpital où la peste mettait les bouchées doubles, portant à cinq cents le nombre moyen des victimes par semaine ? Oui, il y avait dans le malheur une part d'abstraction et d'irréalité. Mais quand l'abstraction se met à vous tuer, il faut bien s'occuper de l'abstraction. Et Rieux savait seulement que ce n'était pas le plus facile. Ce n'était pas facile, par exemple, de diriger cet hôpital auxiliaire (il y en avait maintenant trois) dont il était chargé. Il avait fait aménager dans une pièce, donnant sur la salle de consultations, une chambre de réception. Le sol creusé formait un lac d'eau crésylée[1] au centre duquel se trouvait un îlot de briques. Le malade était transporté sur son île, déshabillé rapidement et ses vêtements tombaient dans l'eau. Lavé, séché, recouvert de la chemise rugueuse de l'hôpital, il passait aux mains de Rieux, puis on le transportait dans l'une des salles. On avait été obligé d'utiliser les préaux[2] d'une école qui contenait maintenant, et en tout, cinq cents lits dont la presque totalité était occupée. Après la réception du matin qu'il dirigeait lui-même, les malades vaccinés, les bubons incisés, Rieux vérifiait encore les statistiques, et retournait à ses consultations de l'après-midi. Dans la soirée enfin, il faisait ses visites et rentrait tard dans la nuit. La nuit précédente, sa mère avait remarqué, en lui tendant

notes

1. **crésylée** : synonyme de désinfectée.

2. **préaux** : cour d'une école, mais probablement ici locaux de classes.

un télégramme de Mme Rieux jeune, que les mains du docteur tremblaient.

– Oui, disait-il, mais en persévérant, je serai moins nerveux.

Il était vigoureux et résistant. En fait, il n'était pas encore fatigué. Mais ses visites, par exemple, lui devenaient insupportables. Diagnostiquer la fièvre épidémique revenait à faire enlever rapidement le malade. Alors commençaient l'abstraction et la difficulté en effet, car la famille du malade savait qu'elle ne verrait plus ce dernier que guéri ou mort. « Pitié, docteur ! » disait Mme Loret, la mère de la femme de chambre qui travaillait à l'hôtel de Tarrou. Que signifiait cela ? Bien entendu, il avait pitié. Mais cela ne faisait avancer personne. Il fallait téléphoner. Bientôt le timbre de l'ambulance résonnait. Les voisins, au début, ouvraient leurs fenêtres et regardaient. Plus tard, ils les fermaient avec précipitation. Alors commençaient les luttes, les larmes, la persuasion, l'abstraction en somme. Dans ces appartements surchauffés par la fièvre et l'angoisse, des scènes de folie se déroulaient. Mais le malade était emmené. Rieux pouvait partir.

Les premières fois, il s'était borné à téléphoner et à courir vers d'autres malades, sans attendre l'ambulance. Mais les parents avaient alors fermé leur porte, préférant le tête-à-tête avec la peste à une séparation dont ils connaissaient maintenant l'issue. Cris, injonctions, interventions de la police et, plus tard, de la force armée, le malade était pris d'assaut. Pendant les premières semaines, Rieux avait été obligé de rester jusqu'à l'arrivée de l'ambulance. Ensuite, quand chaque médecin fut accompagné dans ses tournées par un inspecteur volontaire, Rieux put courir d'un malade à l'autre. Mais dans les commencements, tous les soirs furent comme ce soir où, entré chez Mme Loret, dans un petit appartement décoré d'éventails et de fleurs artificielles, il fut reçu par la mère qui lui dit avec un sourire mal dessiné :

– J'espère bien que ce n'est pas la fièvre dont tout le monde parle.

Et lui, relevant drap et chemise, contemplait en silence les taches rouges sur le ventre et les cuisses, l'enflure des ganglions. La mère regardait entre les jambes de sa fille et criait, sans pouvoir se dominer. Tous les soirs des mères hurlaient ainsi, avec un air abstrait, devant des ventres offerts avec tous leurs signes mortels, tous les soirs des bras s'agrippaient à ceux de Rieux, des paroles inutiles, des promesses et des pleurs se précipitaient, tous les soirs des timbres d'ambulance déclenchaient des crises aussi vaines que toute douleur. Et au bout de cette longue suite de soirs toujours semblables, Rieux ne pouvait espérer rien d'autre qu'une longue suite de scènes pareilles, indéfiniment renouvelées. Oui, la peste, comme l'abstraction, était monotone. Une seule chose peut-être changeait et c'était Rieux lui-même. Il le sentait ce soir-là, au pied du monument à la République, conscient seulement de la difficile indifférence qui commençait à l'emplir, regardant toujours la porte d'hôtel où Rambert avait disparu.

Au bout de ces semaines harassantes, après tous ces crépuscules où la ville se déversait dans les rues pour y tourner en rond, Rieux comprenait qu'il n'avait plus à se défendre contre la pitié. On se fatigue de la pitié quand la pitié est inutile. Et dans la sensation de ce cœur fermé lentement sur lui-même, le docteur trouvait le seul soulagement de ces journées écrasantes. Il savait que sa tâche en serait facilitée. C'est pourquoi il s'en réjouissait. Lorsque sa mère, le recevant à deux heures du matin, s'affligeait du regard vide qu'il posait sur elle, elle déplorait précisément le seul adoucissement que Rieux pût alors recevoir. Pour lutter contre l'abstraction, il faut un peu lui ressembler. Mais comment cela pouvait-il être sensible à Rambert ? L'abstraction pour Rambert était tout ce qui s'opposait à son bonheur. Et à la vérité, Rieux savait que le journaliste avait raison, dans un certain sens. Mais il savait aussi qu'il arrive que l'abstraction se montre plus forte que le bonheur et qu'il faut alors, et alors seulement, en tenir compte. C'est ce qui devait arriver à Rambert et le docteur put l'apprendre dans le détail par les confidences que Rambert lui fit ultérieurement. Il put ainsi suivre, et sur un nouveau plan, cette espèce de lutte morne entre le bonheur de chaque homme et les abstractions de la peste, qui constitua toute la vie de notre cité pendant cette longue période.

Deuxième partie

Mais là où les uns voyaient l'abstraction, d'autres voyaient la vérité. La fin du premier mois de peste fut assombrie en effet par une recrudescence marquée de l'épidémie et un prêche véhément du père Paneloux, le jésuite qui avait assisté le vieux Michel au début de sa maladie. Le père Paneloux s'était déjà distingué par des collaborations fréquentes au bulletin de la Société géographique d'Oran, où ses reconstitutions épigraphiques faisaient autorité. Mais il avait gagné une audience plus étendue que celle d'un spécialiste en faisant une série de conférences sur l'individualisme moderne. Il s'y était fait le défenseur chaleureux d'un christianisme exigeant, également éloigné du libertinage moderne et de l'obscurantisme des siècles passés. À cette occasion, il n'avait pas marchandé de dures vérités à son auditoire. De là, sa réputation.

Or, vers la fin de ce mois, les autorités ecclésiastiques de notre ville décidèrent de lutter contre la peste par leurs propres moyens, en organisant une semaine de prières collectives. Ces manifestations de la piété publique devaient se terminer le dimanche par une messe solennelle placée sous l'invocation de saint Roch, le saint pestiféré. À cette occasion, on avait demandé au père

Paneloux de prendre la parole. Depuis une quinzaine de jours, celui-ci s'était arraché à ses travaux sur saint Augustin et l'Église africaine qui lui avaient conquis une place à part dans son ordre. D'une nature fougueuse et passionnée, il avait accepté avec résolution la mission dont on le chargeait. Longtemps avant ce prêche, on en parlait déjà et il marqua, à sa manière, une date importante dans l'histoire de cette période.

La semaine fut suivie par un nombreux public. Ce n'est pas qu'en temps ordinaire les habitants d'Oran soient particulièrement pieux. Le dimanche matin, par exemple, les bains de mer font une concurrence sérieuse à la messe. Ce n'était pas non plus qu'une subite conversion les eût illuminés. Mais, d'une part, la ville fermée et le port interdit, les bains n'étaient plus possibles, et, d'autre part, ils se trouvaient dans un état d'esprit bien particulier où, sans avoir admis au fond d'eux-mêmes les événements surprenants qui les frappaient, ils sentaient bien, évidemment, que quelque chose était changé. Beaucoup cependant espéraient toujours que l'épidémie allait s'arrêter et qu'ils seraient épargnés avec leur famille. En conséquence, ils ne se sentaient encore obligés à rien. La peste n'était pour eux qu'une visiteuse désagréable qui devait partir un jour puisqu'elle était venue. Effrayés, mais non désespérés, le moment n'était pas encore arrivé où la peste leur apparaîtrait comme la forme même de leur vie et où ils oublieraient l'existence que, jusqu'à elle, ils avaient pu mener. En somme, ils étaient dans l'attente. À l'égard de la religion, comme de beaucoup d'autres problèmes, la peste leur avait donné une tournure d'esprit singulière, aussi éloignée de l'indifférence que de la passion et qu'on pouvait assez bien définir par le mot « objectivité ». La plupart de ceux qui suivirent la semaine de prières auraient fait leur, par exemple, le propos qu'un des fidèles devait tenir devant le docteur Rieux : « De toute façon, ça ne peut pas faire de mal. » Tarrou lui-même, après avoir noté dans ses carnets que les Chinois, en pareil cas, vont jouer du tambourin devant le génie de la peste, remarquait qu'il était absolument impossible de savoir si, en réalité, le tambourin se montrait plus efficace que les mesures prophylactiques. Il ajoutait seulement que, pour trancher la question, il eût fallu être renseigné sur l'existence d'un génie de la peste et que notre ignorance sur ce point stérilisait toutes les opinions qu'on pouvait avoir.

La cathédrale de notre ville, en tout cas, fut à peu près remplie par les fidèles pendant toute la semaine. Les premiers jours, beaucoup d'habitants restaient encore dans les jardins de palmiers et de grenadiers[1] qui s'étendent devant le porche, pour écouter la marée d'invocations et de prières qui refluaient jusque dans les rues. Peu à peu, l'exemple aidant, les mêmes auditeurs se décidèrent à entrer et à mêler une voix timide aux répons[2] de l'assistance. Et le dimanche, un peuple considérable envahit la nef, débordant jusque sur le parvis et les derniers escaliers. Depuis la veille, le ciel s'était assombri, la pluie tombait à verse. Ceux qui se tenaient dehors avaient ouvert leurs parapluies. Une odeur d'encens et d'étoffes mouillées flottait dans la cathédrale quand le père Paneloux monta en chaire[3].

Il était de taille moyenne, mais trapu. Quand il s'appuya sur le rebord de la chaire, serrant le bois entre ses grosses mains, on ne vit de lui qu'une forme épaisse et noire surmontée des deux taches de ses joues, rubicondes sous les lunettes d'acier. Il avait une voix forte, passionnée, qui portait loin, et lorsqu'il attaqua l'assistance d'une seule phrase véhémente et martelée : « Mes frères, vous êtes dans le malheur, mes frères, vous l'avez mérité », un remous parcourut l'assistance jusqu'au parvis.

Logiquement, ce qui suivit ne semblait pas se raccorder à cet exorde[4] pathétique. Ce fut la suite du discours qui fit seulement

notes

1. **grenadiers** : arbrisseaux à fleurs rouges qui produisent un fruit.
2. **répons** : chants religieux repris en chœur par les assistants à la messe.
3. **chaire** : tribune du prédicateur (où se disent les prêches ou sermons).
4. **exorde** : première partie d'un sermon.

comprendre à nos concitoyens que, par un procédé oratoire habile, le père avait donné en une seule fois, comme on assène un coup, le thème de son prêche entier. Paneloux, tout de suite après cette phrase, en effet, cita le texte de l'Exode[1] relatif à la peste en Égypte et dit: «La première fois que ce fléau apparaît dans l'histoire, c'est pour frapper les ennemis de Dieu. Pharaon s'oppose aux desseins éternels et la peste le fait alors tomber à genoux. Depuis le début de toute histoire, le fléau de Dieu met à ses pieds les orgueilleux et les aveugles. Méditez cela et tombez à genoux.»

La pluie redoublait au dehors et cette dernière phrase, prononcée au milieu d'un silence absolu, rendu plus profond encore par le crépitement de l'averse sur les vitraux, retentit avec un tel accent que quelques auditeurs, après une seconde d'hésitation, se laissèrent glisser de leur chaise sur le prie-Dieu. D'autres crurent qu'il fallait suivre leur exemple si bien que, de proche en proche, sans un autre bruit que le craquement de quelques chaises, tout l'auditoire se trouva bientôt à genoux. Paneloux se redressa alors, respira profondément et reprit sur un ton de plus en plus accentué: «Si, aujourd'hui, la peste vous regarde, c'est que le moment de réfléchir est venu. Les justes ne peuvent craindre cela, mais les méchants ont raison de trembler. Dans l'immense grange de l'univers, le fléau implacable battra le blé humain jusqu'à ce que la paille soit séparée du grain. Il y aura plus de paille que de grain, plus d'appelés que d'élus, et ce malheur n'a pas été voulu par Dieu. Trop longtemps, ce monde a composé avec le mal, trop longtemps, il s'est reposé sur la miséricorde divine. Il suffisait du repentir, tout était permis. Et pour le repentir, chacun se sentait fort. Le moment venu, on l'éprouverait assurément. D'ici là, le plus facile était de se laisser aller, la miséricorde divine ferait le reste. Eh bien! cela ne pouvait durer. Dieu qui, pendant si

note

1. **Exode**: secon livre de la Bible qui se rapporte à la sortie des Juifs hors d'Égypte.

longtemps, a penché sur les hommes de cette ville son visage de pitié, lassé d'attendre, déçu dans son éternel espoir, vient de détourner son regard. Privé de la lumière de Dieu, nous voici pour longtemps dans les ténèbres de la peste ! »

Dans la salle quelqu'un s'ébroua, comme un cheval impatient. Après une courte pause, le père reprit, sur un ton plus bas : « On lit dans la *Légende dorée* qu'au temps du roi Humbert, en Lombardie, l'Italie fut ravagée d'une peste si violente qu'à peine les vivants suffisaient-ils à enterrer les morts et cette peste sévissait surtout à Rome et à Pavie[1]. Et un bon ange apparut visiblement, qui donnait des ordres au mauvais ange qui portait un épieu de chasse et il lui ordonnait de frapper les maisons ; et autant de fois qu'une maison recevait de coups, autant y avait-il de morts qui en sortaient. »

Paneloux tendit ici ses deux bras courts dans la direction du parvis, comme s'il montrait quelque chose derrière le rideau mouvant de la pluie : « Mes frères, dit-il avec force, c'est la même chasse mortelle qui court aujourd'hui dans nos rues. Voyez-le, cet ange de la peste, beau comme Lucifer et brillant comme le mal lui-même, dressé au-dessus de vos toits, la main droite portant l'épieu rouge à hauteur de sa tête, la main gauche désignant l'une de vos maisons. À l'instant, peut-être, son doigt se tend vers votre porte, l'épieu résonne sur le bois ; à l'instant encore, la peste entre chez vous, s'assied dans votre chambre et attend votre retour. Elle est là, patiente et attentive, assurée comme l'ordre même du monde. Cette main qu'elle vous tendra, nulle puissance terrestre et pas même, sachez-le bien, la vaine science humaine, ne peut faire que vous l'évitiez. Et battus sur l'aire sanglante de la douleur, vous serez rejetés avec la paille. »

note

1. **Pavie** : ville de Lombardie, en Italie.

Ici, le père reprit avec plus d'ampleur encore l'image pathétique du fléau[1]. Il évoqua l'immense pièce de bois tournoyant au-dessus de la ville, frappant au hasard et se relevant ensanglantée, éparpillant enfin le sang et la douleur humaine «pour des semailles qui prépareraient les moissons de la vérité».

Au bout de sa longue période[2], le père Paneloux s'arrêta, les cheveux sur le front, le corps agité d'un tremblement que ses mains communiquaient à la chaire et reprit, plus sourdement, mais sur un ton accusateur: «Oui, l'heure est venue de réfléchir. Vous avez cru qu'il vous suffirait de visiter Dieu le dimanche pour être libres de vos journées. Vous avez pensé que quelques génuflexions le paieraient bien assez de votre insouciance criminelle. Mais Dieu n'est pas tiède. Ces rapports espacés ne suffisaient pas à sa dévorante tendresse. Il voulait vous voir plus longtemps, c'est sa manière de vous aimer et, à vrai dire, c'est la seule manière d'aimer. Voilà pourquoi, fatigué d'attendre votre venue, il a laissé le fléau vous visiter comme il a visité toutes les villes du péché depuis que les hommes ont une histoire. Vous savez maintenant ce qu'est le péché, comme l'ont su Caïn[3] et ses fils, ceux d'avant le déluge, ceux de Sodome et de Gomorrhe[4], Pharaon et Job[5] et aussi tous les maudits. Et comme tous ceux-là l'ont fait, c'est un regard neuf que vous portez sur les êtres et sur les choses, depuis le jour où cette ville a refermé ses murs autour de vous et du fléau. Vous savez maintenant, et enfin, qu'il faut venir à l'essentiel.»

Un vent humide s'engouffrait à présent sous la nef[6] et les flammes des cierges se courbèrent en grésillant. Une odeur épaisse de cire, des toux, un éternuement montèrent vers le père

notes

1. **fléau:** Paneloux évoque ici les définitions d'origine du terme, soit un instrument agricole puis celle d'une arme offensive.
2. **période:** synonyme de phrase.
3. **Caïn:** personnage biblique.
4. **Sodome et Gomorrhe:** villes de la Bible connues pour avoir été punies de Dieu.
5. **Pharaon et Job:** personnages ayant aussi été les victimes de la colère divine.
6. **nef:** partie centrale d'une église.

Paneloux qui, revenant sur son exposé avec une subtilité qui fut très appréciée, reprit d'une voix calme: «Beaucoup d'entre vous, je le sais, se demandent justement où je veux en venir. Je veux vous faire venir à la vérité et vous apprendre à vous réjouir, malgré tout ce que j'ai dit. Le temps n'est plus où des conseils, une main fraternelle étaient les moyens de vous pousser vers le bien. Aujourd'hui, la vérité est un ordre. Et le chemin du salut, c'est un épieu rouge qui vous le montre et vous y pousse. C'est ici, mes frères, que se manifeste enfin la miséricorde divine qui a mis en toute chose le bien et le mal, la colère et la pitié, la peste et le salut. Ce fléau même qui vous meurtrit, il vous élève et vous montre la voie.

«Il y a bien longtemps, les chrétiens d'Abyssinie[1] voyaient dans la peste un moyen efficace, d'origine divine, de gagner l'éternité. Ceux qui n'étaient pas atteints s'enroulaient dans les draps des pestiférés afin de mourir certainement. Sans doute, cette fureur de salut n'est-elle pas recommandable. Elle marque une précipitation regrettable, bien proche de l'orgueil. Il ne faut pas être plus pressé que Dieu et tout ce qui prétend accélérer l'ordre immuable, qu'il a établi une fois pour toutes, conduit à l'hérésie. Mais, du moins, cet exemple comporte sa leçon. À nos esprits plus clairvoyants, il fait valoir seulement cette lueur exquise d'éternité qui gît au fond de toute souffrance. Elle éclaire, cette lueur, les chemins crépusculaires qui mènent vers la délivrance. Elle manifeste la volonté divine qui, sans défaillance, transforme le mal en bien. Aujourd'hui encore, à travers ce cheminement de mort, d'angoisses et de clameurs, elle nous guide vers le silence essentiel et vers le principe de toute vie. Voilà, mes frères, l'immense consolation que je voulais vous apporter pour que ce ne soient pas seulement des paroles qui châtient que vous emportiez d'ici, mais aussi un verbe qui apaise.»

note

1. **Abyssinie**: correspond à l'Éthiopie actuelle.

On sentait que Paneloux avait fini. Au dehors, la pluie avait cessé. Un ciel mêlé d'eau et de soleil déversait sur la place une lumière plus jeune. De la rue montaient des bruits de voix, des glissements de véhicules, tout le langage d'une ville qui s'éveille. Les auditeurs réunissaient discrètement leurs affaires dans un remue-ménage assourdi. Le père reprit cependant la parole et dit qu'après avoir montré l'origine divine de la peste et le caractère punitif de ce fléau, il en avait terminé et qu'il ne ferait pas appel pour sa conclusion à une éloquence qui serait déplacée, touchant une matière si tragique. Il lui semblait que tout devait être clair à tous. Il rappela seulement qu'à l'occasion de la grande peste de Marseille, le chroniqueur Mathieu Marais[1] s'était plaint d'être plongé dans l'enfer, à vivre ainsi sans secours et sans espérance. Eh bien ! Mathieu Marais était aveugle ! Jamais plus qu'aujourd'hui, au contraire, le père Paneloux n'avait senti le secours divin et l'espérance chrétienne qui étaient offerts à tous. Il espérait contre tout espoir que, malgré l'horreur de ces journées et les cris des agonisants, nos concitoyens adresseraient au ciel la seule parole qui fût chrétienne et qui était d'amour. Dieu ferait le reste.

note

1. Mathieu Marais : écrivain du XVIIIe siècle.

Ce prêche eut-il de l'effet sur nos concitoyens, il est difficile de le dire. M. Othon, le juge d'instruction, déclara au docteur Rieux qu'il avait trouvé l'exposé du père Paneloux « absolument irréfutable ». Mais tout le monde n'avait pas d'opinion aussi catégorique. Simplement, le prêche rendit plus sensible à certains l'idée, vague jusque-là, qu'ils étaient condamnés, pour un crime inconnu, à un emprisonnement inimaginable. Et alors que les uns continuaient leur petite vie et s'adaptaient à la claustration, pour d'autres, au contraire, leur seule idée fut dès lors de s'évader de cette prison.

Les gens avaient d'abord accepté d'être coupés de l'extérieur comme ils auraient accepté n'importe quel ennui temporaire qui ne dérangerait que quelques-unes de leurs habitudes. Mais, soudain conscients d'une sorte de séquestration, sous le couvercle du ciel où l'été commençait de grésiller, ils sentaient confusément que cette réclusion menaçait toute leur vie et, le soir venu, l'énergie qu'ils retrouvaient avec la fraîcheur les jetait parfois à des actes désespérés.

Tout d'abord, et que ce soit ou non par l'effet d'une coïncidence, c'est à partir de ce dimanche qu'il y eut dans notre ville une sorte de peur assez générale et assez profonde pour qu'on pût soupçonner que nos concitoyens commençaient vraiment à prendre conscience de leur situation. De ce point de vue, l'atmosphère de notre ville fut un peu modifiée. Mais, en vérité, le changement était-il dans l'atmosphère ou dans les cœurs, voilà la question.

Peu de jours après le prêche, Rieux, qui commentait cet événement avec Grand, en se dirigeant vers les faubourgs, heurta dans la nuit un homme qui se dandinait devant eux, sans essayer d'avancer. À ce même moment, les lampadaires de notre ville, qu'on allumait de plus en plus tard, resplendirent brusquement. La haute lampe placée derrière les promeneurs éclaira subitement l'homme qui riait sans bruit, les yeux fermés. Sur son visage blanchâtre, distendu par une hilarité muette, la sueur coulait à grosses gouttes. Ils passèrent.

– C'est un fou, dit Grand.

Rieux, qui venait de lui prendre le bras pour l'entraîner, sentit que l'employé tremblait d'énervement.

– Il n'y aura bientôt plus que des fous dans nos murs, fit Rieux.

La fatigue aidant, il se sentait la gorge sèche.

– Buvons quelque chose.

Dans le petit café où ils entrèrent, et qui était éclairé par une seule lampe au-dessus du comptoir, les gens parlaient à voix basse, sans raison apparente, dans l'air épais et rougeâtre. Au comptoir, Grand, à la surprise du docteur commanda un alcool qu'il but d'un trait et dont il déclara qu'il était fort. Puis il voulut sortir. Au-dehors, il semblait à Rieux que la nuit était pleine de gémissements. Quelque part dans le ciel noir, au-dessus des lampadaires, un sifflement sourd lui rappela l'invisible fléau qui brassait inlassablement l'air chaud.

– Heureusement, heureusement, disait Grand.

Rieux se demandait ce qu'il voulait dire.

– Heureusement, disait l'autre, j'ai mon travail.

– Oui, dit Rieux, c'est un avantage.

Et, décidé à ne pas écouter le sifflement, il demanda à Grand s'il était content de ce travail.

– Eh bien, je crois que je suis dans la bonne voie.

– Vous en avez encore pour longtemps?

Grand parut s'animer, la chaleur de l'alcool passa dans sa voix.

– Je ne sais pas. Mais la question n'est pas là, docteur, ce n'est pas la question, non.

Dans l'obscurité, Rieux devinait qu'il agitait ses bras. Il semblait préparer quelque chose qui vint brusquement, avec volubilité:

– Ce que je veux, voyez-vous, docteur, c'est que le jour où le manuscrit arrivera chez l'éditeur, celui-ci se lève après l'avoir lu et dise à ses collaborateurs: «Messieurs, chapeau bas!»

Cette brusque déclaration surprit Rieux. Il lui sembla que son compagnon faisait le geste de se découvrir, portant la main à sa tête, et ramenant son bras à l'horizontale. Là-haut, le bizarre sifflement semblait reprendre avec plus de force.

– Oui, disait Grand, il faut que ce soit parfait.

Quoique peu averti des usages de la littérature, Rieux avait cependant l'impression que les choses ne devaient pas se passer aussi simplement et que, par exemple, les éditeurs, dans leurs bureaux, devaient être nu-tête. Mais, en fait, on ne savait jamais, et Rieux préféra se taire. Malgré lui, il prêtait l'oreille aux rumeurs mystérieuses de la peste. On approchait du quartier de Grand et comme il était un peu surélevé, une légère brise les rafraîchissait qui nettoyait en même temps la ville de tous ses bruits. Grand continuait cependant de parler et Rieux ne saisissait pas tout ce que disait le bonhomme. Il comprit seulement que l'œuvre en question avait déjà beaucoup de pages, mais que la peine que son auteur prenait pour l'amener à la perfection lui était très douloureuse. «Des soirées, des semaines entières sur un mot... et quelquefois une simple conjonction. » Ici, Grand s'arrêta et prit le docteur par un bouton de son manteau. Les mots sortaient en trébuchant de sa bouche mal garnie.

– Comprenez bien, docteur. À la rigueur, c'est assez facile de choisir entre *mais* et *et*. C'est déjà plus difficile d'opter entre *et* et *puis*. La difficulté grandit avec *puis* et *ensuite*. Mais, assurément, ce qu'il y a de plus difficile c'est de savoir s'il faut mettre *et* ou s'il ne faut pas.

– Oui, dit Rieux, je comprends.

Et il se remit en route. L'autre parut confus, se mit de nouveau à sa hauteur.

– Excusez-moi, bredouilla-t-il. Je ne sais pas ce que j'ai, ce soir!

Rieux lui frappa doucement sur l'épaule et lui dit qu'il désirait l'aider et que son histoire l'intéressait beaucoup. Grand parut un peu rasséréné et, arrivé devant la maison, après avoir hésité, offrit au docteur de monter un moment. Rieux accepta.

Dans la salle à manger, Grand l'invita à s'asseoir devant une table pleine de papiers couverts de ratures sur une écriture microscopique.

– Oui, c'est ça, dit Grand au docteur qui l'interrogeait du regard. Mais voulez-vous boire quelque chose ? J'ai un peu de vin.

Rieux refusa. Il regardait les feuilles de papier.

– Ne regardez pas, dit Grand. C'est ma première phrase. Elle me donne du mal, beaucoup de mal.

Lui aussi contemplait toutes ces feuilles et sa main parut invinciblement attirée par l'une d'elles qu'il éleva en transparence devant l'ampoule électrique sans abat-jour. La feuille tremblait dans sa main. Rieux remarqua que le front de l'employé était moite.

– Asseyez-vous, dit-il, et lisez-la-moi.

L'autre le regarda et sourit avec une sorte de gratitude.

– Oui, dit-il, je crois que j'en ai envie.

Il attendit un peu, regardant toujours la feuille, puis s'assit. Rieux écoutait en même temps une sorte de bourdonnement confus qui, dans la ville, semblait répondre aux sifflements du fléau. Il avait, à ce moment précis, une perception extraordinairement aiguë de cette ville qui s'étendait à ses pieds, du monde clos qu'elle formait et des terribles hurlements qu'elle étouffait dans la nuit. La voix de Grand s'éleva sourdement : « Par une belle matinée du mois de mai, une élégante amazone parcourait, sur une superbe jument alezane[1], les allées fleuries du Bois de Boulogne[2]. » Le silence revint et, avec lui, l'indistincte rumeur de la ville en souffrance. Grand avait posé la feuille et continuait à la contempler. Au bout d'un moment, il releva les yeux :

– Qu'en pensez-vous ?

Rieux répondit que ce début le rendait curieux de connaître la suite. Mais l'autre dit avec animation que ce point de vue n'était pas le bon. Il frappa ses papiers du plat de la main.

– Ce n'est là qu'une approximation. Quand je serai arrivé à rendre parfaitement le tableau que j'ai dans l'imagination, quand ma phrase aura l'allure même de cette promenade au trot, une-deux-trois, une-deux-trois, alors le reste sera plus facile et surtout l'illusion sera telle, dès le début, qu'il sera possible de dire : « Chapeau bas ! »

Mais, pour cela, il avait encore du pain sur la planche. Il ne consentirait jamais à livrer cette phrase telle quelle à un imprimeur. Car, malgré le contentement qu'elle lui donnait parfois, il se rendait compte qu'elle ne collait pas tout à fait encore à la réalité et que, dans une certaine mesure, elle gardait une facilité de ton qui l'apparentait de loin, mais qui l'apparentait tout de même, à un cliché. C'était, du moins, le sens de ce qu'il disait quand on entendit des hommes courir sous les fenêtres. Rieux se leva.

notes

1. **alezane** : couleur café des chevaux.
2. **Bois de Boulogne** : parc parisien.

– Vous verrez ce que j'en ferai, disait Grand ; et, tourné vers la fenêtre, il ajouta : « Quand tout cela sera fini. »

Mais les bruits de pas précipités reprenaient. Rieux descendait déjà et deux hommes passèrent devant lui quand il fut dans la rue. Apparemment, ils allaient vers les portes de la ville. Certains de nos concitoyens en effet, perdant la tête entre la chaleur et la peste, s'étaient déjà laissés aller à la violence et avaient essayé de tromper la vigilance des barrages pour fuir hors de la ville.

D'autres, comme Rambert, essayaient aussi de fuir cette atmosphère de panique naissante, mais avec plus d'obstination et d'adresse, sinon plus de succès. Rambert avait d'abord continué ses démarches officielles. Selon ce qu'il disait, il avait toujours pensé que l'obstination finit par triompher de tout et, d'un certain point de vue, c'était son métier d'être débrouillard. Il avait donc visité une grande quantité de fonctionnaires et de gens dont on ne discutait pas ordinairement la compétence. Mais, en l'espèce, cette compétence ne leur servait à rien. C'étaient, la plupart du temps, des hommes qui avaient des idées précises et bien classées sur tout ce qui concerne la banque, ou l'exportation, ou les agrumes, ou encore le commerce des vins ; qui possédaient d'indiscutables connaissances dans des problèmes de contentieux ou d'assurances, sans compter des diplômes solides et une bonne volonté évidente. Et même, ce qu'il y avait de plus frappant chez tous, c'était la bonne volonté. Mais en matière de peste, leurs connaissances étaient à peu près nulles.

Devant chacun d'eux cependant, et chaque fois que cela avait été possible, Rambert avait plaidé sa cause. Le fond de son argumentation consistait toujours à dire qu'il était étranger à notre ville et que, par conséquent, son cas devait être spécialement examiné. En général, les interlocuteurs du journaliste admettaient volontiers ce point. Mais ils lui représentaient ordinairement que c'était aussi le cas d'un certain nombre de gens et que, par conséquent, son affaire n'était pas aussi particulière qu'il l'imaginait. À quoi Rambert pouvait répondre que cela ne changeait rien au fond de son argumentation, on lui répondait que cela changeait quelque chose aux difficultés administratives qui s'opposaient à toute mesure de faveur risquant de créer ce que l'on appelait, avec une expression de grande répugnance, un précédent. Selon la classification que Rambert proposa au docteur Rieux, ce genre de raisonneurs constituait la catégorie des formalistes. À côté d'eux, on pouvait encore trouver les bien parlants, qui assuraient le demandeur que rien de tout cela ne pouvait durer et qui, prodigues de bons conseils quand on leur demandait des décisions, consolaient Rambert en décidant qu'il s'agissait seulement d'un ennui momentané. Il y avait aussi les importants, qui priaient leur visiteur de laisser une note résumant son cas et qui l'informaient qu'ils statueraient sur ce cas ; les futiles, qui lui proposaient des bons de logement ou des adresses de pensions économiques ; les méthodiques, qui faisaient remplir une fiche et la classaient ensuite ; les débordés, qui levaient les bras, et les importunés, qui détournaient les yeux ; il y avait enfin les traditionnels, de beaucoup les plus nombreux, qui indiquaient à Rambert un autre bureau ou une nouvelle démarche à faire.

Le journaliste s'était ainsi épuisé en visites et il avait pris une idée juste de ce que pouvait être une mairie ou une préfecture, à force d'attendre sur une banquette de moleskine[1] devant de grandes affiches invitant à souscrire à des bons du Trésor, exempts d'impôts, ou à s'engager dans l'armée coloniale, à force d'entrer dans des bureaux où les visages se laissaient aussi facilement

note

1. **moleskine :** cuirette.

prévoir que le classeur à tirettes et les étagères de dossiers. L'avantage, comme le disait Rambert à Rieux, avec une nuance d'amertume, c'est que tout cela lui masquait la véritable situation. Les progrès de la peste lui échappaient pratiquement. Sans compter que les jours passaient ainsi plus vite et, dans la situation où se trouvait la ville entière, on pouvait dire que chaque jour passé rapprochait chaque homme, à condition qu'il ne mourût pas, de la fin de ses épreuves. Rieux dut reconnaître que ce point était vrai, mais qu'il s'agissait cependant d'une vérité un peu trop générale.

À un moment donné, Rambert conçut de l'espoir. Il avait reçu de la préfecture un bulletin de renseignements en blanc qu'on le priait de remplir exactement. Le bulletin s'inquiétait de son identité, sa situation de famille, ses ressources, anciennes et actuelles, et de ce qu'on appelait son *curriculum vitæ*. Il eut l'impression qu'il s'agissait d'une enquête destinée à recenser les cas des personnes susceptibles d'être renvoyées dans leur résidence habituelle. Quelques renseignements confus, recueillis dans un bureau, confirmèrent cette impression. Mais après quelques démarches précises, il parvint à retrouver le service qui avait envoyé le bulletin et on lui dit alors que ces renseignements avaient été recueillis «pour le cas».

– Pour le cas de quoi? demanda Rambert.

On lui précisa alors que c'était au cas où il tomberait malade de la peste et en mourrait, afin de pouvoir, d'une part, prévenir sa famille et, d'autre part, savoir s'il fallait imputer les frais d'hôpital au budget de la ville ou si l'on pouvait en attendre le remboursement de ses proches. Évidemment, cela prouvait qu'il n'était pas tout à fait séparé de celle qui l'attendait, la société s'occupant d'eux. Mais cela n'était pas une consolation. Ce qui était plus remarquable, et Rambert le remarqua en conséquence, c'était la manière dont, au plus fort d'une catastrophe, un bureau pouvait continuer son service et prendre des initiatives d'un autre temps, souvent à l'insu des plus hautes autorités, pour la seule raison qu'il était fait pour ce service.

La période qui suivit fut pour Rambert à la fois la plus facile et la plus difficile. C'était une période d'engourdissement. Il avait vu tous les bureaux, fait toutes les démarches, les issues de ce côté-là étaient pour le moment bouchées. Il errait alors de café en café. Il s'asseyait, le matin, à une terrasse, devant un verre de bière tiède, lisait un journal avec l'espoir d'y trouver quelques signes d'une fin prochaine de la maladie, regardait au visage les passants de la rue, se détournait avec dégoût de leur expression de tristesse et après avoir lu, pour la centième fois, les enseignes des magasins qui lui faisaient face, la publicité des grands apéritifs que déjà on ne servait plus, il se levait et marchait au hasard dans les rues jaunes de la ville. De promenades solitaires en cafés et de cafés en restaurants, il atteignait ainsi le soir. Rieux l'aperçut, un soir précisément, à la porte d'un café où le journaliste hésitait à entrer. Il sembla se décider et alla s'asseoir au fond de la salle. C'était cette heure où dans les cafés, par ordre supérieur, on retardait alors le plus possible le moment de donner la lumière. Le crépuscule envahissait la salle comme une eau grise, le rose du ciel couchant se reflétait dans les vitres, et les marbres des tables reluisaient faiblement dans l'obscurité commençante. Au milieu de la salle déserte, Rambert semblait une ombre perdue et Rieux pensa que c'était l'heure de son abandon. Mais c'était aussi le moment où tous les prisonniers de cette ville sentaient le leur et il fallait faire quelque chose pour hâter leur délivrance. Rieux se détourna.

Rambert passait aussi de longs moments dans la gare. L'accès des quais était interdit. Mais les salles d'attente qu'on atteignait de l'extérieur restaient ouvertes et, quelquefois, des mendiants s'y installaient aux jours de chaleur parce qu'elles étaient ombreuses et fraîches. Rambert venait y lire d'anciens horaires, les pancartes interdisant de cracher et le règlement de la police des trains. Puis, il s'asseyait dans un coin. La salle était sombre. Un vieux poêle de fonte refroidissait depuis des mois, au milieu des décalques en huit de vieux arrosages. Au mur, quelques affiches plaidaient pour une vie heureuse et libre à Bandol[1] ou à Cannes. Rambert touchait ici cette sorte d'affreuse liberté qu'on trouve au fond du dénuement. Les images qui lui étaient le plus difficiles à porter alors, du moins selon ce qu'il en disait à Rieux, étaient celles de Paris. Un paysage de vieilles pierres et d'eaux, les pigeons du Palais-Royal, la gare du Nord, les quartiers déserts du Panthéon, et quelques autres lieux d'une ville qu'il ne savait pas avoir tant aimée poursuivaient alors Rambert et l'empêchaient de rien faire de précis. Rieux pensait seulement qu'il identifiait ces images à celles de son amour. Et, le jour où Rambert lui dit qu'il aimait se réveiller à quatre heures du matin et penser à sa ville, le docteur n'eut pas de peine à traduire du fond de sa propre expérience qu'il aimait imaginer alors la femme qu'il avait laissée. C'était l'heure, en effet, où il pouvait se saisir d'elle. À quatre heures du matin, on ne fait rien en général et l'on dort, même si la nuit a été une nuit de trahison. Oui, on dort à cette heure-là et cela est rassurant puisque le grand désir d'un cœur inquiet est de posséder interminablement l'être qu'il aime ou de pouvoir plonger cet être, quand le temps de l'absence est venu, dans un sommeil sans rêves qui ne puisse prendre fin qu'au jour de la réunion.

note

1. **Bandol** : ville française.

Peu après le prêche, les chaleurs commencèrent. On arrivait à la fin du mois de juin. Au lendemain des pluies tardives qui avaient marqué le dimanche du prêche, l'été éclata d'un seul coup dans le ciel et au-dessus des maisons. Un grand vent brûlant se leva d'abord qui souffla pendant un jour et qui dessécha les murs. Le soleil se fixa. Des flots ininterrompus de chaleur et de lumière inondèrent la ville à longueur de journée. En dehors des rues à arcades et des appartements, il semblait qu'il n'était pas un point de la ville qui ne fût placé dans la réverbération la plus aveuglante. Le soleil poursuivait nos concitoyens dans tous les coins de rue et, s'ils s'arrêtaient, il les frappait alors. Comme ces premières chaleurs coïncidèrent avec un accroissement en flèche du nombre des victimes, qui se chiffra à près de sept cents par semaine, une sorte d'abattement s'empara de la ville. Parmi les faubourgs, entre les rues plates et les maisons à terrasses, l'animation décrut et, dans ce quartier où les gens vivaient toujours sur leur seuil, toutes les portes étaient fermées et les persiennes closes, sans qu'on pût savoir si c'était de la peste ou du soleil qu'on entendait ainsi se protéger. De quelques maisons, pourtant, sortaient des gémissements. Auparavant, quand cela arrivait, on voyait souvent des curieux qui se tenaient dans la rue, aux écoutes. Mais, après ces longues alertes, il semblait que le cœur de chacun se fût endurci et tous marchaient ou vivaient à côté des plaintes comme si elles avaient été le langage naturel des hommes.

Les bagarres aux portes, pendant lesquelles les gendarmes avaient dû faire usage de leurs armes, créèrent une sourde agitation. Il y avait eu sûrement des blessés, mais on parlait de morts en ville où tout s'exagérait par l'effet de la chaleur et de la peur. Il est vrai, en tout cas, que le mécontentement ne cessait de grandir, que nos autorités avaient craint le pire et envisagé sérieusement les mesures à prendre dans le cas où cette population, maintenue sous le fléau, se serait portée à la révolte. Les journaux publièrent des décrets qui renouvelaient l'interdiction de sortir et menaçaient de peines de prison les contrevenants. Des patrouilles parcoururent la ville. Souvent, dans les rues désertes et surchauffées, on voyait avancer, annoncés d'abord par le bruit des sabots sur les pavés, des gardes à cheval qui passaient entre des rangées de fenêtres closes. La patrouille disparue, un lourd silence méfiant retombait sur la ville menacée. De loin en loin, claquaient les coups de feu des équipes spéciales chargées, par une récente ordonnance, de tuer les chiens et les chats qui auraient pu communiquer des puces. Ces détonations sèches contribuaient à mettre dans la ville une atmosphère d'alerte.

Dans la chaleur et le silence, et pour le cœur épouvanté de nos concitoyens, tout prenait d'ailleurs une importance plus grande. Les couleurs du ciel et les odeurs de la terre qui font le passage des saisons étaient, pour la première fois, sensibles à tous. Chacun comprenait avec effroi que les chaleurs aideraient l'épidémie et, dans le même temps, chacun voyait que l'été s'installait. Le cri des martinets dans le ciel du soir devenait plus grêle au-dessus de la ville. Il n'était plus à la mesure de ces crépuscules de juin qui reculent l'horizon dans notre pays. Les fleurs sur les marchés n'arrivaient plus en boutons, elles éclataient déjà et, après la vente du matin, leurs pétales jonchaient les trottoirs poussiéreux. On voyait clairement que le printemps s'était exténué, qu'il s'était prodigué dans des milliers de fleurs éclatant partout à la ronde et qu'il allait maintenant s'assoupir, s'écraser lentement sous la double pesée de la peste et de la chaleur. Pour tous nos concitoyens, ce ciel d'été, ces rues qui pâlissaient sous les teintes de la poussière et de l'ennui, avaient le même sens menaçant que la centaine de morts dont la ville s'alourdissait chaque jour. Le soleil incessant, ces heures au goût de sommeil et de vacances, n'invitaient plus comme auparavant aux fêtes de l'eau et de la chair. Elles sonnaient creux au contraire dans la ville close et silencieuse. Elles avaient perdu l'éclat cuivré des saisons heureuses. Le soleil de la peste éteignait toutes les couleurs et faisait fuir toute joie.

C'était là une des grandes révolutions de la maladie. Tous nos concitoyens accueillaient ordinairement l'été avec allégresse. La ville s'ouvrait alors vers la mer et déversait sa jeunesse sur les plages. Cet été-là, au contraire, la mer proche était interdite et le corps n'avait plus droit à ses joies. Que faire dans ces conditions ? C'est encore Tarrou qui donne l'image la plus fidèle de notre vie d'alors. Il suivait, bien entendu, les progrès de la peste en général, notant justement qu'un tournant de l'épidémie avait été marqué par la radio lorsqu'elle n'annonça plus des centaines de décès par semaine, mais quatre-vingt-douze, cent sept et cent vingt morts par jour. « Les journaux et les autorités jouent au plus fin avec la peste. Ils s'imaginent qu'ils lui enlèvent des points parce que cent trente est un moins gros chiffre que neuf cent dix. » Il évoquait aussi les aspects pathétiques ou spectaculaires de l'épidémie, comme cette femme qui, dans un quartier désert, aux persiennes closes, avait brusquement ouvert une fenêtre, au-dessus de lui, et poussé deux grands cris avant de rabattre les volets sur l'ombre épaisse de la chambre. Mais il notait par ailleurs que les pastilles de menthe avaient disparu des pharmacies parce que beaucoup de gens en suçaient pour se prémunir contre une contagion éventuelle.

Il continuait aussi d'observer ses personnages favoris. On apprenait que le petit vieux aux chats vivait, lui aussi, dans la tragédie. Un matin, en effet, des coups de feu avaient claqué et, comme l'écrivait Tarrou, quelques crachats de plomb avaient tué la plupart des chats et terrorisé les autres, qui avaient quitté la rue. Le même jour, le petit vieux était sorti sur le balcon, à l'heure habituelle, avait marqué une certaine surprise, s'était penché, avait scruté les extrémités de la rue et s'était résigné à attendre. Sa main frappait à petits coups la grille du balcon. Il avait attendu encore, émietté un peu de papier, était rentré, sorti de nouveau, puis, au bout d'un certain temps, il avait disparu brusquement, fermant derrière lui avec colère ses portes-fenêtres. Les jours suivants, la même scène se renouvela, mais on pouvait lire sur les traits du petit vieux une tristesse et un désarroi de plus en plus manifestes. Au bout d'une semaine, Tarrou attendit en vain l'apparition quotidienne et les fenêtres restèrent obstinément fermées sur un chagrin bien compréhensible. « En temps de peste, défense de cracher sur les chats », telle était la conclusion des carnets.

D'un autre côté, quand Tarrou rentrait le soir, il était toujours sûr de rencontrer, dans le hall, la figure sombre du veilleur de nuit qui se promenait de long en large. Ce dernier ne cessait de rappeler à tout venant qu'il avait prévu ce qui arrivait. À Tarrou, qui reconnaissait lui avoir entendu prédire un malheur, mais qui lui rappelait son idée de tremblement de terre, le vieux gardien répondait : « Ah ! si c'était un tremblement de terre ! Une bonne secousse et on n'en parle plus... On compte les morts, les vivants, et le tour est joué. Mais cette cochonnerie de maladie ! Même ceux qui ne l'ont pas la portent dans leur cœur. »

Le directeur n'était pas moins accablé. Au début, les voyageurs, empêchés de quitter la ville, avaient été maintenus à l'hôtel par la fermeture de la cité. Mais peu à peu, l'épidémie se prolongeant, beaucoup avaient préféré se loger chez des amis. Et les mêmes raisons qui avaient rempli toutes les chambres de l'hôtel les gardaient vides depuis lors, puisqu'il n'arrivait plus de nouveaux voyageurs dans notre ville. Tarrou restait un des rares locataires et le directeur ne manquait jamais une occasion de lui faire remarquer que, sans son désir d'être agréable à ses derniers clients, il aurait fermé son établissement depuis longtemps. Il demandait souvent à Tarrou d'évaluer la durée probable de l'épidémie : « On dit, remarquait Tarrou, que les froids contrarient ces sortes de maladies. » Le directeur s'affolait : « Mais il ne fait jamais réellement froid ici, monsieur. De toutes façons, cela nous ferait encore plusieurs mois. » Il était sûr d'ailleurs que les voyageurs se détourneraient longtemps encore de la ville. Cette peste était la ruine du tourisme.

Au restaurant, après une courte absence, on vit réapparaître M. Othon, l'homme-chouette, mais suivi seulement des deux chiens savants. Renseignements pris, la femme avait soigné et enterré sa propre mère et poursuivait en ce moment sa quarantaine.

– Je n'aime pas ça, dit le directeur à Tarrou. Quarantaine ou pas, elle est suspecte, et eux aussi par conséquent.

Tarrou lui faisait remarquer que, de ce point de vue, tout le monde était suspect. Mais l'autre était catégorique et avait sur la question des vues bien tranchées :

– Non, monsieur, ni vous ni moi ne sommes suspects. Eux le sont.

Mais M. Othon ne changeait pas pour si peu et, cette fois, la peste en était pour ses frais. Il entrait de la même façon dans la salle de restaurant, s'asseyait avant ses enfants et leur tenait toujours des propos distingués et hostiles. Seul, le petit garçon avait changé d'aspect. Vêtu de noir comme sa sœur, un peu plus tassé sur lui-même, il semblait la petite ombre de son père. Le veilleur de nuit, qui n'aimait pas M. Othon, avait dit à Tarrou :

– Ah ! celui-là, il crèvera tout habillé. Comme ça, pas besoin de toilette. Il s'en ira tout droit.

Le prêche de Paneloux était aussi rapporté, mais avec le commentaire suivant : « Je comprends cette sympathique ardeur.

Au commencement des fléaux et lorsqu'ils sont terminés, on fait toujours un peu de rhétorique. Dans le premier cas, l'habitude n'est pas encore perdue et, dans le second, elle est déjà revenue. C'est au moment du malheur qu'on s'habitue à la vérité, c'est-à-dire au silence. Attendons. »

Tarrou notait enfin qu'il avait eu une longue conversation avec le docteur Rieux dont il rappelait seulement qu'elle avait eu de bons résultats, signalait à ce propos la couleur marron clair des yeux de Mme Rieux mère, affirmait bizarrement à son propos qu'un regard où se lisait tant de bonté serait toujours plus fort que la peste, et consacrait enfin d'assez longs passages au vieil asthmatique soigné par Rieux.

Il était allé le voir, avec le docteur, après leur entrevue. Le vieux avait accueilli Tarrou par des ricanements et des frottements de mains. Il était au lit, adossé à son oreiller, au-dessus de ses deux marmites de pois : « Ah ! encore un autre, avait-il dit en voyant Tarrou. C'est le monde à l'envers, plus de médecins que de malades. C'est que ça va vite, hein ? Le curé a raison, c'est bien mérité. » Le lendemain, Tarrou était revenu sans avertissement.

Si l'on en croit ses carnets, le vieil asthmatique, mercier de son état, avait jugé à cinquante ans qu'il en avait assez fait. Il s'était couché et ne s'était plus relevé depuis. Son asthme se conciliait pourtant avec la station debout. Une petite rente l'avait mené jusqu'aux soixante-quinze ans qu'il portait allégrement. Il ne pouvait souffrir la vue d'une montre et, en fait, il n'y en avait pas une seule dans toute sa maison. « Une montre, disait-il, c'est cher et c'est bête. » Il évaluait le temps, et surtout l'heure des repas qui était la seule qui lui importât, avec ses deux marmites dont l'une était pleine de pois à son réveil. Il remplissait l'autre, pois par pois, du même mouvement appliqué et régulier. Il trouvait ainsi ses repères dans une journée mesurée à la marmite. « Toutes les quinze marmites, disait-il, il me faut mon casse-croûte. C'est tout simple. »

À en croire sa femme, d'ailleurs, il avait donné très jeune des signes de sa vocation. Rien, en effet, ne l'avait jamais intéressé, ni son travail, ni les amis, ni le café, ni la musique, ni les femmes, ni les promenades. Il n'était jamais sorti de sa ville, sauf un jour où, obligé de se rendre à Alger pour des affaires de famille, il s'était arrêté à la gare la plus proche d'Oran, incapable de pousser plus loin l'aventure. Il était revenu chez lui par le premier train.

À Tarrou qui avait eu l'air de s'étonner de la vie cloîtrée qu'il menait, il avait à peu près expliqué que selon la religion, la première moitié de la vie d'un homme était une ascension et l'autre moitié une descente, que dans la descente les journées de l'homme ne lui appartenaient plus, qu'on pouvait les lui enlever à n'importe quel moment, qu'il ne pouvait donc rien en faire et que le mieux justement était de n'en rien faire. La contradiction, d'ailleurs, ne l'effrayait pas, car il avait dit peu après à Tarrou que sûrement Dieu n'existait pas, puisque, dans le cas contraire, les curés seraient inutiles. Mais, à quelques réflexions qui suivirent, Tarrou comprit que cette philosophie tenait étroitement à l'humeur que lui donnaient les quêtes fréquentes de sa paroisse. Mais ce qui achevait le portrait du vieillard est un souhait qui semble profond et qu'il fit à plusieurs reprises devant son interlocuteur : il espérait mourir très vieux.

« Est-ce un saint ? » se demandait Tarrou. Et il répondait : « Oui, si la sainteté est un ensemble d'habitudes. »

Mais, en même temps, Tarrou entreprenait la description assez minutieuse d'une journée dans la ville empestée et donnait ainsi une idée juste des occupations et de la vie de nos concitoyens pendant cet été : « Personne ne rit que les ivrognes, disait Tarrou, et ceux-là rient trop. » Puis il entamait sa description :

« Au petit matin, des souffles légers parcourent la ville encore déserte. À cette heure, qui est entre les morts de la nuit et les agonies de la journée, il semble que la peste suspende un instant son effort et reprenne son souffle. Toutes les boutiques sont fermées. Mais sur quelques-unes, l'écriteau "Fermé pour cause de peste" atteste qu'elles n'ouvriront pas tout à l'heure avec les autres. Des vendeurs de journaux encore endormis ne crient pas encore les nouvelles, mais, adossés au coin des rues, offrent leur marchandise aux réverbères dans un geste de somnambules. Tout à l'heure, réveillés par les premiers tramways, ils se répandront dans toute la ville, tendant à bout de bras les feuilles où éclate le mot "Peste". "Y aura-t-il un automne de peste ? Le professeur B... répond : Non." "Cent vingt-quatre morts, tel est le bilan de la quatre-vingt-quatorzième journée de peste."

« Malgré la crise du papier qui devient de plus en plus aiguë et qui a forcé certains périodiques à diminuer le nombre de leurs pages, il s'est créé un autre journal : *le Courrier de l'Épidémie*, qui se donne pour tâche d'"informer nos concitoyens, dans un souci de scrupuleuse objectivité, des progrès ou des reculs de la maladie ; de leur fournir les témoignages les plus autorisés sur l'avenir de l'épidémie ; de prêter l'appui de ses colonnes à tous ceux, connus ou inconnus, qui sont disposés à lutter contre le fléau ; de soutenir le moral de la population, de transmettre les directives des autorités et, en un mot, de grouper toutes les bonnes volontés pour lutter efficacement contre le mal qui nous frappe." En réalité, ce journal s'est borné très rapidement à publier des annonces de nouveaux produits, infaillibles pour prévenir la peste.

« Vers six heures du matin, tous ces journaux commencent à se vendre dans les queues qui s'installent aux portes des magasins, plus d'une heure avant leur ouverture, puis dans les tramways qui arrivent, bondés, des faubourgs. Les tramways sont devenus le seul moyen de transport et ils avancent à grand-peine, leurs marchepieds et leurs rambardes chargés à craquer. Chose curieuse, cependant, tous les occupants, dans la mesure du possible, se tournent le dos pour éviter une contagion mutuelle. Aux arrêts, le tramway déverse une cargaison d'hommes et de femmes, pressés de s'éloigner et de se trouver seuls. Fréquemment éclatent des scènes dues à la seule mauvaise humeur, qui devient chronique.

« Après le passage des premiers tramways, la ville s'éveille peu à peu, les premières brasseries ouvrent leur porte sur des comptoirs chargés de pancartes : " Plus de café ", " Apportez votre sucre ", etc. Puis les boutiques s'ouvrent, les rues s'animent. En même temps, la lumière monte et la chaleur plombe peu à peu le ciel de juillet. C'est l'heure où ceux qui ne font rien se risquent sur les boulevards. La plupart semblent avoir pris à tâche de conjurer la peste par l'étalage de leur luxe. Il y a tous les jours vers onze heures, sur les artères principales, une parade de jeunes hommes et de jeunes femmes où l'on peut éprouver cette passion de vivre qui croît au sein des grands malheurs. Si l'épidémie s'étend, la morale s'élargira aussi. Nous reverrons les saturnales[1] milanaises au bord des tombes.

« À midi, les restaurants se remplissent en un clin d'œil. Très vite, de petits groupes qui n'ont pu trouver de place se forment à leur porte. Le ciel commence à perdre sa lumière par excès de chaleur. À l'ombre des grands stores, les candidats à la nourriture attendent leur tour, au bord de la rue craquante de soleil. Si les restaurants sont envahis, c'est qu'ils simplifient pour beaucoup le problème du ravitaillement. Mais ils laissent intacte l'angoisse de la contagion. Les convives perdent de longues minutes à essuyer patiemment leurs couverts. Il n'y a pas longtemps, certains restaurants affichaient : " Ici, le couvert est ébouillanté. " Mais, peu à peu, ils ont renoncé à toute publicité puisque les clients étaient forcés de venir. Le client, d'ailleurs, dépense volontiers. Les vins fins ou supposés tels, les suppléments les plus chers, c'est le commencement d'une course effrénée. Il paraît aussi que des scènes de panique ont éclaté dans un restaurant parce qu'un client pris de

note

1. **saturnales** : épisodes de débauche collective.

malaise avait pâli, s'était levé, avait chancelé et gagné très vite la sortie.

« Vers deux heures, la ville se vide peu à peu et c'est le moment où le silence, la poussière, le soleil et la peste se rencontrent dans la rue. Tout le long des grandes maisons grises, la chaleur coule sans arrêt. Ce sont de longues heures prisonnières qui finissent dans des soirs enflammés croulant sur la ville populeuse et jacassante. Pendant les premiers jours de la chaleur, de loin en loin, et sans qu'on sache pourquoi, les soirs étaient désertés. Mais à présent, la première fraîcheur amène une détente, sinon un espoir. Tous descendent alors dans les rues, s'étourdissent à parler, se querellent ou se convoitent et sous le ciel rouge de juillet la ville, chargée de couples et de clameurs, dérive vers la nuit haletante. En vain, tous les soirs sur les boulevards, un vieillard inspiré, portant feutre et lavallière, traverse la foule en répétant sans arrêt : " Dieu est grand, venez à lui ", tous se précipitent au contraire vers quelque chose qu'ils connaissent mal ou qui leur paraît plus urgent que Dieu. Au début, quand ils croyaient que c'était une maladie comme les autres, la religion était à sa place. Mais quand ils ont vu que c'était sérieux, ils se sont souvenu de la jouissance. Toute l'angoisse qui se peint dans la journée sur les visages se résout alors, dans le crépuscule ardent et poussiéreux, en une sorte d'excitation hagarde, une liberté maladroite qui enfièvre tout un peuple.

« Et moi aussi, je suis comme eux. Mais quoi ! la mort n'est rien pour les hommes comme moi. C'est un événement qui leur donne raison. »

C'est Tarrou qui avait demandé à Rieux l'entrevue dont il parle dans ses carnets. Le soir où Rieux l'attendait, le docteur regardait justement sa mère, sagement assise dans un coin de la salle à manger, sur une chaise. C'est là qu'elle passait ses journées quand les soins du ménage ne l'occupaient plus. Les mains réunies sur les genoux, elle attendait. Rieux n'était même pas sûr que ce fût lui qu'elle attendît. Mais, cependant, quelque chose changeait dans le visage de sa mère lorsqu'il apparaissait. Tout ce qu'une vie laborieuse y avait mis de mutisme semblait s'animer alors. Puis, elle retombait dans le silence. Ce soir-là, elle regardait par la fenêtre, dans la rue maintenant déserte. L'éclairage de nuit avait été diminué des deux tiers. Et, de loin en loin, une lampe très faible mettait quelques reflets dans les ombres de la ville.

– Est-ce qu'on va garder l'éclairage réduit pendant toute la peste ? dit Mme Rieux.

– Probablement.

– Pourvu que ça ne dure pas jusqu'à l'hiver. Ce serait triste, alors.

– Oui, dit Rieux.

Il vit le regard de sa mère se poser sur son front. Il savait que l'inquiétude et le surmenage des dernières journées avaient creusé son visage.

– Ça n'a pas marché, aujourd'hui ? dit Mme Rieux.

– Oh ! comme d'habitude.

Comme d'habitude ! C'est-à-dire que le nouveau sérum envoyé par Paris avait l'air d'être moins efficace que le premier et les statistiques montaient. On n'avait toujours pas la possibilité d'inoculer les sérums préventifs ailleurs que dans les familles déjà atteintes. Il eût fallu des quantités industrielles pour en généraliser l'emploi. La plupart des bubons se refusaient à percer, comme si la saison de leur durcissement était venue, et ils torturaient les malades. Depuis la veille, il y avait dans la ville deux cas d'une nouvelle forme de l'épidémie. La peste devenait alors pulmonaire. Le jour même, au cours d'une réunion, les médecins harassés, devant un préfet désorienté, avaient demandé et obtenu de nouvelles mesures pour éviter la contagion qui se faisait de bouche à bouche, dans la peste pulmonaire. Comme d'habitude, on ne savait toujours rien.

Il regarda sa mère. Le beau regard marron fit remonter en lui des années de tendresse.

– Est-ce que tu as peur, mère ?

– À mon âge, on ne craint plus grand-chose.

– Les journées sont bien longues et je ne suis plus jamais là.

– Cela m'est égal de t'attendre si je sais que tu dois venir. Et quand tu n'es pas là, je pense à ce que tu fais. As-tu des nouvelles ?

– Oui, tout va bien, si j'en crois le dernier télégramme. Mais je sais qu'elle dit cela pour me tranquilliser.

La sonnette de la porte retentit. Le docteur sourit à sa mère et alla ouvrir. Dans la pénombre du palier, Tarrou avait l'air d'un grand ours vêtu de gris. Rieux fit asseoir le visiteur devant son bureau. Lui-même restait debout derrière son fauteuil. Ils étaient séparés par la seule lampe allumée de la pièce, sur le bureau.

– Je sais, dit Tarrou sans préambule, que je puis parler tout droit avec vous.

Rieux approuva en silence.

– Dans quinze jours ou un mois, vous ne serez d'aucune utilité ici, vous êtes dépassé par les événements.

– C'est vrai, dit Rieux.

– L'organisation du service sanitaire est mauvaise. Vous manquez d'hommes et de temps.

Rieux reconnut encore que c'était la vérité.

– J'ai appris que la préfecture envisage une sorte de service civil pour obliger les hommes valides à participer au sauvetage général.

– Vous êtes bien renseigné. Mais le mécontentement est déjà grand et le préfet hésite.

– Pourquoi ne pas demander des volontaires ?

– On l'a fait, mais les résultats ont été maigres.

– On l'a fait par la voie officielle, un peu sans y croire. Ce qui leur manque, c'est l'imagination. Ils ne sont jamais à l'échelle des fléaux. Et les remèdes qu'ils imaginent sont à peine à la hauteur d'un rhume de cerveau. Si nous les laissons faire, ils périront, et nous avec eux.

– C'est probable, dit Rieux. Je dois dire qu'ils ont cependant pensé aussi aux prisonniers, pour ce que j'appellerai les gros travaux.

– J'aimerais mieux que ce fût des hommes libres.

– Moi aussi. Mais pourquoi, en somme ?

– J'ai horreur des condamnations à mort.

Rieux regarda Tarrou :

– Alors ? dit-il.

– Alors, j'ai un plan d'organisation pour des formations sanitaires volontaires. Autorisez-moi à m'en occuper et laissons l'administration de côté. Du reste, elle est débordée. J'ai des amis un peu partout et ils feront le premier noyau. Et naturellement, j'y participerai.

– Bien entendu, dit Rieux, vous vous doutez que j'accepte avec joie. On a besoin d'être aidé, surtout dans ce métier. Je me charge de faire accepter l'idée à la préfecture. Du reste, ils n'ont pas le choix. Mais...

Rieux réfléchit.

– Mais ce travail peut être mortel, vous le savez bien. Et dans tous les cas, il faut que je vous en avertisse. Avez-vous bien réfléchi ?

Tarrou le regardait de ses yeux gris.

– Que pensez-vous du prêche de Paneloux, docteur ?

La question était posée naturellement et Rieux y répondit naturellement.

– J'ai trop vécu dans les hôpitaux pour aimer l'idée de punition collective. Mais, vous savez, les chrétiens parlent quelquefois ainsi, sans le penser jamais réellement. Ils sont meilleurs qu'ils ne paraissent.

– Vous pensez pourtant, comme Paneloux, que la peste a sa bienfaisance, qu'elle ouvre les yeux, qu'elle force à penser !

Le docteur secoua la tête avec impatience.

– Comme toutes les maladies de ce monde. Mais ce qui est vrai des maux de ce monde est vrai aussi de la peste. Cela peut servir à grandir quelques-uns. Cependant, quand on voit la misère et la douleur qu'elle apporte, il faut être fou, aveugle ou lâche pour se résigner à la peste.

Rieux avait à peine élevé le ton. Mais Tarrou fit un geste de la main comme pour le calmer. Il souriait.

– Oui, dit Rieux en haussant les épaules. Mais vous ne m'avez pas répondu. Avez-vous réfléchi ?

Tarrou se carra un peu dans son fauteuil et avança la tête dans la lumière.

– Croyez-vous en Dieu, docteur ?

La question était encore posée naturellement. Mais cette fois, Rieux hésita.

– Non, mais qu'est-ce que cela veut dire ? Je suis dans la nuit, et j'essaie d'y voir clair. Il y a longtemps que j'ai cessé de trouver ça original.

– N'est-ce pas ce qui vous sépare de Paneloux ?

– Je ne crois pas. Paneloux est un homme d'études. Il n'a pas vu assez mourir et c'est pourquoi il parle au nom d'une vérité. Mais le moindre prêtre de campagne qui administre ses paroissiens et qui a entendu la respiration d'un mourant pense comme moi. Il soignerait la misère avant de vouloir en démontrer l'excellence.

Rieux se leva, son visage était maintenant dans l'ombre.

– Laissons cela, dit-il, puisque vous ne voulez pas répondre.

Tarrou sourit sans bouger de son fauteuil.

– Puis-je répondre par une question ?

À son tour le docteur sourit :

– Vous aimez le mystère, dit-il. Allons-y.

– Voilà, dit Tarrou. Pourquoi vous-même montrez-vous tant de dévouement puisque vous ne croyez pas en Dieu ? Votre réponse m'aidera peut-être à répondre moi-même.

Sans sortir de l'ombre, le docteur dit qu'il avait déjà répondu, que s'il croyait en un Dieu tout-puissant, il cesserait de guérir les hommes, lui laissant alors ce soin. Mais que personne au monde, non, pas même Paneloux qui croyait y croire, ne croyait en un Dieu de cette sorte, puisque personne ne s'abandonnait totalement et qu'en cela du moins, lui, Rieux, croyait être sur le chemin de la vérité, en luttant contre la création telle qu'elle était.

– Ah ! dit Tarrou, c'est donc l'idée que vous vous faites de votre métier ?

– À peu près, répondit le docteur en revenant dans la lumière.

Tarrou siffla doucement et le docteur le regarda.

– Oui, dit-il, vous vous dites qu'il y faut de l'orgueil. Mais je n'ai que l'orgueil qu'il faut, croyez-moi. Je ne sais pas ce qui m'attend ni ce qui viendra après tout ceci. Pour le moment il y a des malades et il faut les guérir. Ensuite, ils réfléchiront et moi aussi.

passage analysé

Mais le plus pressé est de les guérir. Je les défends comme je peux, voilà tout.

– Contre qui ?

Rieux se tourna vers la fenêtre. Il devinait au loin la mer à une condensation plus obscure de l'horizon. Il éprouvait seulement sa fatigue et luttait en même temps contre un désir soudain et déraisonnable de se livrer un peu plus à cet homme singulier, mais qu'il sentait fraternel.

– Je n'en sais rien, Tarrou, je vous jure que je n'en sais rien. Quand je suis entré dans ce métier, je l'ai fait abstraitement, en quelque sorte, parce que j'en avais besoin, parce que c'était une situation comme les autres, une de celles que les jeunes gens se proposent. Peut-être aussi parce que c'était particulièrement difficile pour un fils d'ouvrier comme moi. Et puis il a fallu voir mourir. Savez-vous qu'il y a des gens qui refusent de mourir ? Avez-vous jamais entendu une femme crier : « Jamais ! » au moment de mourir ? Moi, oui. Et je me suis aperçu alors que je ne pouvais pas m'y habituer. J'étais jeune alors et mon dégoût croyait s'adresser à l'ordre même du monde. Depuis, je suis devenu plus modeste. Simplement, je ne suis toujours pas habitué à voir mourir. Je ne sais rien de plus. Mais après tout...

Rieux se tut et se rassit. Il se sentait la bouche sèche.

– Après tout ? dit doucement Tarrou.

– Après tout..., reprit le docteur, et il hésita encore, regardant Tarrou avec attention, c'est une chose qu'un homme comme vous peut comprendre, n'est-ce pas, mais puisque l'ordre du monde est réglé par la mort, peut-être vaut-il mieux pour Dieu qu'on ne croie pas en lui et qu'on lutte de toutes ses forces contre la mort, sans lever les yeux vers ce ciel où il se tait.

– Oui, approuva Tarrou, je peux comprendre. Mais vos victoires seront toujours provisoires, voilà tout.

Rieux parut s'assombrir.

– Toujours, je le sais. Ce n'est pas une raison pour cesser de lutter.

– Non, ce n'est pas une raison. Mais j'imagine alors ce que doit être cette peste pour vous.

– Oui, dit Rieux. Une interminable défaite.

Tarrou fixa un moment le docteur, puis il se leva et marcha lourdement vers la porte. Et Rieux le suivit. Il le rejoignait déjà quand Tarrou qui semblait regarder à ses pieds lui dit :

– Qui vous a appris tout cela, docteur ?

La réponse vint immédiatement :

– La misère.

Rieux ouvrit la porte de son bureau et, dans le couloir, dit à Tarrou qu'il descendait aussi, allant voir un de ses malades dans les faubourgs. Tarrou lui proposa de l'accompagner et le docteur accepta. Au bout du couloir, ils rencontrèrent Mme Rieux à qui le docteur présenta Tarrou.

– Un ami, dit-il.

– Oh ! fit Mme Rieux, je suis très contente de vous connaître.

Quand elle partit, Tarrou se retourna encore sur elle. Sur le palier, le docteur essaya en vain de faire fonctionner la minuterie. Les escaliers restaient plongés dans la nuit. Le docteur se demandait si c'était l'effet d'une nouvelle mesure d'économie. Mais on ne pouvait pas savoir. Depuis quelque temps déjà, dans les maisons et dans la ville, tout se détraquait. C'était peut-être simplement que les concierges, et nos concitoyens en général, ne prenaient plus soin de rien. Mais le docteur n'eut pas le temps de s'interroger plus avant, car la voix de Tarrou résonnait derrière lui :

– Encore un mot, docteur, même s'il vous paraît ridicule : vous avez tout à fait raison.

Rieux haussa les épaules pour lui-même, dans le noir.

– Je n'en sais rien, vraiment. Mais vous, qu'en savez-vous ?

– Oh ! dit l'autre sans s'émouvoir, j'ai peu de choses à apprendre.

Le docteur s'arrêta et le pied de Tarrou, derrière lui, glissa sur une marche. Tarrou se rattrapa en prenant l'épaule de Rieux.

– Croyez-vous tout connaître de la vie ? demanda celui-ci.

La réponse vint dans le noir, portée par la même voix tranquille :

– Oui.

Quand ils débouchèrent dans la rue, ils comprirent qu'il était assez tard, onze heures peut-être. La ville était muette, peuplée seulement de frôlements. Très loin, le timbre d'une ambulance résonna. Ils montèrent dans la voiture et Rieux mit le moteur en marche.

– Il faudra, dit-il, que vous veniez demain à l'hôpital pour le vaccin préventif. Mais, pour en finir et avant d'entrer dans cette histoire, dites-vous que vous avez une chance sur trois d'en sortir.

– Ces évaluations n'ont pas de sens, docteur, vous le savez comme moi. Il y a cent ans, une épidémie de peste a tué tous les habitants d'une ville de Perse, sauf précisément le laveur des morts qui n'avait jamais cessé d'exercer son métier.

– Il a gardé sa troisième chance, voilà tout, dit Rieux d'une voix soudain plus sourde. Mais il est vrai que nous avons encore tout à apprendre à ce sujet.

Ils entraient maintenant dans les faubourgs. Les phares illuminaient les rues désertes. Ils s'arrêtèrent. Devant l'auto, Rieux demanda à Tarrou s'il voulait entrer et l'autre dit que oui. Un reflet du ciel éclairait leurs visages. Rieux eut soudain un rire d'amitié :

– Allons, Tarrou, dit-il, qu'est-ce qui vous pousse à vous occuper de cela ?

– Je ne sais pas. Ma morale peut-être.

– Et laquelle ?

– La compréhension.

Tarrou se tourna vers la maison et Rieux ne vit plus son visage jusqu'au moment où ils furent chez le vieil asthmatique.

Dès le lendemain, Tarrou se mit au travail et réunit une première équipe qui devait être suivie de beaucoup d'autres.

L'intention du narrateur n'est cependant pas de donner à ces formations sanitaires plus d'importance qu'elles n'en eurent. À sa place, il est vrai que beaucoup de nos concitoyens céderaient aujourd'hui à la tentation d'en exagérer le rôle. Mais le narrateur est plutôt tenté de croire qu'en donnant trop d'importance aux belles actions, on rend finalement un hommage indirect et puissant au mal. Car on laisse supposer alors que ces belles actions n'ont tant de prix que parce qu'elles sont rares et que la méchanceté et l'indifférence sont des moteurs bien plus fréquents dans les actions des hommes. C'est là une idée que le narrateur ne partage pas. Le mal qui est dans le monde vient presque toujours de l'ignorance, et la bonne volonté peut faire autant de dégâts que la méchanceté, si elle n'est pas éclairée. Les hommes sont plutôt bons que mauvais, et en vérité ce n'est pas la question. Mais ils ignorent plus ou moins, et c'est ce qu'on appelle vertu ou vice, le vice le plus désespérant étant celui de l'ignorance qui croit tout savoir et qui s'autorise alors à tuer. L'âme du meurtrier est aveugle et il n'y a pas de vraie bonté ni de bel amour sans toute la clairvoyance possible.

C'est pourquoi nos formations sanitaires qui se réalisèrent grâce à Tarrou doivent être jugées avec une satisfaction objective. C'est pourquoi le narrateur ne se fera pas le chantre trop éloquent de la volonté et d'un héroïsme auquel il n'attache qu'une importance raisonnable. Mais il continuera d'être l'historien des cœurs déchirés et exigeants que la peste fit alors à tous nos concitoyens.

Ceux qui se dévouèrent aux formations sanitaires n'eurent pas si grand mérite à le faire, en effet, car ils savaient que c'était la seule chose à faire et c'est de ne pas s'y décider qui alors eût été incroyable. Ces formations aidèrent nos concitoyens à entrer plus avant dans la peste et les persuadèrent en partie que, puisque la maladie était là, il fallait faire ce qu'il fallait pour lutter contre elle. Parce que la peste devenait ainsi le devoir de quelques-uns, elle apparut réellement pour ce qu'elle était, c'est-à-dire l'affaire de tous.

Cela est bien. Mais on ne félicite pas un instituteur d'enseigner que deux et deux font quatre. On le félicitera peut-être d'avoir choisi ce beau métier. Disons donc qu'il était louable que Tarrou et d'autres eussent choisi de démontrer que deux et deux faisaient quatre plutôt que le contraire, mais disons aussi que cette bonne volonté leur était commune avec l'instituteur, avec tous ceux qui ont le même cœur que l'instituteur et qui, pour l'honneur de l'homme, sont plus nombreux qu'on ne pense, c'est du moins la conviction du narrateur. Celui-ci aperçoit très bien d'ailleurs l'objection qu'on pourrait lui faire et qui est que ces hommes risquaient leur vie. Mais il vient toujours une heure dans l'histoire où celui qui ose dire que deux et deux font quatre est puni de mort. L'instituteur le sait bien. Et la question n'est pas de savoir quelle est la récompense ou la punition qui attend ce raisonnement. La question est de savoir si deux et deux, oui ou non, font quatre. Pour ceux de nos concitoyens qui risquaient alors leur vie, ils avaient à décider si, oui ou non, ils étaient dans la peste et si, oui ou non, il fallait lutter contre elle.

Beaucoup de nouveaux moralistes dans notre ville allaient alors, disant que rien ne servait à rien et qu'il fallait se mettre à genoux. Et Tarrou, et Rieux, et leurs amis pouvaient répondre ceci ou cela, mais la conclusion était toujours ce qu'ils savaient : il fallait lutter de telle ou telle façon et ne pas se mettre à genoux. Toute la question était d'empêcher le plus d'hommes possible de mourir et de connaître la séparation définitive. Il n'y avait pour cela qu'un seul moyen qui était de combattre la peste. Cette vérité n'était pas admirable, elle n'était que conséquente.

C'est pourquoi il était naturel que le vieux Castel mît toute sa confiance et son énergie à fabriquer des sérums sur place, avec du matériel de fortune. Rieux et lui espéraient qu'un sérum fabriqué avec les cultures du microbe même qui infestait la ville aurait une efficacité plus directe que les sérums venus de l'extérieur, puisque le microbe différait légèrement du bacille de la peste, tel qu'il était classiquement défini. Castel espérait avoir son premier sérum assez rapidement.

C'est pourquoi encore il était naturel que Grand, qui n'avait rien d'un héros, assurât maintenant une sorte de secrétariat des formations sanitaires. Une partie des équipes formées par Tarrou se consacrait en effet à un travail d'assistance préventive dans les quartiers surpeuplés. On essayait d'y introduire l'hygiène nécessaire, on faisait le compte des greniers et des caves que la désinfection n'avait pas visités. Une autre partie des équipes secondait les médecins dans les visites à domicile, assurait le transport des pestiférés et même, par la suite, en l'absence de personnel spécialisé, conduisit les voitures des malades et des morts. Tout ceci exigeait un travail d'enregistrement et de statistiques que Grand avait accepté de faire.

De ce point de vue, et plus que Rieux ou Tarrou, le narrateur estime que Grand était le représentant réel de cette vertu tranquille qui animait les formations sanitaires. Il avait dit oui sans hésitation, avec la bonne volonté qui était la sienne. Il avait seulement demandé à se rendre utile dans de petits travaux. Il était trop vieux pour le reste. De dix-huit heures à vingt heures, il pouvait donner son temps. Et comme Rieux le remerciait avec chaleur, il s'en étonnait : « Ce n'est pas le plus difficile. Il y a la peste, il faut se défendre, c'est clair. Ah ! si tout était aussi simple ! » Et il revenait à sa phrase. Quelquefois, le soir, quand le travail des fiches était terminé, Rieux parlait avec Grand. Ils avaient fini par mêler Tarrou à leur conversation et Grand se confiait avec un plaisir de plus en plus évident à ses deux compagnons. Ces derniers suivaient avec intérêt le travail patient que Grand continuait au milieu de la peste. Eux aussi, finalement, y trouvaient une sorte de détente.

« Comment va l'amazone ? » demandait souvent Tarrou. Et Grand répondait invariablement : « Elle trotte, elle trotte », avec un sourire difficile. Un soir, Grand dit qu'il avait définitivement abandonné l'adjectif « élégante » pour son amazone et qu'il la qualifiait désormais de « svelte ». « C'est plus concret », avait-il ajouté. Une autre fois, il lut à ses deux auditeurs la première phrase ainsi modifiée : « Par une belle matinée de mai, une svelte amazone, montée sur une superbe jument alezane, parcourait les allées fleuries du Bois de Boulogne. »

– N'est-ce pas, dit Grand, on la voit mieux et j'ai préféré : « Par une matinée de mai », parce que « mois de mai » allongeait un peu le trot.

Il se montra ensuite fort préoccupé par l'adjectif « superbe ». Cela ne parlait pas, selon lui, et il cherchait le terme qui photographierait d'un seul coup la fastueuse jument qu'il imaginait. « Grasse » n'allait pas, c'était concret, mais un peu péjoratif. « Reluisante » l'avait tenté un moment, mais le rythme ne s'y prêtait pas. Un soir, il annonça triomphalement qu'il avait trouvé : « Une noire jument alezane. » Le noir indiquait discrètement l'élégance, toujours selon lui.

– Ce n'est pas possible, dit Rieux.

– Et pourquoi ?

– Alezane n'indique pas la race, mais la couleur.

– Quelle couleur ?

– Eh bien, une couleur qui n'est pas le noir, en tout cas !

Grand parut très affecté.

– Merci, disait-il, vous êtes là, heureusement. Mais vous voyez comme c'est difficile.

– Que penseriez-vous de « somptueuse », dit Tarrou.

Grand le regarda. Il réfléchissait :

– Oui, dit-il, oui !

Et un sourire lui venait peu à peu.

À quelque temps de là, il avoua que le mot « fleuries » l'embarrassait. Comme il n'avait jamais connu qu'Oran et Montélimar[1], il demandait quelquefois à ses amis des indications sur la façon dont les allées du Bois étaient fleuries. À proprement parler, elles n'avaient jamais donné l'impression de l'être à Rieux ou à Tarrou, mais la conviction de l'employé les ébranlait. Il s'étonnait de leur incertitude. « Il n'y a que les artistes qui sachent regarder. » Mais le docteur le trouva une fois dans une grande excitation. Il avait remplacé « fleuries » par « pleines de fleurs ». Il se frottait les mains. « Enfin, on les voit, on les sent. Chapeau bas, messieurs ! » Il lut triomphalement la phrase : « Par une belle matinée de mai, une svelte amazone montée sur une somptueuse jument alezane parcourait les allées pleines de fleurs du Bois de Boulogne. » Mais, lus à haute voix, les trois génitifs qui terminaient la phrase résonnèrent fâcheusement et Grand bégaya un peu. Il s'assit, l'air accablé. Puis il demanda au docteur la permission de partir. Il avait besoin de réfléchir un peu.

C'est à cette époque, on l'apprit par la suite, qu'il donna au bureau des signes de distraction qui furent jugés regrettables à un moment où la mairie devait faire face, avec un personnel diminué,

note

1. **Montélimar** : ville de France.

à des obligations écrasantes. Son service en souffrit et le chef de bureau le lui reprocha sévèrement en lui rappelant qu'il était payé pour accomplir un travail que, précisément, il n'accomplissait pas. « Il paraît, avait dit le chef de bureau, que vous faites du service volontaire dans les formations sanitaires, en dehors de votre travail. Ça ne me regarde pas. Mais ce qui me regarde, c'est votre travail. Et la première façon de vous rendre utile dans ces terribles circonstances, c'est de bien faire votre travail. Ou sinon, le reste ne sert à rien. »

– Il a raison, dit Grand à Rieux.

– Oui, il a raison, approuva le docteur.

– Mais je suis distrait et je ne sais pas comment sortir de la fin de ma phrase.

Il avait pensé à supprimer « de Boulogne », estimant que tout le monde comprendrait. Mais alors la phrase avait l'air de rattacher à « fleurs » ce qui, en fait, se reliait à « allées ». Il avait envisagé aussi la possibilité d'écrire : « Les allées du Bois pleines de fleurs. » Mais la situation de « Bois » entre un substantif et un qualificatif qu'il séparait arbitrairement lui était une épine dans la chair. Certains soirs, il est bien vrai qu'il avait l'air encore plus fatigué que Rieux.

Oui, il était fatigué par cette recherche qui l'absorbait tout entier, mais il n'en continuait pas moins à faire les additions et les statistiques dont avaient besoin les formations sanitaires. Patiemment, tous les soirs, il mettait des fiches au clair, il les accompagnait de courbes et il s'évertuait lentement à présenter des états aussi précis que possible. Assez souvent, il allait rejoindre Rieux dans l'un des hôpitaux et lui demandait une table dans quelque bureau ou infirmerie. Il s'y installait avec ses papiers, exactement comme il s'installait à sa table de la mairie, et dans l'air épaissi par les désinfectants et par la maladie elle-même, il agitait ses feuilles pour en faire sécher l'encre. Il essayait honnêtement alors de ne plus penser à son amazone et de faire seulement ce qu'il fallait.

Oui, s'il est vrai que les hommes tiennent à se proposer des exemples et des modèles qu'ils appellent héros, et s'il faut absolument qu'il y en ait un dans cette histoire, le narrateur propose justement ce héros insignifiant et effacé qui n'avait pour lui qu'un peu de bonté au cœur et un idéal apparemment ridicule. Cela donnera à la vérité ce qui lui revient, à l'addition de deux et deux son total de quatre, et à l'héroïsme la place secondaire qui doit être la sienne, juste après, et jamais avant, l'exigence généreuse du bonheur. Cela donnera aussi à cette chronique son caractère, qui doit être celui d'une relation faite avec de bons sentiments, c'est-à-dire des sentiments qui ne sont ni ostensiblement mauvais ni exaltants à la vilaine façon d'un spectacle.

C'était du moins l'opinion du docteur Rieux lorsqu'il lisait dans les journaux ou écoutait à la radio les appels et les encouragements que le monde extérieur faisait parvenir à la ville empestée. En même temps que les secours envoyés par air et par route, tous les soirs, sur les ondes ou dans la presse, des commentaires apitoyés ou admiratifs s'abattaient sur la cité désormais solitaire. Et chaque fois le ton d'épopée ou de discours de prix impatientait le docteur. Certes, il savait que cette sollicitude n'était pas feinte. Mais elle ne pouvait s'exprimer que dans le langage conventionnel par lequel les hommes essaient d'exprimer ce qui les lie à l'humanité. Et ce langage ne pouvait s'appliquer aux petits efforts quotidiens de Grand, par exemple, ne pouvant rendre compte de ce que signifiait Grand au milieu de la peste.

À minuit, quelquefois, dans le grand silence de la ville alors désertée, au moment de regagner son lit pour un sommeil trop court, le docteur tournait le bouton de son poste. Et des confins du monde, à travers des milliers de kilomètres, des voix inconnues et fraternelles s'essayaient maladroitement à dire leur solidarité et la disaient, en effet, mais démontraient en même temps la terrible impuissance où se trouve tout homme de partager vraiment une douleur qu'il ne peut pas voir: « Oran! Oran! »

En vain, l'appel traversait les mers, en vain Rieux se tenait en alerte, bientôt l'éloquence montait et accusait mieux encore la séparation essentielle qui faisait deux étrangers de Grand et de l'orateur. « Oran ! oui, Oran ! Mais non, pensait le docteur, aimer ou mourir ensemble, il n'y a pas d'autre ressource. Ils sont trop loin. »

Et justement ce qui reste à retracer avant d'en arriver au sommet de la peste, pendant que le fléau réunissait toutes ses forces pour les jeter sur la ville et s'en emparer définitivement, ce sont les longs efforts désespérés et monotones que les derniers individus, comme Rambert, faisaient pour retrouver leur bonheur et ôter à la peste cette part d'eux-mêmes qu'ils défendaient contre toute atteinte. C'était là leur manière de refuser l'asservissement qui les menaçait, et bien que ce refus-là, apparemment, ne fût pas aussi efficace que l'autre, l'avis du narrateur est qu'il avait bien son sens et qu'il témoignait aussi, dans sa vanité et ses contradictions mêmes, pour ce qu'il y avait alors de fier en chacun de nous.

Rambert luttait pour empêcher que la peste le recouvrît. Ayant acquis la preuve qu'il ne pouvait sortir de la ville par les moyens légaux, il était décidé, avait-il dit à Rieux, à user des autres. Le journaliste commença par les garçons de café. Un garçon de café est toujours au courant de tout. Mais les premiers qu'il interrogea étaient surtout au courant des pénalités très graves qui sanctionnaient ce genre d'entreprises. Dans un cas, il fut même pris pour un provocateur. Il lui fallut rencontrer Cottard chez Rieux pour avancer un peu. Ce jour-là, Rieux et lui avaient parlé encore des démarches vaines que le journaliste avait faites dans les administrations. Quelques jours après, Cottard rencontra Rambert dans la rue, et l'accueillit avec la rondeur qu'il mettait à présent dans tous ses rapports.

– Toujours rien ? avait-il dit.

– Non, rien.

– On ne peut pas compter sur les bureaux. Ils ne sont pas faits pour comprendre.

– C'est vrai. Mais je cherche autre chose. C'est difficile.

– Ah ! dit Cottard, je vois.

Lui connaissait une filière et à Rambert, qui s'en étonnait, il expliqua que, depuis longtemps, il fréquentait tous les cafés d'Oran, qu'il y avait des amis et qu'il était renseigné sur l'existence d'une organisation qui s'occupait de ce genre d'opérations. La vérité était que Cottard, dont les dépenses dépassaient désormais les revenus, s'était mêlé à des affaires de contrebande sur les produits rationnés. Il revendait ainsi des cigarettes et du mauvais alcool dont les prix montaient sans cesse et qui étaient en train de lui rapporter une petite fortune.

– En êtes-vous bien sûr ? demanda Rambert.

– Oui, puisqu'on me l'a proposé.

– Et vous n'en avez pas profité ?

– Ne soyez pas méfiant, dit Cottard d'un air bonhomme, je n'en ai pas profité parce que je n'ai pas, moi, envie de partir. J'ai mes raisons.

Il ajouta après un silence :

– Vous ne me demandez pas quelles sont mes raisons ?

– Je suppose, dit Rambert, que cela ne me regarde pas.

– Dans un sens, cela ne vous regarde pas, en effet. Mais dans un autre... Enfin, la seule chose évidente, c'est que je me sens bien mieux ici depuis que nous avons la peste avec nous.

L'autre écourta son discours :

– Comment joindre cette organisation ?

– Ah ! dit Cottard, ce n'est pas facile, venez avec moi.

Il était quatre heures de l'après-midi. Sous un ciel lourd, la ville cuisait lentement. Tous les magasins avaient leur store baissé. Les chaussées étaient désertes. Cottard et Rambert prirent des rues à arcades et marchèrent longtemps sans parler. C'était une de ces heures où la peste se faisait invisible. Ce silence, cette mort des couleurs et des mouvements, pouvaient être aussi bien ceux de l'été que ceux du fléau. On ne savait si l'air était lourd de menaces ou de poussières et de brûlure. Il fallait observer et réfléchir pour rejoindre la peste. Car elle ne se trahissait que par des signes négatifs. Cottard, qui avait des affinités avec elle, fit remarquer par exemple à Rambert l'absence des chiens qui, normalement, eussent dû être sur le flanc, au seuil des couloirs, haletants, à la recherche d'une fraîcheur impossible.

Ils prirent le boulevard des Palmiers, traversèrent la place d'Armes et descendirent vers le quartier de la Marine. À gauche, un café peint en vert s'abritait sous un store oblique de grosse toile jaune. En entrant, Cottard et Rambert essuyèrent leur front. Ils prirent place sur des chaises pliantes de jardin, devant des tables de tôle verte. La salle était absolument déserte. Des mouches grésillaient dans l'air. Dans une cage jaune posée sur le comptoir bancal, un perroquet, toutes plumes retombées, était affaissé sur son perchoir. De vieux tableaux, représentant des scènes militaires, pendaient au mur, couverts de crasse et de toiles d'araignée en épais filaments. Sur toutes les tables de tôle, et devant Rambert lui-même, séchaient des fientes de poule dont il s'expliquait mal l'origine jusqu'à ce que d'un coin obscur, après un peu de remue-ménage, un magnifique coq sortît en sautillant.

La chaleur, à ce moment, sembla monter encore. Cottard enleva sa veste et frappa sur la tôle. Un petit homme, perdu dans un long tablier bleu, sortit du fond, salua Cottard du plus loin qu'il le vit, avança en écartant le coq d'un vigoureux coup de pied et demanda, au milieu des gloussements du volatile, ce qu'il fallait servir à ces messieurs. Cottard demanda du vin blanc et s'enquit d'un certain Garcia. Selon le nabot, il y avait déjà quelques jours qu'on ne l'avait vu dans le café.

– Pensez-vous qu'il viendra ce soir ?

– Eh ! dit l'autre, je ne suis pas dans sa chemise. Mais vous connaissez son heure ?

– Oui, mais ce n'est pas très important. J'ai seulement un ami à lui présenter.

Le garçon essuyait ses mains moites contre le devant de son tablier.

– Ah ! Monsieur s'occupe aussi d'affaires ?

– Oui, dit Cottard.

Le nabot renifla :

– Alors, revenez ce soir. Je vais lui envoyer le gosse.

En sortant, Rambert demanda de quelles affaires il s'agissait.

– De contrebande, naturellement. Ils font passer des marchandises aux portes de la ville. Ils vendent au prix fort.

– Bon, dit Rambert. Ils ont des complicités ?

– Justement.

Le soir, le store était relevé, le perroquet jabotait dans sa cage et les tables de tôle étaient entourées d'hommes en bras de chemise. L'un d'eux, le chapeau de paille en arrière, une chemise blanche ouverte sur une poitrine couleur de terre brûlée, se leva à l'entrée de Cottard. Un visage régulier et tanné, l'œil noir et petit, les dents blanches, deux ou trois bagues aux doigts, il paraissait trente ans environ.

– Salut, dit-il, on boit au comptoir.

Ils prirent trois tournées en silence.

– Si on sortait ? dit alors Garcia.

Ils descendirent vers le port et Garcia demanda ce qu'on lui voulait. Cottard lui dit que ce n'était pas exactement pour des affaires qu'il voulait lui présenter Rambert, mais seulement pour ce qu'il appela « une sortie ». Garcia marchait droit devant lui en fumant. Il posa des questions, disant « Il » en parlant de Rambert, sans paraître s'apercevoir de sa présence.

– Pourquoi faire ? disait-il.

– Il a sa femme en France.

– Ah !

Et après un temps

– Qu'est-ce qu'il a comme métier ?

– Journaliste.

– C'est un métier où on parle beaucoup.

Rambert se taisait.

– C'est un ami, dit Cottard.

Ils avancèrent en silence. Ils étaient arrivés aux quais, dont l'accès était interdit par de grandes grilles. Mais ils se dirigèrent vers une petite buvette où l'on vendait des sardines frites, dont l'odeur venait jusqu'à eux.

– De toute façon, conclut Garcia, ce n'est pas moi que ça concerne, mais Raoul. Et il faut que je le retrouve. Ça ne sera pas facile.

– Ah ! demanda Cottard avec animation, il se cache ?

Garcia ne répondit pas. Près de la buvette, il s'arrêta et se tourna vers Rambert pour la première fois.

– Après-demain, à onze heures, au coin de la caserne des douanes, en haut de la ville.

Il fit mine de partir, mais se retourna vers les deux hommes.

– Il y aura des frais, dit-il.

C'était une constatation.

– Bien sûr, approuva Rambert.

Un peu après, le journaliste remercia Cottard :

– Oh ! non, dit l'autre avec jovialité. Ça me fait plaisir de vous rendre service. Et puis, vous êtes journaliste, vous me revaudrez ça un jour ou l'autre.

Le surlendemain, Rambert et Cottard gravissaient les grandes rues sans ombrage qui mènent vers le haut de notre ville. Une partie de la caserne des douanes avait été transformée en infirmerie et, devant la grande porte, des gens stationnaient, venus dans l'espoir d'une visite qui ne pouvait pas être autorisée ou à la recherche de renseignements qui, d'une heure à l'autre, seraient périmés. En tout cas, ce rassemblement permettait beaucoup d'allées et venues et on pouvait supposer que cette considération n'était pas étrangère à la façon dont le rendez-vous de Garcia et de Rambert avait été fixé.

– C'est curieux, dit Cottard, cette obstination à partir. En somme, ce qui se passe est bien intéressant.

– Pas pour moi, répondit Rambert.

– Oh ! bien sûr, on risque quelque chose. Mais, après tout, on risquait autant, avant la peste, à traverser un carrefour très fréquenté.

À ce moment, l'auto de Rieux s'arrêta à leur hauteur. Tarrou conduisait et Rieux semblait dormir à moitié. Il se réveilla pour faire les présentations.

– Nous nous connaissons, dit Tarrou, nous habitons le même hôtel.

Il offrit à Rambert de le conduire en ville.

– Non, nous avons rendez-vous ici.

Rieux regarda Rambert :

– Oui, fit celui-ci.

– Ah ! s'étonnait Cottard, le docteur est au courant ?

–Voilà le juge d'instruction, avertit Tarrou en regardant Cottard.

Celui-ci changea de figure. M. Othon descendait en effet la rue et s'avançait vers eux d'un pas vigoureux, mais mesuré. Il ôta son chapeau en passant devant le petit groupe.

– Bonjour, monsieur le juge ! dit Tarrou.

Le juge rendit le bonjour aux occupants de l'auto, et, regardant Cottard et Rambert qui étaient restés en arrière, les salua gravement de la tête. Tarrou présenta le rentier et le journaliste. Le juge regarda le ciel pendant une seconde et soupira, disant que c'était une époque bien triste.

– On me dit, monsieur Tarrou, que vous vous occupez de l'application des mesures prophylactiques. Je ne saurais trop vous approuver. Pensez-vous, docteur, que la maladie s'étendra ?

Rieux dit qu'il fallait espérer que non et le juge répéta qu'il fallait toujours espérer, les desseins de la Providence sont impénétrables. Tarrou lui demanda si les événements lui avaient apporté un surcroît de travail.

– Au contraire, les affaires que nous appelons de droit commun diminuent. Je n'ai plus à instruire que des manquements graves aux nouvelles dispositions. On n'a jamais autant respecté les anciennes lois.

– C'est, dit Tarrou, qu'en comparaison elles semblent bonnes, forcément.

Le juge quitta l'air rêveur qu'il avait pris, le regard comme suspendu au ciel. Et il examina Tarrou d'un air froid.

– Qu'est-ce que cela fait ? dit-il. Ce n'est pas la loi qui compte, c'est la condamnation. Nous n'y pouvons rien.

– Celui-là, dit Cottard quand le juge fut parti, c'est l'ennemi numéro un.

La voiture démarra.

Un peu plus tard, Rambert et Cottard virent arriver Garcia. Il avança vers eux sans leur faire de signe et dit en guise de bonjour : « Il faut attendre. »

Autour d'eux, la foule, où dominaient les femmes, attendait dans un silence total. Presque toutes portaient des paniers dont elles avaient le vain espoir qu'elles pourraient les faire passer à leurs parents malades et l'idée encore plus folle que ceux-ci pourraient utiliser leurs provisions. La porte était gardée par des factionnaires en armes et, de temps en temps, un cri bizarre traversait la cour qui séparait la caserne de la porte. Dans l'assistance, des visages inquiets se tournaient alors vers l'infirmerie.

Les trois hommes regardaient ce spectacle lorsque dans leur dos un « bonjour » net et grave les fit se retourner. Malgré la chaleur,

Raoul était habillé très correctement. Grand et fort, il portait un costume croisé de couleur sombre et un feutre à bords retournés. Son visage était assez pâle. Les yeux bruns et la bouche serrée, Raoul parlait de façon rapide et précise :

– Descendons vers la ville, dit-il. Garcia, tu peux nous laisser.

Garcia alluma une cigarette et les laissa s'éloigner. Ils marchèrent rapidement, accordant leur allure à celle de Raoul qui s'était placé au milieu d'eux.

– Garcia m'a expliqué, dit-il. Cela peut se faire. De toute façon, ça vous coûtera dix mille francs.

Rambert répondit qu'il acceptait.

– Déjeunez avec moi, demain, au restaurant espagnol de la Marine.

Rambert dit que c'était entendu et Raoul lui serra la main, souriant pour la première fois. Après son départ, Cottard s'excusa. Il n'était pas libre le lendemain et d'ailleurs Rambert n'avait plus besoin de lui.

Lorsque, le lendemain, le journaliste entra dans le restaurant espagnol, toutes les têtes se tournèrent sur son passage. Cette cave ombreuse, située en contrebas d'une petite rue jaune et desséchée par le soleil, n'était fréquentée que par des hommes, de type espagnol pour la plupart. Mais dès que Raoul, installé à une table du fond, eut fait un signe au journaliste et que Rambert se fut dirigé vers lui, la curiosité disparut des visages qui revinrent à leurs assiettes. Raoul avait à sa table un grand type maigre et mal rasé, aux épaules démesurément larges, la figure chevaline et les cheveux clairsemés. Ses longs bras minces, couverts de poils noirs, sortaient d'une chemise aux manches retroussées. Il hocha la tête trois fois lorsque Rambert lui fut présenté. Son nom n'avait pas été prononcé et Raoul ne parlait de lui qu'en disant « notre ami ».

– Notre ami croit avoir la possibilité de vous aider. Il va vous...

Raoul s'arrêta parce que la serveuse intervenait pour la commande de Rambert.

– Il va vous mettre en rapport avec deux de nos amis qui vous feront connaître des gardes qui nous sont acquis. Tout ne sera pas fini alors. Il faut que les gardes jugent eux-mêmes du moment propice. Le plus simple serait que vous logiez pendant quelques nuits chez l'un d'eux, qui habite près des portes. Mais auparavant, notre ami doit vous donner les contacts nécessaires. Quand tout sera arrangé, c'est à lui que vous réglerez les frais.

L'ami hocha encore une fois sa tête de cheval sans cesser de broyer la salade de tomates et de poivrons qu'il ingurgitait. Puis il parla avec un léger accent espagnol. Il proposait à Rambert de prendre rendez-vous pour le surlendemain, à huit heures du matin, sous le porche de la cathédrale.

– Encore deux jours, remarqua Rambert.

– C'est que ce n'est pas facile, dit Raoul. Il faut retrouver les gens.

Le cheval encensa une fois de plus et Rambert approuva sans passion. Le reste du déjeuner se passa à rechercher un sujet de conversation. Mais tout devint très facile lorsque Rambert découvrit que le cheval était joueur de football. Lui-même avait beaucoup pratiqué ce sport. On parla donc du championnat de France, de la valeur des équipes professionnelles anglaises et de la tactique en W. À la fin du déjeuner, le cheval s'était tout à fait animé et il tutoyait Rambert pour le persuader qu'il n'y avait pas de plus belle place dans une équipe que celle de demi-centre. « Tu comprends, disait-il, le demi-centre, c'est celui qui distribue le jeu. Et distribuer le jeu, c'est ça le football. » Rambert était de cet avis, quoiqu'il eût toujours joué avant-centre. La discussion fut seulement interrompue par un poste de radio qui, après avoir seriné en sourdine les mélodies sentimentales, annonça que, la veille, la peste avait fait cent trente-sept victimes. Personne ne réagit dans l'assistance. L'homme à tête de cheval haussa les épaules et se leva. Raoul et Rambert l'imitèrent.

En partant, le demi-centre serra la main de Rambert avec énergie :

– Je m'appelle Gonzalès, dit-il.

Ces deux jours parurent interminables à Rambert. Il se rendit chez Rieux et lui raconta ses démarches dans le détail. Puis il accompagna le docteur dans une de ses visites. Il lui dit au revoir à la porte de la maison où l'attendait un malade suspect. Dans le couloir, un bruit de courses et de voix : on avertissait la famille de l'arrivée du docteur.

– J'espère que Tarrou ne tardera pas, murmura Rieux.

Il avait l'air fatigué.

– L'épidémie va trop vite ? demanda Rambert.

Rieux dit que ce n'était pas cela et que même la courbe des statistiques montait moins vite. Simplement, les moyens de lutter contre la peste n'étaient pas assez nombreux.

– Nous manquons de matériel, dit-il. Dans toutes les armées du monde, on remplace généralement le manque de matériel par des hommes. Mais nous manquons d'hommes aussi.

– Il est venu des médecins de l'extérieur et du personnel sanitaire.

– Oui, dit Rieux. Dix médecins et une centaine d'hommes. C'est beaucoup, apparemment. C'est à peine assez pour l'état présent de la maladie. Ce sera insuffisant si l'épidémie s'étend.

Rieux prêta l'oreille aux bruits de l'intérieur, puis sourit à Rambert.

– Oui, dit-il, vous devriez vous dépêcher de réussir.

Une ombre passa sur le visage de Rambert :

– Vous savez, dit-il d'une voix sourde, ce n'est pas cela qui me fait partir.

Rieux répondit qu'il le savait, mais Rambert continuait :

– Je crois que je ne suis pas lâche, du moins la plupart du temps. J'ai eu l'occasion de l'éprouver. Seulement, il y a des idées que je ne peux pas supporter.

Le docteur le regarda en face.

– Vous la retrouverez, dit-il.

– Peut-être, mais je ne peux pas supporter l'idée que cela va durer et qu'elle vieillira pendant tout ce temps. À trente ans, on commence à vieillir et il faut profiter de tout. Je ne sais pas si vous pouvez comprendre.

Rieux murmurait qu'il croyait comprendre, lorsque Tarrou arriva, très animé.

– Je viens de demander à Paneloux de se joindre à nous.

– Eh bien ? demanda le docteur.

– Il a réfléchi et il a dit oui.

– J'en suis content, dit le docteur. Je suis content de le savoir meilleur que son prêche.

– Tout le monde est comme ça, dit Tarrou. Il faut seulement leur donner l'occasion.

Il sourit et cligna de l'œil vers Rieux.

– C'est mon affaire à moi, dans la vie, de fournir des occasions.

– Pardonnez-moi, dit Rambert, mais il faut que je parte.

Le jeudi du rendez-vous, Rambert se rendit sous le porche de la cathédrale, cinq minutes avant huit heures. L'air était encore assez frais. Dans le ciel progressaient de petits nuages blancs et ronds que, tout à l'heure, la montée de la chaleur avalerait d'un coup. Une vague odeur d'humidité montait encore des pelouses, pourtant desséchées. Le soleil, derrière les maisons de l'est, réchauffait seulement le casque de la Jeanne d'Arc[1] entièrement dorée qui garnit la place. Une horloge sonna les huit coups. Rambert fit quelques pas sous le porche désert. De vagues psalmodies lui parvenaient de l'intérieur avec de vieux parfums de cave et d'encens. Soudain, les chants se turent. Une dizaine de petites formes noires sortirent de l'église et se mirent à trottiner vers la ville. Rambert commença à s'impatienter. D'autres formes noires faisaient l'ascension des grands escaliers et se dirigeaient vers le porche. Il alluma une cigarette, puis s'avisa que le lieu peut-être ne l'y autorisait pas.

note

1. **Jeanne d'Arc** : héroïne française (XVe siècle), sanctifiée par l'Église.

À huit heures quinze, les orgues de la cathédrale commencèrent à jouer en sourdine. Rambert entra sous la voûte obscure. Au bout d'un moment, il put apercevoir, dans la nef, les petites formes noires qui étaient passées devant lui. Elles étaient toutes réunies dans un coin, devant une sorte d'autel improvisé où l'on venait d'installer un saint Roch, hâtivement exécuté dans un des ateliers de notre ville. Agenouillées, elles semblaient s'être recroquevillées encore, perdues dans la grisaille comme des morceaux d'ombre coagulée, à peine plus épaisses, çà et là, que la brume dans laquelle elles flottaient. Au-dessus d'elles, les orgues faisaient des variations sans fin.

Lorsque Rambert sortit, Gonzalès descendait déjà les escaliers et se dirigeait vers la ville.

– Je croyais que tu étais parti, dit-il au journaliste. C'était normal.

Il expliqua qu'il avait attendu ses amis à un autre rendez-vous qu'il leur avait donné, non loin de là, à huit heures moins dix. Mais il les avait attendus vingt minutes, en vain.

– Il y a un empêchement, c'est sûr. On n'est pas toujours à l'aise dans le travail que nous faisons.

Il proposait un autre rendez-vous, le lendemain, à la même heure, devant le monument aux morts. Rambert soupira et rejeta son feutre en arrière.

– Ce n'est rien, conclut Gonzalès en riant. Pense un peu à toutes les combinaisons, les descentes et les passes qu'il faut faire avant de marquer un but.

– Bien sûr, dit encore Rambert. Mais la partie ne dure qu'une heure et demie.

Le monument aux morts d'Oran se trouve sur le seul endroit d'où l'on peut apercevoir la mer, une sorte de promenade longeant, sur une assez courte distance, les falaises qui dominent le port. Le lendemain, Rambert, premier au rendez-vous, lisait avec attention la liste des morts au champ d'honneur. Quelques minutes après, deux hommes s'approchèrent, le regardèrent avec indifférence, puis allèrent s'accouder au parapet de la promenade et parurent tout à fait absorbés par la contemplation des quais vides et déserts. Ils étaient tous les deux de la même taille, vêtus tous les deux d'un pantalon bleu et d'un tricot marine à manches courtes. Le journaliste s'éloigna un peu, puis s'assit sur un banc et put les regarder à loisir. Il s'aperçut alors qu'ils n'avaient sans doute pas plus de vingt ans. À ce moment, il vit Gonzalès qui marchait vers lui en s'excusant.

« Voilà nos amis », dit-il, et il l'amena vers les deux jeunes gens qu'il présenta sous les noms de Marcel et de Louis. De face, ils se ressemblaient beaucoup et Rambert estima qu'ils étaient frères.

– Voilà, dit Gonzalès. Maintenant la connaissance est faite. Il faudra arranger l'affaire elle-même.

Marcel ou Louis dit alors que leur tour de garde commençait dans deux jours, durait une semaine et qu'il faudrait repérer le jour le plus commode. Ils étaient quatre à garder la porte ouest et les deux autres étaient des militaires de carrière. Il n'était pas question de les mettre dans l'affaire. Ils n'étaient pas sûrs et, d'ailleurs, cela augmenterait les frais. Mais il arrivait, certains soirs, que les deux collègues allassent passer une partie de la nuit dans l'arrière-salle d'un bar qu'ils connaissaient. Marcel ou Louis proposait ainsi à Rambert de venir s'installer chez eux, à proximité des portes, et d'attendre qu'on vînt le chercher. Le passage alors serait tout à fait facile. Mais il fallait se dépêcher parce qu'on parlait, depuis peu, d'installer des doubles postes à l'extérieur de la ville.

Rambert approuva et offrit quelques-unes de ses dernières cigarettes. Celui des deux qui n'avait pas encore parlé demanda alors à Gonzalès si la question des frais était réglée et si l'on pouvait recevoir des avances.

– Non, dit Gonzalès, ce n'est pas la peine, c'est un copain. Les frais seront réglés au départ.

On convint d'un nouveau rendez-vous. Gonzalès proposa un dîner au restaurant espagnol, le surlendemain. De là, on pourrait se rendre à la maison des gardes.

– Pour la première nuit, dit-il à Rambert, je te tiendrai compagnie.

Le lendemain, Rambert, remontant dans sa chambre, croisa Tarrou dans l'escalier de l'hôtel.

– Je vais rejoindre Rieux, lui dit ce dernier, voulez-vous venir ?

– Je ne suis jamais sûr de ne pas le déranger, dit Rambert après une hésitation.

– Je ne crois pas, il m'a beaucoup parlé de vous.

Le journaliste réfléchissait :

– Écoutez, dit-il. Si vous avez un moment après dîner, même tard, venez au bar de l'hôtel tous les deux.

– Ça dépend de lui et de la peste, dit Tarrou.

À onze heures du soir, pourtant, Rieux et Tarrou entrèrent dans le bar, petit et étroit. Une trentaine de personnes s'y coudoyaient et parlaient à très haute voix. Venus du silence de la ville empestée, les deux arrivants s'arrêtèrent, un peu étourdis. Ils comprirent cette agitation en voyant qu'on servait encore des alcools. Rambert était à une extrémité du comptoir et leur faisait signe du haut de son tabouret. Ils l'entourèrent, Tarrou repoussant avec tranquillité un voisin bruyant.

– L'alcool ne vous effraie pas ?

– Non, dit Tarrou, au contraire.

Rieux renifla l'odeur d'herbes amères de son verre. Il était difficile de parler dans ce tumulte, mais Rambert semblait surtout occupé à boire. Le docteur ne pouvait pas juger encore s'il était ivre. À l'une des deux tables qui occupaient le reste du local étroit où ils se tenaient, un officier de marine, une femme à chaque bras, racontait à un gros interlocuteur congestionné une épidémie de typhus au Caire : « Des camps, disait-il, on avait fait des camps pour les indigènes, avec des tentes pour les malades et, tout autour, un cordon de sentinelles qui tiraient sur la famille quand elle essayait d'apporter en fraude des remèdes de bonne femme. C'était dur, mais c'était juste. » À l'autre table, occupée par des jeunes gens élégants, la conversation était incompréhensible et se perdait dans les mesures de *Saint James Infirmary*, que déversait un pick-up haut perché.

– Êtes-vous content ? dit Rieux en élevant la voix.

– Ça s'approche, dit Rambert. Peut-être dans la semaine.

– Dommage, cria Tarrou.

– Pourquoi ?

Tarrou regarda Rieux.

– Oh ! dit celui-ci, Tarrou dit cela parce qu'il pense que vous auriez pu nous être utile ici. Mais moi, je comprends trop bien votre désir de partir.

Tarrou offrit une autre tournée. Rambert descendit de son tabouret et le regarda en face pour la première fois :

– En quoi vous serais-je utile ?

– Eh bien, dit Tarrou, en tendant la main vers son verre sans se presser, dans nos formations sanitaires.

Rambert reprit cet air de réflexion butée qui lui était habituel et remonta sur son tabouret.

– Ces formations ne vous paraissent-elles pas utiles ? dit Tarrou qui venait de boire et regardait Rambert attentivement.

– Très utiles, dit le journaliste, et il but.

Rieux remarqua que sa main tremblait. Il pensa que décidément, oui, il était tout à fait ivre.

Le lendemain, lorsque Rambert entra pour la deuxième fois dans le restaurant espagnol, il passa au milieu d'un petit groupe d'hommes qui avaient sorti des chaises devant l'entrée et goûtaient un soir vert et or où la chaleur commençait seulement de s'affaisser. Ils fumaient un tabac à l'odeur âcre. À l'intérieur, le restaurant était presque désert. Rambert alla s'asseoir à la table du fond où il avait rencontré Gonzalès, la première fois. Il dit à la serveuse qu'il attendrait. Il était dix-neuf heures trente. Peu à peu, les hommes rentrèrent dans la salle à manger et s'installèrent. On commença à les servir et la voûte surbaissée s'emplit de bruits de couverts et de conversations sourdes. À vingt heures, Rambert attendait toujours. On donna de la lumière. De nouveaux clients s'installèrent à sa table. Il commanda son dîner. À vingt heures trente, il avait terminé sans avoir vu Gonzalès, ni les deux jeunes gens. Il fuma des cigarettes. La salle se vidait lentement. Au dehors, la nuit tombait très rapidement. Un souffle tiède qui venait de la mer soulevait doucement les rideaux des portes-fenêtres. Quand il fut vingt et une heures, Rambert s'aperçut que la salle était vide et que la serveuse le regardait avec étonnement. Il paya et sortit. Face au restaurant, un café était ouvert. Rambert s'installa au comptoir et surveilla l'entrée du restaurant. À vingt et une heures trente, il se dirigea vers son hôtel, cherchant en vain comment rejoindre Gonzalès dont il n'avait pas l'adresse, le cœur désemparé à l'idée de toutes les démarches qu'il faudrait reprendre.

C'est à ce moment, dans la nuit traversée d'ambulances fugitives, qu'il s'aperçut, comme il devait le dire au docteur Rieux, que pendant tout ce temps il avait en quelque sorte oublié sa femme, pour s'appliquer tout entier à la recherche d'une ouverture dans les murs qui la séparaient d'elle. Mais c'est à ce moment aussi que, toutes les voies une fois de plus bouchées, il la retrouva de nouveau au centre de son désir, et avec un si soudain éclatement de douleur qu'il se mit à courir vers son hôtel, pour fuir cette atroce brûlure qu'il emportait pourtant avec lui et qui lui mangeait les tempes.

Très tôt, le lendemain, il vint voir cependant Rieux, pour lui demander comment trouver Cottard :

– Tout ce qui me reste à faire, dit-il, c'est de suivre à nouveau la filière.

– Venez demain soir, dit Rieux, Tarrou m'a demandé d'inviter Cottard, je ne sais pourquoi. Il doit venir à dix heures. Arrivez à dix heures et demie.

Lorsque Cottard arriva chez le docteur, le lendemain, Tarrou et Rieux parlaient d'une guérison inattendue qui avait eu lieu dans le service de ce dernier.

– Un sur dix. Il a eu de la chance, disait Tarrou.

– Ah! bon, dit Cottard, ce n'était pas la peste.

On l'assura qu'il s'agissait bien de cette maladie.

– Ce n'est pas possible puisqu'il est guéri. Vous le savez aussi bien que moi, la peste ne pardonne pas.

– En général, non, dit Rieux. Mais avec un peu d'entêtement, on a des surprises.

Cottard riait.

– Il n'y paraît pas. Vous avez entendu les chiffres, ce soir?

Tarrou, qui regardait le rentier avec bienveillance, dit qu'il connaissait les chiffres, que la situation était grave, mais qu'est-ce que cela prouvait? Cela prouvait qu'il fallait des mesures encore plus exceptionnelles.

– Eh! Vous les avez déjà prises.

– Oui, mais il faut que chacun les prenne pour son compte.

Cottard regardait Tarrou sans comprendre. Celui-ci dit que trop d'hommes restaient inactifs, que l'épidémie était l'affaire de chacun et que chacun devait faire son devoir. Les formations volontaires étaient ouvertes à tous.

– C'est une idée, dit Cottard, mais ça ne servira à rien. La peste est trop forte.

– Nous le saurons, dit Tarrou sur le ton de la patience, quand nous aurons tout essayé.

Pendant ce temps, Rieux à son bureau recopiait des fiches. Tarrou regardait toujours le rentier qui s'agitait sur sa chaise.

– Pourquoi ne viendriez-vous pas avec nous, monsieur Cottard?

L'autre se leva d'un air offensé, prit son chapeau rond à la main:

– Ce n'est pas mon métier.

Puis sur un ton de bravade:

– D'ailleurs, je m'y trouve bien, moi, dans la peste, et je ne vois pas pourquoi je me mêlerais de la faire cesser.

Tarrou se frappa le front, comme illuminé par une vérité soudaine :

– Ah ! c'est vrai, j'oubliais, vous seriez arrêté sans cela.

Cottard eut un haut-le-corps et se saisit de la chaise comme s'il allait tomber. Rieux avait cessé d'écrire et le regardait d'un air sérieux et intéressé.

– Qui vous l'a dit ? cria le rentier.

Tarrou parut surpris et dit :

– Mais vous. Ou du moins, c'est ce que le docteur et moi avons cru comprendre.

Et comme Cottard, envahi tout à coup d'une rage trop forte pour lui, bredouillait des paroles incompréhensibles :

– Ne nous énervez pas, ajouta Tarrou. Ce n'est pas le docteur ni moi qui vous dénoncerons. Votre histoire ne nous regarde pas. Et puis, la police, nous n'avons jamais aimé ça. Allons, asseyez-vous.

Le rentier regarda sa chaise et s'assit, après une hésitation. Au bout d'un moment, il soupira.

– C'est une vieille histoire, reconnut-il, qu'ils ont ressortie. Je croyais que c'était oublié. Mais il y en a un qui a parlé. Ils m'ont fait appeler et m'ont dit de me tenir à leur disposition jusqu'à la fin de l'enquête. J'ai compris qu'ils finiraient par m'arrêter.

– C'est grave ? demanda Tarrou.

– Ça dépend de ce que vous voulez dire. Ce n'est pas un meurtre en tout cas.

– Prison ou travaux forcés ?

Cottard paraissait très abattu.

– Prison, si j'ai de la chance...

Mais après un moment, il reprit avec véhémence :

– C'est une erreur. Tout le monde fait des erreurs. Et je ne peux pas supporter l'idée d'être enlevé pour ça, d'être séparé de ma maison, de mes habitudes, de tous ceux que je connais.

– Ah ! demanda Tarrou, c'est pour ça que vous avez inventé de vous pendre ?

– Oui, une bêtise, bien sûr.

Rieux parla pour la première fois et dit à Cottard qu'il comprenait son inquiétude, mais que tout s'arrangerait peut-être.

– Oh ! pour le moment, je sais que je n'ai rien à craindre.

– Je vois, dit Tarrou, vous n'entrerez pas dans nos formations.

L'autre, qui tournait son chapeau entre ses mains, leva vers Tarrou un regard incertain :

– Il ne faut pas m'en vouloir.

– Sûrement pas. Mais essayez au moins, dit Tarrou en souriant, de ne pas propager volontairement le microbe.

Cottard protesta qu'il n'avait pas voulu la peste, qu'elle était arrivée comme ça et que ce n'était pas sa faute si elle arrangeait ses affaires pour le moment. Et quand Rambert arriva à la porte, le rentier ajoutait, avec beaucoup d'énergie dans la voix :

– Du reste, mon idée est que vous n'arriverez à rien.

Rambert apprit que Cottard ignorait l'adresse de Gonzalès, mais qu'on pouvait toujours retourner au petit café. On prit rendez-vous pour le lendemain. Et comme Rieux manifesta le désir d'être renseigné, Rambert l'invita avec Tarrou pour la fin de la semaine à n'importe quelle heure de la nuit, dans sa chambre.

Au matin, Cottard et Rambert allèrent au petit café et laissèrent à Garcia un rendez-vous pour le soir, ou le lendemain en cas d'empêchement. Le soir, ils l'attendirent en vain. Le lendemain, Garcia était là. Il écouta en silence l'histoire de Rambert. Il n'était pas au courant, mais il savait qu'on avait consigné des quartiers entiers pendant vingt-quatre heures afin de procéder à des vérifications domiciliaires. Il était possible que Gonzalès et les deux jeunes gens n'eussent pu franchir les barrages. Mais tout ce qu'il pouvait faire était de les mettre en rapport à nouveau avec Raoul. Naturellement, ce ne serait pas avant le surlendemain.

– Je vois, dit Rambert, il faut tout recommencer.

Le surlendemain, au coin d'une rue, Raoul confirma l'hypothèse de Garcia ; les bas quartiers avaient été consignés. Il fallait reprendre contact avec Gonzalès. Deux jours après, Rambert déjeunait avec le joueur de football.

– C'est idiot, disait celui-ci. On aurait dû convenir d'un moyen de se retrouver.

C'était aussi l'avis de Rambert.

– Demain matin, nous irons chez les petits, on tâchera de tout arranger.

Le lendemain, les petits n'étaient pas chez eux. On leur laissa un rendez-vous pour le lendemain midi, place du Lycée. Et Rambert rentra chez lui avec une expression qui frappa Tarrou, lorsqu'il le rencontra dans l'après-midi.

– Ça ne va pas ? lui demanda Tarrou.

– C'est à force de recommencer, dit Rambert.

Et il renouvela son invitation :

– Venez ce soir.

Le soir, quand les deux hommes pénétrèrent dans la chambre de Rambert, celui-ci était étendu. Il se leva, emplit des verres qu'il avait préparés. Rieux, prenant le sien, lui demanda si c'était en bonne voie. Le journaliste dit qu'il avait fait à nouveau un tour complet, qu'il était arrivé au même point et qu'il aurait bientôt son dernier rendez-vous. Il but et ajouta :

– Naturellement, ils ne viendront pas.

– Il ne faut pas en faire un principe, dit Tarrou.

– Vous n'avez pas encore compris, répondit Rambert, en haussant les épaules.

– Quoi donc ?

– La peste.

– Ah ! fit Rieux.

– Non, vous n'avez pas compris que ça consiste à recommencer.

Rambert alla dans un coin de sa chambre et ouvrit un petit phonographe.

– Quel est ce disque ? demanda Tarrou. Je le connais.

Rambert répondit que c'était *Saint James Infirmary*.

Au milieu du disque, on entendit deux coups de feu claquer au loin.

– Un chien ou une évasion, dit Tarrou.

Un moment après, le disque s'acheva et l'appel d'une ambulance se précisa, grandit, passa sous les fenêtres de la chambre d'hôtel, diminua, puis s'éteignit enfin.

– Ce disque n'est pas drôle, dit Rambert. Et puis cela fait bien dix fois que je l'entends aujourd'hui.

– Vous l'aimez tant que cela ?

– Non, mais je n'ai que celui-là.

Et après un moment :

– Je vous dis que ça consiste à recommencer.

Il demanda à Rieux comment marchaient les formations. Il y avait cinq équipes au travail. On espérait en former d'autres. Le journaliste s'était assis sur son lit et paraissait préoccupé par ses ongles. Rieux examinait sa silhouette courte et puissante, ramassée sur le bord du lit. Il s'aperçut tout d'un coup que Rambert le regardait.

– Vous savez, docteur, dit-il, j'ai beaucoup pensé à votre organisation. Si je ne suis pas avec vous, c'est que j'ai mes raisons. Pour le reste, je crois que je saurais encore payer de ma personne, j'ai fait la guerre d'Espagne.

– De quel côté ? demanda Tarrou.

– Du côté des vaincus. Mais depuis, j'ai un peu réfléchi.

– À quoi ? fit Tarrou.

– Au courage. Maintenant je sais que l'homme est capable de grandes actions. Mais s'il n'est pas capable d'un grand sentiment, il ne m'intéresse pas.

– On a l'impression qu'il est capable de tout, dit Tarrou.

– Mais non, il est incapable de souffrir ou d'être heureux longtemps. Il n'est donc capable de rien qui vaille.

Il les regardait, et puis :

– Voyons, Tarrou, êtes-vous capable de mourir pour un amour ?

– Je ne sais pas, mais il me semble que non, maintenant.

– Voilà. Et vous êtes capable de mourir pour une idée, c'est visible à l'oeil nu. Eh bien, moi, j'en ai assez des gens qui meurent pour une idée. Je ne crois pas à l'héroïsme, je sais que c'est facile et j'ai appris que c'était meurtrier. Ce qui m'intéresse, c'est qu'on vive et qu'on meure de ce qu'on aime.

Rieux avait écouté le journaliste avec attention. Sans cesser de le regarder, il dit avec douceur :

– L'homme n'est pas une idée, Rambert.

L'autre sautait de son lit, le visage enflammé de passion.

– C'est une idée, et une idée courte, à partir du moment où il se détourne de l'amour. Et justement, nous ne sommes plus capables d'amour. Résignons-nous, docteur. Attendons de le devenir et si vraiment ce n'est pas possible, attendons la délivrance générale sans jouer au héros. Moi, je ne vais pas plus loin.

Rieux se leva, avec un air de soudaine lassitude.

– Vous avez raison, Rambert, tout à fait raison, et pour rien au monde je ne voudrais vous détourner de ce que vous allez faire, qui me paraît juste et bon. Mais il faut cependant que je vous le dise : il ne s'agit pas d'héroïsme dans tout cela. Il s'agit d'honnêteté. C'est une idée qui peut faire rire, mais la seule façon de lutter contre la peste, c'est l'honnêteté.

– Qu'est-ce que l'honnêteté, dit Rambert, d'un air soudain sérieux.

– Je ne sais pas ce qu'elle est en général. Mais dans mon cas, je sais qu'elle consiste à faire mon métier.

– Ah ! dit Rambert, avec rage, je ne sais pas quel est mon métier. Peut-être en effet suis-je dans mon tort en choisissant l'amour.

Rieux lui fit face :

– Non, dit-il avec force, vous n'êtes pas dans votre tort.

Rambert les regardait pensivement.

– Vous deux, je suppose que vous n'avez rien à perdre dans tout cela. C'est plus facile d'être du bon côté.

Rieux vida son verre.

– Allons, dit-il, nous avons à faire.

Il sortit.

Tarrou le suivit, mais parut se raviser au moment de sortir, se retourna vers le journaliste et lui dit :

– Savez-vous que la femme de Rieux se trouve dans une maison de santé à quelques centaines de kilomètres d'ici ?

Rambert eut un geste de surprise, mais Tarrou était déjà parti.

À la première heure, le lendemain, Rambert téléphonait au docteur :

– Accepteriez-vous que je travaille avec vous jusqu'à ce que j'aie trouvé le moyen de quitter la ville ?

Il y eut un silence au bout du fil, et puis :

– Oui, Rambert. Je vous remercie.

Troisième partie

Ainsi, à longueur de semaine, les prisonniers de la peste se débattirent comme ils le purent. Et quelques-uns d'entre eux, comme Rambert, arrivaient même à imaginer, on le voit, qu'ils agissaient encore en hommes libres, qu'ils pouvaient encore choisir. Mais, en fait, on pouvait dire à ce moment, au milieu du mois d'août, que la peste avait tout recouvert. Il n'y avait plus alors de destins individuels, mais une histoire collective qui était la peste et des sentiments partagés par tous. Le plus grand était la séparation et l'exil, avec ce que cela comportait de peur et de révolte. Voilà pourquoi le narrateur croit qu'il convient, à ce sommet de la chaleur et de la maladie, de décrire la façon générale et, à titre d'exemple, les violences de nos concitoyens vivants, les enterrements des défunts et la souffrance des amants séparés.

C'est au milieu de cette année-là que le vent se leva et souffla pendant plusieurs jours dans la cité empestée. Le vent est particulièrement redouté des habitants d'Oran parce qu'il ne rencontre aucun obstacle naturel sur le plateau où elle est construite et qu'il s'engouffre ainsi dans les rues avec toute sa violence. Après ces longs mois où pas une goutte d'eau n'avait rafraîchi la ville, elle s'était couverte d'un enduit gris qui s'écailla sous le souffle du vent. Ce dernier soulevait ainsi des vagues de poussière et de papiers qui battaient les jambes des promeneurs devenus plus rares. On les voyait se hâter par les rues, courbés en avant, un mouchoir ou la main sur la bouche. Le soir, au lieu des rassemblements où l'on tentait de prolonger le plus possible ces jours dont chacun pouvait être le dernier, on rencontrait de petits groupes de gens pressés de rentrer chez eux ou dans des cafés, si bien que pendant quelques jours, au crépuscule qui arrivait bien plus vite à cette époque, les rues étaient désertes et le vent seul y poussait des plaintes continues. De la mer soulevée et toujours invisible montait une odeur d'algues et de sel. Cette ville déserte, blanchie de poussière, saturée d'odeurs marines, toute sonore des cris du vent, gémissait alors comme une île malheureuse.

Jusqu'ici la peste avait fait beaucoup plus de victimes dans les quartiers extérieurs, plus peuplés et moins confortables, que dans le centre de la ville. Mais elle sembla tout d'un coup se rapprocher et s'installer aussi dans les quartiers d'affaires. Les habitants accusaient le vent de transporter les germes d'infection. « Il brouille les cartes », disait le directeur de l'hôtel. Mais quoi qu'il en fût, les quartiers du centre savaient que leur tour était venu en entendant vibrer tout près d'eux, dans la nuit, et de plus en plus fréquemment, le timbre des ambulances qui faisait résonner sous leurs fenêtres l'appel morne et sans passion de la peste.

À l'intérieur même de la ville, on eut l'idée d'isoler certains quartiers particulièrement éprouvés et de n'autoriser à en sortir que les hommes dont les services étaient indispensables. Ceux qui y vivaient jusque-là ne purent s'empêcher de considérer cette mesure comme une brimade spécialement dirigée contre eux, et dans tous les cas, ils pensaient par contraste aux habitants des autres quartiers comme à des hommes libres. Ces derniers, en revanche, dans leurs moments difficiles, trouvaient une consolation à imaginer que d'autres étaient encore moins libres qu'eux.

« Il y a toujours plus prisonnier que moi » était la phrase qui résumait alors le seul espoir possible.

À peu près à cette époque, il y eut aussi une recrudescence d'incendies, surtout dans les quartiers de plaisance, aux portes ouest de la ville. Renseignements pris, il s'agissait de personnes revenues de quarantaine et qui, affolées par le deuil et le malheur, mettaient le feu à leur maison dans l'illusion qu'elles y faisaient mourir la peste. On eut beaucoup de mal à combattre ces entreprises dont la fréquence soumettait des quartiers entiers à un perpétuel danger en raison du vent violent. Après avoir démontré en vain que la désinfection des maisons opérée par les autorités suffisait à exclure tout risque de contamination, il fallut édicter des peines très sévères contre ces incendiaires innocents. Et sans doute, ce n'était pas l'idée de la prison qui fit alors reculer ces malheureux, mais la certitude commune à tous les habitants qu'une peine de prison équivalait à une peine de mort par suite de l'excessive mortalité qu'on relevait dans la geôle municipale. Bien entendu, cette croyance n'était pas sans fondement. Pour des raisons évidentes, il semblait que la peste s'acharnât particulièrement sur tous ceux qui avaient pris l'habitude de vivre en groupes, soldats, religieux ou prisonniers. Car, malgré l'isolement de certains détenus, une prison est une communauté, et, ce qui le prouve bien, c'est que dans notre prison municipale les gardiens, autant que les prisonniers, payaient leur tribut à la maladie. Du point de vue supérieur de la peste, tout le monde, depuis le directeur jusqu'au dernier détenu, était condamné et, pour la première fois peut-être, il régnait dans la prison une justice absolue.

C'est en vain que les autorités essayèrent d'introduire de la hiérarchie dans ce nivellement, en concevant l'idée de décorer les gardiens de prison morts dans l'exercice de leurs fonctions. Comme l'état de siège était décrété et que, sous un certain angle, on pouvait considérer que les gardiens de prison étaient des mobilisés, on leur donna la médaille militaire à titre posthume. Mais si les détenus ne laissèrent entendre aucune protestation, les milieux militaires ne prirent pas bien la chose et firent remarquer à juste titre qu'une confusion regrettable pouvait s'établir dans l'esprit du public. On fit droit à leur demande et on pensa que le plus simple était d'attribuer aux gardiens qui mourraient la médaille de l'épidémie. Mais pour les premiers, le mal était fait, on ne pouvait songer à leur retirer la décoration, et les milieux militaires continuèrent à maintenir leur point de vue. D'autre part, en ce qui concerne la médaille des épidémies, elle avait l'inconvénient de ne pas produire l'effet moral qu'on avait obtenu par l'attribution d'une décoration militaire, puisqu'en temps d'épidémie il était banal d'obtenir une décoration de ce genre. Tout le monde fut mécontent.

De plus, l'administration pénitentiaire ne put opérer comme les autorités religieuses et, dans une moindre mesure, militaire. Les moines des deux seuls couvents de la ville avaient été, en effet, dispersés et logés provisoirement dans des familles pieuses. De même, chaque fois que cela fut possible, des petites compagnies avaient été détachées des casernes et mises en garnison dans des écoles ou des immeubles publics. Ainsi la maladie qui, apparemment, avait forcé les habitants à une solidarité d'assiégés, brisait en même temps les associations traditionnelles et renvoyait les individus à leur solitude. Cela faisait du désarroi.

On peut penser que toutes ces circonstances, ajoutées au vent, portèrent aussi l'incendie dans certains esprits. Les portes de la ville furent attaquées de nouveau pendant la nuit, et à plusieurs reprises, mais cette fois par de petits groupes armés. Il y eut des échanges de coups de feu, des blessés et quelques évasions. Les postes de garde furent renforcés et ces tentatives cessèrent assez rapidement. Elles suffirent, cependant, pour faire lever dans la ville un souffle de révolution qui provoqua quelques scènes de violence. Des maisons, incendiées ou fermées pour des raisons sanitaires, furent pillées. À vrai dire, il est difficile de supposer que ces actes aient été prémédités. La plupart du temps, une occasion subite amenait des gens, jusque-là honorables, à des actions répréhensibles qui furent imitées sur-le-champ. Il se trouva ainsi des forcenés pour se précipiter dans une maison encore en flammes, en présence du propriétaire lui-même, hébété par la douleur. Devant son indifférence, l'exemple des premiers fut suivi par beaucoup de spectateurs et, dans cette rue obscure, à la lueur de l'incendie, on vit s'enfuir de toutes parts des ombres déformées par les flammes mourantes et par les objets ou les meubles qu'elles portaient sur les épaules. Ce furent ces incidents qui forcèrent les autorités à assimiler l'état de peste à l'état de siège et à appliquer les lois qui en découlent. On fusilla deux voleurs, mais il est douteux que cela fît impression sur les autres, car au milieu de tant de morts, ces deux exécutions passèrent inaperçues : c'était une goutte d'eau dans la mer. Et, à la vérité, des scènes semblables se renouvelèrent assez souvent sans que les autorités fissent mine d'intervenir. La seule mesure qui sembla impressionner tous les habitants fut l'institution du couvre-feu. À partir de onze heures, plongée dans la nuit complète, la ville était de pierre.

Sous les ciels de lune, elle alignait ses murs blanchâtres et ses rues rectilignes, jamais tachées par la masse noire d'un arbre, jamais troublées par le pas d'un promeneur ni le cri d'un chien. La grande cité silencieuse n'était plus alors qu'un assemblage de cubes massifs et inertes, entre lesquels les effigies taciturnes de bienfaiteurs oubliés ou d'anciens grands hommes étouffés à jamais dans le bronze s'essayaient seules, avec leurs faux visages de pierre ou de fer, à évoquer une image dégradée de ce qui avait été l'homme. Ces idoles médiocres trônaient sous un ciel épais, dans les carrefours sans vie, brutes insensibles qui figuraient assez bien le règne immobile où nous étions entrés ou du moins son ordre ultime, celui d'une nécropole où la peste, la pierre et la nuit auraient fait taire enfin toute voix.

Mais la nuit était aussi dans tous les cœurs et les vérités comme les légendes qu'on rapportait au sujet des enterrements n'étaient

Cette gravure sur cuivre du *Docteur Schnabel de Rome* (Paul Fürst) représente un médecin portant l'uniforme qui devait le protéger pendant la peste de 1656.

pas faites pour rassurer nos concitoyens. Car il faut bien parler des enterrements et le narrateur s'en excuse. Il sent bien le reproche qu'on pourrait lui faire à cet égard, mais sa seule justification est qu'il y eut des enterrements pendant toute cette époque et que, d'une certaine manière, on l'a obligé, comme on a obligé tous ses concitoyens, à se préoccuper des enterrements. Ce n'est pas, en tout cas, qu'il ait du goût pour ces sortes de cérémonies, préférant au contraire la société des vivants et, pour donner un exemple, les bains de mer. Mais, en somme, les bains de mer avaient été supprimés et la société des vivants craignait à longueur de journée d'être obligée de céder le pas à la société des morts. C'était là l'évidence. Bien entendu, on pouvait toujours s'efforcer de ne pas la voir, se boucher les yeux et la refuser, mais l'évidence a une force terrible qui finit toujours par tout emporter. Le moyen, par exemple, de refuser les enterrements, le jour où ceux que vous aimez ont besoin des enterrements ?

Eh bien, ce qui caractérisait au début nos cérémonies c'était la rapidité ! Toutes les formalités avaient été simplifiées et d'une manière générale la pompe funéraire avait été supprimée. Les malades mouraient loin de leur famille et on avait interdit les veillées rituelles, si bien que celui qui était mort dans la soirée passait sa nuit tout seul et celui qui mourait dans la journée était enterré ans délai. On avisait la famille, bien entendu, mais, dans la plupart des cas, celle-ci ne pouvait pas se déplacer, étant en quarantaine si elle avait vécu auprès du malade. Dans le cas où la famille n'habitait pas avec le défunt, elle se présentait à l'heure indiquée qui était celle du départ pour le cimetière, le corps ayant été lavé et mis en bière[1].

Supposons que cette formalité ait eu lieu à l'hôpital auxiliaire dont s'occupait le docteur Rieux. L'école avait une sortie placée derrière le bâtiment principal. Un grand débarras donnant sur le

note

1. **bière** : synonyme de cercueil.

couloir contenait des cercueils. Dans le couloir même, la famille trouvait un seul cercueil déjà fermé. Aussitôt, on passait au plus important, c'est-à-dire qu'on faisait signer des papiers au chef de famille. On chargeait ensuite le corps dans une voiture automobile qui était soit un vrai fourgon, soit une grande ambulance transformée. Les parents montaient dans un des taxis encore autorisés et, à toute vitesse, les voitures gagnaient le cimetière par des rues extérieures. À la porte, des gendarmes arrêtaient le convoi, donnaient un coup de tampon sur le laissez-passer officiel, sans lequel il était impossible d'avoir ce que nos concitoyens appellent une dernière demeure, s'effaçaient, et les voitures allaient se placer près d'un carré où de nombreuses fosses attendaient d'être comblées. Un prêtre accueillait le corps, car les services funèbres avaient été supprimés à l'église. On sortait la bière sous les prières, on la cordait, elle était traînée, elle glissait, butait contre le fond, le prêtre agitait son goupillon[1] et déjà la première terre rebondissait sur le couvercle. L'ambulance était partie un peu avant pour se soumettre à un arrosage désinfectant et, pendant que les pelletées de glaise résonnaient de plus en plus sourdement, la famille s'engouffrait dans le taxi. Un quart d'heure après, elle avait retrouvé son domicile.

Ainsi, tout se passait vraiment avec le maximum de rapidité et le minimum de risques. Et sans doute, au début du moins, il est évident que le sentiment naturel des familles s'en trouvait froissé. Mais, en temps de peste, ce sont là des considérations dont il n'est pas possible de tenir compte : on avait tout sacrifié à l'efficacité. Du reste, si, au début, le moral de la population avait souffert de ces pratiques, car le désir d'être enterré décemment est plus répandu qu'on ne le croit, un peu plus tard, par bonheur, le problème du ravitaillement devint délicat et l'intérêt des habitants fut dérivé vers des préoccupations plus immédiates. Absorbés par

note

1. **goupillon** : petit instrument pour bénir l'assemblée des fidèles avec de l'eau.

les queues à faire, les démarches à accomplir et les formalités à remplir s'ils voulaient manger, les gens n'eurent pas le temps de songer à la façon dont on mourait autour d'eux et dont ils mourraient un jour. Ainsi, ces difficultés matérielles qui devaient être un mal se révélèrent un bienfait par la suite. Et tout aurait été pour le mieux, si l'épidémie ne s'était pas étendue, comme on l'a déjà vu.

Car les cercueils se firent alors plus rares, la toile manqua pour les linceuls et la place au cimetière. Il fallut aviser. Le plus simple, et toujours pour des raisons d'efficacité, parut de grouper les cérémonies et, lorsque la chose était nécessaire, de multiplier les voyages entre l'hôpital et le cimetière. Ainsi, en ce qui concerne le service de Rieux, l'hôpital disposait à ce moment de cinq cercueils. Une fois pleins, l'ambulance les chargeait. Au cimetière, les boîtes étaient vidées, les corps couleur de fer étaient chargés sur les brancards et attendaient dans un hangar, aménagé à cet effet. Les bières étaient arrosées d'une solution antiseptique, ramenées à l'hôpital, et l'opération recommençait autant de fois qu'il était nécessaire. L'organisation était donc très bonne et le préfet s'en montra satisfait. Il dit même à Rieux que cela valait mieux en fin de compte que les charrettes de morts conduites par des nègres, telles qu'on les retrouvait dans les chroniques des anciennes pestes.

– Oui, dit Rieux, c'est le même enterrement, mais nous, nous faisons des fiches. Le progrès est incontestable.

Malgré ces succès de l'administration, le caractère désagréable que revêtaient maintenant les formalités obligea la préfecture à écarter les parents de la cérémonie. On tolérait seulement qu'ils vinssent à la porte du cimetière et, encore, cela n'était pas officiel. Car, en ce qui concerne la dernière cérémonie, les choses avaient un peu changé. À l'extrémité du cimetière, dans un espace nu couvert de lentisques, on avait creusé deux immenses fosses. Il y avait la fosse des hommes et celle des femmes. De ce point de vue, l'administration respectait les convenances et ce n'est que bien plus tard que, par la force des choses, cette dernière pudeur disparut et qu'on enterra pêle-mêle, les uns sur les autres, hommes et femmes, sans souci de la décence. Heureusement, cette confusion ultime marqua seulement les derniers moments du fléau. Dans la période qui nous occupe, la séparation des fosses existait et la préfecture y tenait beaucoup. Au fond de chacune d'elles, une grosse épaisseur de chaux vive fumait et bouillonnait. Sur les bords du trou, un monticule de la même chaux laissait ses bulles éclater à l'air libre. Quand les voyages de l'ambulance étaient terminés, on amenait les brancards en cortège, on laissait glisser au fond, à peu près les uns à côté des autres, les corps dénudés et légèrement tordus et, à ce moment, on les recouvrait de chaux vive, puis de terre, mais jusqu'à une certaine hauteur seulement, afin de ménager la place des hôtes à venir. Le lendemain, les parents étaient invités à signer sur un registre, ce qui marquait la différence qu'il peut y avoir entre les hommes et, par exemple, les chiens : le contrôle était toujours possible.

Pour toutes ces opérations, il fallait du personnel et l'on était toujours à la veille d'en manquer. Beaucoup de ces infirmiers et de ces fossoyeurs d'abord officiels, puis improvisés, moururent de la peste. Quelque précaution que l'on prît, la contagion se faisait un jour. Mais à y bien réfléchir, le plus étonnant fut qu'on ne manqua jamais d'hommes pour faire ce métier, pendant tout le temps de l'épidémie. La période critique se plaça peu avant que la peste eût atteint son sommet et les inquiétudes du docteur Rieux étaient alors fondées. Ni pour les cadres ni pour ce qu'il appelait les gros travaux, la main-d'œuvre n'était suffisante. Mais, à partir du moment où la peste se fut réellement emparée de toute la ville, alors son excès même entraîna des conséquences bien commodes, car elle désorganisa toute la vie économique et suscita ainsi un nombre considérable de chômeurs. Dans la plupart des cas, ils ne fournissaient pas de recrutement pour les cadres, mais quant aux basses œuvres, elles s'en trouvèrent facilitées. À partir de ce moment, en effet, on vit toujours la misère se montrer plus forte que la peur, d'autant que le travail était payé en proportion des risques. Les services sanitaires purent disposer d'une liste de solliciteurs et, dès qu'une vacance venait de se produire, on avisait les premiers de la liste qui, sauf si dans l'intervalle ils étaient entrés eux aussi en vacances, ne manquaient pas de se présenter. C'est ainsi que le préfet qui avait longtemps hésité à utiliser les condamnés, à temps ou à vie, pour ce genre de travail, put éviter d'en arriver à cette extrémité. Aussi longtemps qu'il y aurait des chômeurs, il était d'avis qu'on pouvait attendre.

Tant bien que mal, et jusqu'à la fin du mois d'août, nos concitoyens purent donc être conduits à leur dernière demeure sinon décemment, du moins dans un ordre suffisant pour que l'administration gardât la conscience qu'elle accomplissait son devoir. Mais il faut anticiper un peu sur la suite des événements pour rapporter les derniers procédés auxquels il fallut recourir. Sur le palier où la peste se maintint en effet à partir du mois d'août, l'accumulation des victimes surpassa de beaucoup les possibilités que pouvait offrir notre petit cimetière. On eut beau abattre des pans de mur, ouvrir aux morts une échappée sur les terrains environnants, il fallut bien vite trouver autre chose. On se décida d'abord à enterrer la nuit, ce qui, du coup, dispensa de prendre certains égards. On put entasser les corps de plus en plus nombreux dans les ambulances. Et les quelques promeneurs attardés qui, contre toute règle, se trouvaient encore dans les quartiers extérieurs après le couvre-feu (ou ceux que leur métier y amenait) rencontraient parfois de longues ambulances blanches qui filaient à toute allure, faisant résonner de leur timbre sans éclat les rues creuses de la nuit. Hâtivement, les corps étaient jetés dans les fosses. Ils n'avaient pas fini de basculer que les pelletées de chaux s'écrasaient sur leurs visages et la terre les recouvrait de façon anonyme, dans des trous que l'on creusait de plus en plus profonds.

Un peu plus tard cependant, on fut obligé de chercher ailleurs et de prendre encore du large. Un arrêté préfectoral expropria les occupants des concessions à perpétuité et l'on achemina vers le four crématoire tous les restes exhumés. Il fallut bientôt conduire les morts de la peste eux-mêmes à la crémation. Mais on dut utiliser alors l'ancien four d'incinération qui se trouvait à l'est de la ville, à l'extérieur des portes. On reporta plus loin le piquet de garde et un employé de la mairie facilita beaucoup la tâche des autorités en conseillant d'utiliser les tramways qui, autrefois, desservaient la corniche maritime, et qui se trouvaient sans emploi. À cet effet, on aménagea l'intérieur des baladeuses et des motrices en enlevant les sièges, et on détourna la voie à hauteur du four, qui devint ainsi une tête de ligne.

Et pendant toute la fin de l'été, comme au milieu des pluies de l'automne, on put voir le long de la corniche, au cœur de chaque nuit, passer d'étranges convois de tramways sans voyageurs, brinquebalant au-dessus de la mer. Les habitants avaient fini par savoir ce qu'il en était. Et malgré les patrouilles qui interdisaient l'accès de la corniche, des groupes parvenaient à se glisser bien souvent dans les rochers qui surplombent les vagues, et à lancer des fleurs dans les baladeuses, au passage des tramways. On entendait alors les véhicules cahoter encore dans la nuit d'été, avec leur chargement de fleurs et de morts.

Vers le matin, en tout cas, les premiers jours, une vapeur épaisse et nauséabonde planait sur les quartiers orientaux de la ville. De l'avis de tous les médecins, ces exhalaisons, quoique désagréables, ne pouvaient nuire à personne. Mais les habitants de ces quartiers menacèrent aussitôt de les déserter, persuadés que la peste s'abattait ainsi sur eux du haut du ciel, si bien qu'on fut obligé de détourner les fumées par un système de canalisations compliquées et les habitants se calmèrent. Les jours de grand vent seulement, une vague odeur venue de l'est leur rappelait qu'ils étaient installés dans un nouvel ordre, et que les flammes de la peste dévoraient leur tribut chaque soir.

Ce furent là les conséquences extrêmes de l'épidémie. Mais il est heureux qu'elle ne se soit point accrue par la suite, car on peut penser que l'ingéniosité de nos bureaux, les dispositions de la préfecture et même la capacité d'absorption du four eussent peut-être été dépassées. Rieux savait qu'on avait prévu alors des solutions désespérées, comme le rejet des cadavres à la mer, et il imaginait aisément leur écume monstrueuse sur l'eau bleue. Il savait aussi que si les statistiques continuaient à monter, aucune organisation, si excellente fût-elle, n'y résisterait, que les hommes viendraient mourir dans l'entassement et pourrir dans la rue, malgré la préfecture, et que la ville verrait, sur les places publiques, les mourants s'accrocher aux vivants avec un mélange de haine légitime et de stupide espérance.

C'était ce genre d'évidence ou d'appréhensions, en tout cas, qui entretenait chez nos concitoyens le sentiment de leur exil et de leur séparation. À cet égard, le narrateur sait parfaitement combien il est regrettable de ne pouvoir rien rapporter ici qui soit vraiment spectaculaire, comme par exemple quelque héros réconfortant ou quelque action éclatante, pareils à ceux qu'on trouve dans les vieux récits. C'est que rien n'est moins spectaculaire qu'un fléau et, par leur durée même, les grands malheurs sont monotones. Dans le souvenir de ceux qui les ont vécues, les journées terribles de la peste n'apparaissent pas comme de grandes flammes somptueuses et cruelles, mais plutôt comme un interminable piétinement qui écrasait tout sur son passage.

Non, la peste n'avait rien à voir avec les grandes images exaltantes qui avaient poursuivi le docteur Rieux au début de l'épidémie. Elle était d'abord une administration prudente et impeccable, au bon fonctionnement. C'est ainsi, soit dit entre parenthèses, que pour ne rien trahir et surtout pour ne pas se trahir lui-même, le narrateur a tendu à l'objectivité. Il n'a presque rien voulu modifier par les effets de l'art, sauf en ce qui concerne les besoins élémentaires d'une relation à peu près cohérente. Et c'est l'objectivité elle-même qui lui commande de dire maintenant que si la grande souffrance de cette époque, la plus générale comme la plus profonde, était la séparation, s'il est indispensable en conscience d'en donner une nouvelle description à ce stade de la peste, il n'en est pas moins vrai que cette souffrance elle-même perdait alors de son pathétique.

Nos concitoyens, ceux du moins qui avaient le plus souffert de cette séparation, s'habituaient-ils à la situation ? Il ne serait pas tout à fait juste de l'affirmer. Il serait plus exact de dire qu'au moral comme au physique, ils souffraient de décharnement. Au début de la peste, ils se souvenaient très bien de l'être qu'ils avaient perdu et ils le regrettaient. Mais s'ils se souvenaient nettement du visage aimé, de son rire, de tel jour dont ils reconnaissaient après coup qu'il avait été heureux, ils imaginaient difficilement ce que l'autre pouvait faire à l'heure même où ils l'évoquaient et dans des lieux désormais si lointains. En somme, à ce moment-là ils avaient de la mémoire, mais une imagination insuffisante. Au deuxième stade de la peste, ils perdirent aussi la mémoire. Non qu'ils eussent oublié ce visage, mais, ce qui revient au même, il avait perdu sa chair, ils ne l'apercevaient plus à l'intérieur d'eux-mêmes. Et alors qu'ils avaient tendance à se plaindre, les premières semaines, de n'avoir plus affaire qu'à des ombres dans les choses de leur amour, ils s'aperçurent par la suite que ces ombres pouvaient encore devenir plus décharnées, en perdant jusqu'aux infimes couleurs que leur gardait le souvenir. Tout au bout de ce long temps de séparation, ils n'imaginaient plus cette intimité qui avait été la leur, ni comment avait pu vivre près d'eux un être sur lequel, à tout moment, ils pouvaient poser la main.

De ce point de vue, ils étaient entrés dans l'ordre même de la peste, d'autant plus efficace qu'il était plus médiocre. Personne, chez nous, n'avait plus de grands sentiments. Mais tout le monde éprouvait des sentiments monotones. « Il est temps que cela finisse », disaient nos concitoyens, parce qu'en période de fléau, il est normal de souhaiter la fin des souffrances collectives, et parce qu'en fait, ils souhaitaient que cela finît. Mais tout cela se disait sans la flamme ou l'aigre sentiment du début, et seulement avec les quelques raisons qui nous restaient encore claires, et qui étaient pauvres. Au grand élan farouche des premières semaines avait succédé un abattement qu'on aurait eu tort de prendre pour de la résignation, mais qui n'en était pas moins une sorte de consentement provisoire.

Nos concitoyens s'étaient mis au pas, ils s'étaient adaptés, comme on dit, parce qu'il n'y avait pas moyen de faire autrement. Ils avaient encore, naturellement, l'attitude du malheur et de la souffrance, mais ils n'en ressentaient plus la pointe. Du reste, le docteur Rieux, par exemple, considérait que, justement, c'était cela le malheur, et que l'habitude du désespoir est pire que le désespoir lui-même. Auparavant, les séparés n'étaient pas réellement malheureux, il y avait dans leur souffrance une illumination qui venait de s'éteindre. À présent, on les voyait au coin des rues, dans les cafés ou chez leurs amis, placides et distraits, et l'œil si ennuyé que, grâce à eux, toute la ville ressemblait à une salle d'attente. Pour ceux qui avaient un métier, ils le faisaient à l'allure même de la peste, méticuleusement et sans éclat. Tout le monde était modeste. Pour la première fois, les séparés n'avaient pas de répugnance à parler de l'absent, à prendre le langage de tous, à examiner leur séparation sous le même angle que les statistiques de l'épidémie. Alors que, jusque-là, ils avaient soustrait farouchement leur souffrance au malheur collectif, ils acceptaient maintenant la confusion. Sans mémoire et sans espoir, ils s'installaient dans le présent. À la vérité, tout leur devenait présent. Il faut bien le dire, la peste avait enlevé à tous le pouvoir de l'amour et même de l'amitié. Car l'amour demande un peu d'avenir, et il n'y avait plus pour nous que des instants.

Bien entendu, rien de tout cela n'était absolu. Car s'il est vrai que tous les séparés en vinrent à cet état, il est juste d'ajouter qu'ils n'y arrivèrent pas tous en même temps et qu'aussi bien, une fois installés dans cette nouvelle attitude, des éclairs, des retours, de brusques lucidités ramenaient les patients à une sensibilité plus jeune et plus douloureuse. Il y fallait ces moments de distraction où ils formaient quelque projet qui impliquait que la peste eût cessé. Il fallait qu'ils ressentissent inopinément, et par l'effet de quelque grâce, la morsure d'une jalousie sans objet. D'autres trouvaient aussi des renaissances soudaines, sortaient de leur torpeur certains jours de la semaine, le dimanche naturellement et le samedi après-midi, parce que ces jours-là étaient consacrés à certains rites, du temps de l'absent. Ou bien encore, une certaine mélancolie qui les prenait à la fin des journées leur donnait l'avertissement, pas toujours confirmé d'ailleurs, que la mémoire allait leur revenir. Cette heure du soir, qui pour les croyants est celle de l'examen de conscience, cette heure est dure pour le prisonnier ou l'exilé qui n'ont à examiner que du vide. Elle les tenait suspendus un moment, puis ils retournaient à l'atonie, ils s'enfermaient dans la peste.

On a déjà compris que cela consistait à renoncer à ce qu'ils avaient de plus personnel. Alors que dans les premiers temps de la peste, ils étaient frappés par la somme de petites choses qui comptaient beaucoup pour eux, sans avoir aucune existence pour les autres, et ils faisaient ainsi l'expérience de la vie personnelle, maintenant, au contraire, ils ne s'intéressaient qu'à ce qui intéressait les autres, ils n'avaient plus que des idées générales et leur amour même avait pris pour eux la figure la plus abstraite. Ils étaient à ce point abandonnés à la peste qu'il leur arrivait parfois de n'espérer plus qu'en son sommeil et de se surprendre à penser : « Les bubons, et qu'on en finisse ! » Mais ils dormaient déjà, en vérité, et tout ce temps ne fut qu'un long sommeil. La ville était peuplée de dormeurs éveillés qui n'échappaient réellement à leur sort que ces rares fois où, dans la nuit, leur blessure apparemment fermée se rouvrait brusquement. Et réveillés en sursaut, ils en tâtaient alors, avec une sorte de distraction, les lèvres irritées, retrouvant en un éclair leur souffrance, soudain rajeunie, et, avec elle, le visage bouleversé de leur amour. Au matin, ils revenaient au fléau, c'est-à-dire à la routine.

Mais de quoi, dira-t-on, ces séparés avaient-ils l'air ? Eh bien, cela est simple, ils n'avaient l'air de rien. Ou, si on préfère, ils avaient l'air de tout le monde, un air tout à fait général. Ils partageaient la placidité, et les agitations puériles de la cité. Ils perdaient les apparences du sens critique, tout en gagnant les apparences du sang-froid. On pouvait voir, par exemple, les plus intelligents d'entre eux faire mine de chercher comme tout le monde dans les journaux, ou bien dans les émissions radiophoniques, des raisons de croire à une fin rapide de la peste, et concevoir apparemment des espoirs chimériques, ou éprouver des craintes sans fondement, à la lecture de considérations qu'un journaliste avait écrites un peu au hasard, en bâillant d'ennui. Pour le reste, ils buvaient leur bière ou soignaient leurs malades, paressaient ou s'épuisaient, classaient des fiches ou faisaient tourner des disques sans se distinguer autrement les uns des autres. Autrement dit, ils ne choisissaient plus rien. La peste avait supprimé les jugements de valeur. Et cela se voyait à la façon dont personne ne s'occupait plus de la qualité des vêtements ou des aliments qu'on achetait. On acceptait tout en bloc.

On peut dire pour finir que les séparés n'avaient plus ce curieux privilège qui les préservait au début. Ils avaient perdu l'égoïsme de l'amour, et le bénéfice qu'ils en tiraient. Du moins, maintenant, la situation était claire, le fléau concernait tout le monde. Nous tous, au milieu des détonations qui claquaient aux portes de la ville, des coups de tampon qui scandaient notre vie ou nos décès, au milieu des incendies et des fiches, de la terreur et des formalités, promis à une mort ignominieuse, mais enregistrée, parmi les fumées épouvantables et les timbres tranquilles des ambulances, nous nous nourrissions du même pain d'exil, attendant sans le savoir la même réunion et la même paix bouleversantes. Notre amour sans doute était toujours là, mais, simplement, il était inutilisable, lourd à porter, inerte en nous, stérile comme le crime ou la condamnation. Il n'était plus qu'une patience sans avenir et une attente butée. Et de ce point de vue, l'attitude de certains de nos concitoyens faisait penser à ces longues queues aux quatre coins de la ville, devant les boutiques d'alimentation. C'était la même résignation et la même longanimité, à la fois illimitée et sans illusions. Il faudrait seulement élever ce sentiment à une échelle mille fois plus grande en ce qui concerne la séparation, car il s'agissait alors d'une autre faim et qui pouvait tout dévorer.

Dans tous les cas, à supposer qu'on veuille avoir une idée juste de l'état d'esprit où se trouvaient les séparés de notre ville, il faudrait de nouveau évoquer ces éternels soirs dorés et poussiéreux, qui tombaient sur la cité sans arbres, pendant qu'hommes et femmes se déversaient dans toutes les rues. Car, étrangement, ce qui montait alors vers les terrasses encore ensoleillées, en l'absence des bruits de véhicules et de machines qui font d'ordinaire tout le langage des villes, ce n'était qu'une énorme rumeur de pas et de voix sourdes, le douloureux glissement de milliers de semelles rythmé par le sifflement du fléau dans le ciel alourdi, un piétinement interminable et étouffant, enfin, qui remplissait peu à peu toute la ville et qui, soir après soir, donnait sa voix la plus fidèle et la plus morne à l'obstination aveugle qui, dans nos cœurs, remplaçait alors l'amour.

Quatrième partie

Pendant les mois de septembre et d'octobre, la peste garda la ville repliée sous elle. Puisqu'il s'agissait de piétinements, plusieurs centaines de milliers d'hommes piétinèrent encore, pendant des semaines qui n'en finissaient pas. La brume, la chaleur et la pluie se succédèrent dans le ciel. Des bandes silencieuses d'étourneaux et de grives, venant du sud, passèrent très haut, mais contournèrent la ville, comme si le fléau de Paneloux, l'étrange pièce de bois qui tournait en sifflant au-dessus des maisons, les tenait à l'écart. Au début d'octobre, de grandes averses balayèrent les rues. Et pendant tout ce temps, rien de plus important ne se produisit que ce piétinement énorme.

Rieux et ses amis découvrirent alors à quel point ils étaient fatigués. En fait, les hommes des formations sanitaires n'arrivaient plus à digérer cette fatigue. Le docteur Rieux s'en apercevait en observant sur ses amis et sur lui-même les progrès d'une curieuse indifférence. Par exemple, ces hommes qui, jusqu'ici, avaient montré un si vif intérêt pour toutes les nouvelles qui concernaient la peste ne s'en préoccupaient plus du tout. Rambert, qu'on avait chargé provisoirement de diriger une des maisons de quarantaine, installée depuis peu dans son hôtel, connaissait parfaitement le nombre de ceux qu'il avait en observation. Il était au courant des moindres détails du système d'évacuation immédiate qu'il avait organisé pour ceux qui montraient subitement des signes de la maladie. La statistique des effets du sérum sur les quarantaines était gravée dans sa mémoire. Mais il était incapable de dire le chiffre hebdomadaire des victimes de la peste, il ignorait réellement si elle était en avance ou en recul. Et lui, malgré tout, gardait l'espoir d'une évasion prochaine.

Quant aux autres, absorbés dans leur travail jour et nuit, ils ne lisaient les journaux ni n'entendaient la radio. Et si on leur annonçait un résultat, ils faisaient mine de s'y intéresser, mais ils l'accueillaient en fait avec cette indifférence distraite qu'on imagine aux combattants des grandes guerres, épuisés de travaux, appliqués seulement à ne pas défaillir dans leur devoir quotidien et n'espérant plus ni l'opération décisive, ni le jour de l'armistice.

Grand, qui continuait à effectuer les calculs nécessités par la peste, eût certainement été incapable d'en indiquer les résultats généraux. Au contraire de Tarrou, de Rambert et de Rieux, visiblement durs à la fatigue, sa santé n'avait jamais été bonne. Or, il cumulait ses fonctions d'auxiliaire à la mairie, son secrétariat chez Rieux et ses travaux nocturnes. On pouvait le voir ainsi dans un continuel état d'épuisement, soutenu par deux ou trois idées fixes, comme celle de s'offrir des vacances complètes après la peste, pendant une semaine au moins, et de travailler alors de façon positive, « chapeau bas », à ce qu'il avait en train. Il était sujet aussi à de brusques attendrissements et, dans ces occasions, il parlait volontiers de Jeanne à Rieux, se demandait où elle pouvait être au moment même, et si, lisant les journaux, elle pensait à lui. C'est avec lui que Rieux se surprit un jour à parler de sa propre femme sur le ton le plus banal, ce qu'il n'avait jamais fait jusque-là. Incertain du crédit qu'il fallait attacher aux télégrammes toujours rassurants de sa femme, il s'était décidé à câbler au médecin-chef de l'établissement où elle se soignait. En retour, il avait reçu l'annonce d'une aggravation dans l'état de la malade et l'assurance que tout serait fait pour enrayer les progrès du mal. Il avait gardé pour lui la nouvelle et il ne s'expliquait pas, sinon par la fatigue, comment il avait pu la confier à Grand. L'employé, après lui avoir parlé de Jeanne, l'avait questionné sur sa femme et Rieux avait répondu. « Vous savez, avait dit Grand, ça se guérit très bien maintenant. » Et Rieux avait acquiescé, disant simplement que la séparation commençait à être longue et que lui aurait peut-être aidé sa femme à triompher de sa maladie, alors qu'aujourd'hui, elle devait se sentir tout à fait seule. Puis il s'était tu et n'avait plus répondu qu'évasivement aux questions de Grand.

Les autres étaient dans le même état. Tarrou résistait mieux, mais ses carnets montrent que si sa curiosité n'avait pas diminué de profondeur, elle avait perdu de sa diversité. Pendant toute cette période, en effet, il ne s'intéressait apparemment qu'à Cottard. Le soir, chez Rieux, où il avait fini par s'installer depuis que l'hôtel avait été transformé en maison de quarantaine, c'est à peine s'il écoutait Grand ou le docteur énoncer les résultats. Il ramenait tout de suite la conversation sur les petits détails de la vie oranaise qui l'occupaient généralement.

Quant à Castel, le jour où il vint annoncer au docteur que le sérum était prêt, et après qu'ils eurent décidé de faire le premier essai sur le petit garçon de M. Othon qu'on venait d'amener à l'hôpital et dont le cas semblait désespéré à Rieux, celui-ci communiquait à son vieil ami les dernières statistiques, quand il s'aperçut que son interlocuteur s'était endormi profondément au creux de son fauteuil. Et devant ce visage où, d'habitude, un air de douceur et d'ironie mettait une perpétuelle jeunesse et qui, soudain abandonné, un filet de salive rejoignant les lèvres entrouvertes, laissait voir son usure et sa vieillesse, Rieux sentit sa gorge se serrer.

C'est à de telles faiblesses que Rieux pouvait juger de sa fatigue. Sa sensibilité lui échappait. Nouée la plupart du temps, durcie et desséchée, elle crevait de loin en loin et l'abandonnait à des émotions dont il n'avait plus la maîtrise. Sa seule défense était de se réfugier dans ce durcissement et de resserrer le nœud qui s'était formé en lui. Il savait bien que c'était la bonne manière de continuer. Pour le reste, il n'avait pas beaucoup d'illusions et sa fatigue lui ôtait celles qu'il conservait encore. Car il savait que, pour une période dont il n'apercevait pas le terme, son rôle n'était plus de guérir. Son rôle était de diagnostiquer. Découvrir, voir, décrire, enregistrer, puis condamner, c'était sa tâche. Des épouses lui prenaient le poignet et hurlaient: «Docteur, donnez-lui la vie!» Mais il n'était pas là pour donner la vie, il était là pour ordonner l'isolement. À quoi servait la haine qu'il lisait alors sur les visages? «Vous n'avez pas de cœur», lui avait-on dit un jour. Mais si, il en avait un. Il lui servait à supporter les vingt heures par jour où il voyait mourir des hommes qui étaient faits pour vivre. Il lui servait à recommencer tous les jours. Désormais, il avait juste assez de cœur pour ça. Comment ce cœur aurait-il suffi à donner la vie?

Non, ce n'étaient pas des secours qu'il distribuait à longueur de journée, mais des renseignements. Cela ne pouvait pas s'appeler un métier d'homme, bien entendu. Mais, après tout, à qui donc, parmi cette foule terrorisée et décimée, avait-on laissé le loisir d'exercer son métier d'homme? C'était encore heureux qu'il y eût la fatigue. Si Rieux avait été plus frais, cette odeur de mort partout répandue eût pu le rendre sentimental. Mais quand on n'a dormi que quatre heures, on n'est pas sentimental. On voit les choses comme elles sont, c'est-à-dire qu'on les voit selon la justice, la hideuse et dérisoire justice. Et les autres, les condamnés, le sentaient bien, eux aussi. Avant la peste, on le recevait comme un sauveur. Il allait tout arranger avec trois pilules et une seringue, et on lui serrait le bras en le conduisant le long des couloirs. C'était flatteur, mais dangereux. Maintenant, au contraire, il se présentait avec des soldats, et il fallait des coups de crosse pour que la famille se décidât à ouvrir. Ils auraient voulu l'entraîner et entraîner l'humanité entière avec eux dans la mort. Ah ! Il était bien vrai que les hommes ne pouvaient pas se passer des hommes, qu'il était aussi démuni que ces malheureux et qu'il méritait ce même tremblement de pitié qu'il laissait grandir en lui lorsqu'il les avait quittés.

C'était, du moins, pendant ces interminables semaines, les pensées que le docteur Rieux agitait avec celles qui concernaient son état de séparé. Et c'était aussi celles dont il lisait les reflets sur le visage de ses amis. Mais le plus dangereux effet de l'épuisement qui gagnait, peu à peu, tous ceux qui continuaient cette lutte contre le fléau, n'était pas dans cette indifférence aux événements extérieurs et aux émotions des autres, mais dans la négligence où ils se laissaient aller. Car ils avaient tendance alors à éviter tous les gestes qui n'étaient pas absolument indispensables et qui leur paraissaient toujours au-dessus de leurs forces. C'est ainsi que ces hommes en vinrent à négliger de plus en plus souvent les règles d'hygiène qu'ils avaient codifiées, à oublier quelques-unes des nombreuses désinfections qu'ils devaient pratiquer sur eux-mêmes, à courir quelquefois, sans être prémunis contre la contagion, auprès des malades atteints de peste pulmonaire, parce que, prévenus au dernier moment qu'il fallait se rendre dans les maisons infectées, il leur avait paru d'avance épuisant de retourner dans quelque local pour se faire les instillations nécessaires. Là était le vrai danger, car c'était la lutte elle-même contre la peste qui les rendait alors le plus vulnérables à la peste. Ils pariaient en somme sur le hasard et le hasard n'est à personne.

Il y avait pourtant dans la ville un homme qui ne paraissait ni épuisé ni découragé, et qui restait l'image vivante de la satisfaction. C'était Cottard. Il continuait à se tenir à l'écart, tout en maintenant ses rapports avec les autres. Mais il avait choisi de voir Tarrou aussi souvent que le travail de celui-ci le permettait, d'une part, parce que Tarrou était bien renseigné sur son cas et, d'autre part, parce qu'il savait accueillir le petit rentier avec une cordialité inaltérable. C'était un miracle perpétuel, mais Tarrou, malgré le labeur qu'il fournissait, restait toujours bienveillant et attentif. Même lorsque la fatigue l'écrasait certains soirs, il retrouvait le lendemain une nouvelle énergie. « Avec celui-là, avait dit Cottard à Rambert, on peut causer, parce que c'est un homme. On est toujours compris. »

C'est pourquoi les notes de Tarrou, à cette époque, convergent peu à peu sur le personnage de Cottard. Tarrou a essayé de donner un tableau des réactions et des réflexions de Cottard, telles qu'elles lui étaient confiées par ce dernier ou telles qu'il les interprétait. Sous la rubrique « Rapports de Cottard et de la peste », ce tableau occupe quelques pages du carnet et le narrateur croit utile d'en donner ici un résumé. L'opinion générale de Tarrou sur le petit rentier se résumait dans ce jugement : « C'est un personnage qui grandit. » Apparemment du reste, il grandissait dans la bonne humeur. Il n'était pas mécontent de la tournure que prenaient les événements. Il exprimait quelquefois le fond de sa pensée, devant Tarrou, par des remarques de ce genre : « Bien sûr, ça ne va pas mieux. Mais, du moins, tout le monde est dans le bain. »

« Bien entendu, ajoutait Tarrou, il est menacé comme les autres, mais justement, il l'est avec les autres. Et ensuite, il ne pense pas sérieusement, j'en suis sûr, qu'il puisse être atteint par la peste. Il a l'air de vivre sur cette idée, pas si bête d'ailleurs, qu'un homme en proie à une grande maladie, ou à une angoisse profonde, est dispensé du même coup de toutes les autres maladies ou angoisses. " Avez-vous remarqué, m'a-t-il dit, qu'on ne peut pas cumuler les maladies ? Supposez que vous ayez une maladie grave ou incurable, un cancer sérieux ou une bonne tuberculose, vous n'attraperez jamais la peste ou le typhus, c'est impossible. Du reste, ça va encore plus loin, parce que vous n'avez jamais vu un cancéreux mourir d'un accident d'automobile. " Vraie ou fausse, cette idée met Cottard en bonne humeur. La seule chose qu'il ne veuille pas, c'est être séparé des autres. Il préfère être assiégé avec tous que prisonnier tout seul. Avec la peste, plus question d'enquêtes secrètes, de dossiers, de fiches, d'instructions mystérieuses et d'arrestation imminente. À proprement parler, il n'y a plus de police, plus de crimes anciens ou nouveaux, plus de coupables, il n'y a que des condamnés qui attendent la plus arbitraire des grâces, et, parmi eux, les policiers eux-mêmes. » Ainsi Cottard, et toujours selon l'interprétation de Tarrou, était fondé à considérer les symptômes d'angoisse et de désarroi que présentaient nos concitoyens avec cette satisfaction indulgente et compréhensive qui pouvait s'exprimer par un : « Parlez toujours, je l'ai eue avant vous. »

« J'ai eu beau lui dire que la seule façon de ne pas être séparé des autres, c'était après tout d'avoir une bonne conscience, il m'a regardé méchamment et il m'a dit : " Alors, à ce compte, personne n'est jamais avec personne. " Et puis : " Vous pouvez y aller, c'est moi qui vous le dis. La seule façon de mettre les gens ensemble, c'est encore de leur envoyer la peste. Regardez donc autour de vous. " Et en vérité, je comprends bien ce qu'il veut dire et combien la vie d'aujourd'hui doit lui paraître confortable. Comment ne reconnaîtrait-il pas au passage les réactions qui ont été les siennes ; la tentative que chacun fait d'avoir tout le monde avec soi ; l'obligeance qu'on déploie pour renseigner parfois un passant égaré et la mauvaise humeur qu'on lui témoigne d'autres fois ; la précipitation des gens vers les restaurants de luxe, leur satisfaction de s'y trouver et de s'y attarder ; l'affluence désordonnée qui fait queue, chaque jour, au cinéma, qui remplit toutes les salles de spectacle et les dancings eux-mêmes, qui se répand comme une marée déchaînée dans tous les lieux publics ; le recul devant tout contact, l'appétit de chaleur humaine qui pousse cependant les hommes les uns vers les autres, les coudes vers les coudes et les sexes vers les sexes ? Cottard a connu tout cela avant eux, c'est évident. Sauf les femmes, parce qu'avec sa tête... Et je suppose que lorsqu'il s'est senti près d'aller chez les filles, il s'y est refusé, pour ne pas se donner un mauvais genre qui, par la suite, eût pu le desservir.

« En somme, la peste lui réussit. D'un homme solitaire et qui ne voulait pas l'être, elle fait un complice. Car visiblement c'est un complice et un complice qui se délecte. Il est complice de tout ce qu'il voit, des superstitions, des frayeurs illégitimes, des susceptibilités de ces âmes en alerte ; de leur manie de vouloir parler le moins possible de la peste et de ne pas cesser cependant d'en parler ; de leur affolement et de leurs pâleurs au moindre mal de tête depuis qu'ils savent que la maladie commence par des céphalées ; et de leur sensibilité irritée, susceptible, instable enfin, qui transforme en offense des oublis et qui s'afflige de la perte d'un bouton de culotte. »

Il arrivait souvent à Tarrou de sortir le soir avec Cottard. Il racontait ensuite, dans ses carnets, comment ils plongeaient dans la foule sombre des crépuscules ou des nuits, épaule contre épaule, s'immergeant dans une masse blanche et noire où, de loin en loin, une lampe mettait de rares éclats, et accompagnant le troupeau humain vers les plaisirs chaleureux qui le défendaient contre le froid de la peste. Ce que Cottard, quelques mois auparavant, cherchait dans les lieux publics, le luxe et la vie ample, ce dont il rêvait sans pouvoir se satisfaire, c'est-à-dire la jouissance effrénée, un peuple entier s'y portait maintenant. Alors que le prix de toutes choses montait irrésistiblement, on n'avait jamais tant gaspillé d'argent, et quand le nécessaire manquait à la plupart, on n'avait jamais mieux dissipé le superflu. On voyait se multiplier tous les jeux d'une oisiveté qui n'était pourtant que du chômage. Tarrou et Cottard suivaient parfois, pendant de longues minutes, un de ces couples qui, auparavant, s'appliquaient à cacher ce qui les liait et qui, à présent, serrés l'un contre l'autre, marchaient obstinément à travers la ville, sans voir la foule qui les entourait, avec la distraction un peu fixe des grandes passions. Cottard s'attendrissait: «Ah! les gaillards!» disait-il. Et il parlait haut, s'épanouissait au milieu de la fièvre collective, des pourboires royaux qui sonnaient autour d'eux et des intrigues qui se nouaient devant leurs yeux.

Cependant, Tarrou estimait qu'il entrait peu de méchanceté dans l'attitude de Cottard. Son «J'ai connu ça avant eux» marquait plus de malheur que de triomphe. «Je crois, disait Tarrou, qu'il commence à aimer ces hommes emprisonnés entre le ciel et les murs de leur ville. Par exemple, il leur expliquerait volontiers, s'il le pouvait, que ce n'est pas si terrible que ça: "Vous les entendez, m'a-t-il affirmé: après la peste je ferai ceci, après la peste je ferai cela... Ils s'empoisonnent l'existence au lieu de rester tranquilles. Et ils ne se rendent même pas compte de leurs avantages. Est-ce que je pouvais dire, moi: après mon arrestation, je ferai ceci? L'arrestation est un commencement, ce n'est pas une fin. Tandis que la peste... Vous voulez mon avis? Ils sont malheureux parce qu'ils ne se laissent pas aller. Et je sais ce que je dis."

«Il sait en effet ce qu'il dit, ajoutait Tarrou. Il juge à leur vrai prix les contradictions des habitants d'Oran qui, dans le même temps où ils ressentent profondément le besoin de chaleur qui les rapproche, ne peuvent s'y abandonner cependant à cause de la méfiance qui les éloigne les uns des autres. On sait trop bien qu'on ne peut pas avoir confiance en son voisin, qu'il est capable de vous donner la peste à votre insu et de profiter de votre abandon pour vous infecter. Quand on a passé son temps, comme Cottard, à voir des indicateurs possibles dans tous ceux de qui, pourtant, on recherchait la compagnie, on peut comprendre ce sentiment. On compatit très bien avec des gens qui vivent dans l'idée que la peste peut, du jour au lendemain, leur mettre la main sur l'épaule et qu'elle se prépare peut-être à le faire, au moment où l'on se réjouit d'être encore sain et sauf. Autant que cela est possible, il est à l'aise dans la terreur. Mais parce qu'il a ressenti tout cela avant eux, je crois qu'il ne peut pas éprouver tout à fait avec eux la cruauté de cette incertitude. En somme, avec nous tous qui ne sommes pas encore morts de la peste, il sent bien que sa liberté et sa vie sont tous les jours à la veille d'être détruites. Mais puisque lui-même a vécu dans la terreur, il trouve normal que les autres la connaissent à leur tour. Plus exactement, la terreur lui paraît alors moins lourde à porter que s'il y était tout seul. C'est en cela qu'il a tort et qu'il est plus difficile à comprendre que d'autres. Mais, après tout, c'est en cela qu'il mérite plus que d'autres qu'on essaie de le comprendre. »

Enfin, les pages de Tarrou se terminent sur un récit qui illustre cette conscience singulière qui venait en même temps à Cottard et aux pestiférés. Ce récit restitue à peu près l'atmosphère difficile de cette époque et c'est pourquoi le narrateur y attache de l'importance.

Ils étaient allés à l'Opéra municipal où l'on jouait *Orphée et Eurydice*[1]. Cottard avait invité Tarrou. Il s'agissait d'une troupe qui était venue, au printemps de la peste, donner des représentations dans notre ville. Bloquée par la maladie, cette troupe s'était vue contrainte, après accord avec notre Opéra, de rejouer son spectacle, une fois par semaine. Ainsi, depuis des mois, chaque vendredi, notre théâtre municipal retentissait des plaintes mélodieuses d'Orphée et des appels impuissants d'Eurydice. Cependant, ce spectacle continuait de connaître la faveur du public et faisait toujours de grosses recettes. Installés aux places les plus chères, Cottard et Tarrou dominaient un parterre gonflé à craquer par les plus élégants de nos concitoyens. Ceux qui arrivaient s'appliquaient visiblement à ne pas manquer leur entrée. Sous la lumière éblouissante de l'avant-rideau, pendant que les musiciens accordaient discrètement leurs instruments, les

note

1. ***Orphée et Eurydice*** : opéra s'inspirant d'un épisode de la mythologie grecque (la descente aux enfers).

silhouettes se détachaient avec précision, passaient d'un rang à l'autre, s'inclinaient avec grâce. Dans le léger brouhaha d'une conversation de bon ton, les hommes reprenaient l'assurance qui leur manquait quelques heures auparavant, parmi les rues noires de la ville. L'habit chassait la peste.

Pendant tout le premier acte, Orphée se plaignit avec facilité, quelques femmes en tuniques commentèrent avec grâce son malheur, et l'amour fut chanté en ariettes[1]. La salle réagit avec une chaleur discrète. C'est à peine si on remarqua qu'Orphée introduisait, dans son air du deuxième acte, des tremblements qui n'y figuraient pas, et demandait avec un léger excès de pathétique, au maître des Enfers, de se laisser toucher par ses pleurs. Certains gestes saccadés qui lui échappèrent apparurent aux plus avisés comme un effet de stylisation qui ajoutait encore à l'interprétation du chanteur.

Il fallut le grand duo d'Orphée et d'Eurydice au troisième acte (c'était le moment où Eurydice échappait à son amant) pour qu'une certaine surprise courût dans la salle. Et comme si le chanteur n'avait attendu que ce mouvement du public, ou, plus certainement encore, comme si la rumeur venue du parterre l'avait confirmé, dans ce qu'il ressentait, il choisit ce moment pour avancer vers la rampe d'une façon grotesque, bras et jambes écartés dans son costume à l'antique, et pour s'écrouler au milieu des bergeries du décor qui n'avaient jamais cessé d'être anachroniques mais qui, aux yeux des spectateurs, le devinrent pour la première fois, et de terrible façon. Car, dans le même temps, l'orchestre se tut, les gens du parterre se levèrent et commencèrent lentement à évacuer la salle, d'abord en silence comme on sort d'une église, le service fini, ou d'une chambre mortuaire après une visite, les femmes rassemblant leurs jupes et

note

1. **ariettes**: petits airs plus légers dans un opéra.

sortant tête baissée, les hommes guidant leurs compagnes par le coude et leur évitant le heurt des strapontins. Mais, peu à peu, le mouvement se précipita, le chuchotement devint exclamation et la foule afflua vers les sorties et s'y pressa, pour finir par s'y bousculer en criant. Cottard et Tarrou, qui s'étaient seulement levés, restaient seuls en face d'une des images de ce qui était leur vie d'alors: la peste sur la scène sous l'aspect d'un histrion[1] désarticulé et, dans la salle, tout un luxe devenu inutile, sous la forme d'éventails oubliés et de dentelles traînant sur le rouge des fauteuils.

note

1. **histrion**: synonyme de comédien.

Rambert, pendant les premiers jours du mois de septembre, avait sérieusement travaillé aux côtés de Rieux. Il avait simplement demandé une journée de congé le jour où il devait rencontrer Gonzalès et les deux jeunes gens devant le lycée de garçons.

Ce jour-là, à midi, Gonzalès et le journaliste virent arriver les deux petits qui riaient. Ils dirent qu'on n'avait pas eu de chance l'autre fois, mais qu'il fallait s'y attendre. En tout cas, ce n'était plus leur semaine de garde. Il fallait patienter jusqu'à la semaine prochaine. On recommencerait alors. Rambert dit que c'était bien le mot. Gonzalès proposa donc un rendez-vous pour le lundi suivant. Mais cette fois-ci, on installerait Rambert chez Marcel et Louis. « Nous prendrons un rendez-vous, toi et moi. Si je n'y suis pas, tu iras directement chez eux. On va t'expliquer où ils habitent. » Mais Marcel, ou Louis, dit à ce moment que le plus simple était de conduire tout de suite le camarade. S'il n'était pas difficile, il y avait à manger pour eux quatre. Et de cette façon, il se rendrait compte. Gonzalès dit que c'était une très bonne idée et ils descendirent vers le port.

Marcel et Louis habitaient à l'extrémité du quartier de la Marine, près des portes qui ouvraient sur la corniche. C'était une petite maison espagnole, épaisse de murs, aux contrevents de bois peint, aux pièces nues et ombreuses. Il y avait du riz que servit la mère des jeunes gens, une vieille Espagnole souriante et pleine de rides. Gonzalès s'étonna, car le riz manquait déjà en ville. « On s'arrange aux portes », dit Marcel. Rambert mangeait et buvait, et Gonzalès dit que c'était un vrai copain, pendant que le journaliste pensait seulement à la semaine qu'il devait passer.

En fait, il eut deux semaines à attendre, car les tours de garde furent portés à quinze jours, pour réduire le nombre des équipes. Et, pendant ces quinze jours, Rambert travailla sans s'épargner, de façon ininterrompue, les yeux fermés en quelque sorte, depuis l'aube jusqu'à la nuit. Tard dans la nuit, il se couchait et dormait d'un sommeil épais. Le passage brusque de l'oisiveté à ce labeur épuisant le laissait à peu près sans rêves et sans forces. Il parlait peu de son évasion prochaine. Un seul fait notable : au bout d'une semaine, il confia au docteur que pour la première fois, la nuit précédente, il s'était enivré. Sorti du bar, il eut tout à coup l'impression que ses aines grossissaient et que ses bras se mouvaient difficilement autour de l'aisselle. Il pensa que c'était la peste. Et la seule réaction qu'il put avoir alors et dont il convint avec Rieux qu'elle n'était pas raisonnable, fut de courir vers le haut de la ville, et là, d'une petite place, d'où l'on ne découvrait toujours pas la mer, mais d'où l'on voyait un peu plus de ciel, il appela sa femme avec un grand cri, par-dessus les murs de la ville. Rentré chez lui et ne découvrant sur son corps aucun signe d'infection, il n'avait pas été très fier de cette crise soudaine. Rieux dit qu'il comprenait très bien qu'on puisse agir ainsi : « En tout cas, dit-il, il peut arriver qu'on en ait envie. »

– M. Othon m'a parlé de vous ce matin, ajouta soudain Rieux, au moment où Rambert le quittait. Il m'a demandé si je vous connaissais : « Conseillez-lui donc, m'a-t-il dit, de ne pas fréquenter les milieux de contrebande. Il s'y fait remarquer. »

– Qu'est-ce que cela veut dire ?

– Cela veut dire qu'il faut vous dépêcher.

– Merci, dit Rambert, en serrant la main du docteur.

Sur la porte, il se retourna tout d'un coup. Rieux remarqua que, pour la première fois depuis le début de la peste, il souriait.

– Pourquoi donc ne m'empêchez-vous pas de partir ? Vous en avez les moyens.

Rieux secoua la tête avec son mouvement habituel, et dit que c'était l'affaire de Rambert, que ce dernier avait choisi le bonheur et que lui, Rieux, n'avait pas d'arguments à lui opposer. Il se sentait incapable de juger de ce qui était bien ou de ce qui était mal en cette affaire.

– Pourquoi me dire de faire vite, dans ces conditions ?

Rieux sourit à son tour.

– C'est peut-être que j'ai envie, moi aussi, de faire quelque chose pour le bonheur.

Le lendemain, ils ne parlèrent plus de rien, mais travaillèrent ensemble. La semaine suivante, Rambert était enfin installé dans la petite maison espagnole. On lui avait fait un lit dans la pièce commune. Comme les jeunes gens ne rentraient pas pour les repas, et comme on l'avait prié de sortir le moins possible, il y vivait seul, la plupart du temps, ou faisait la conversation avec la vieille mère. Elle était sèche et active, habillée de noir, le visage brun et ridé, sous des cheveux blancs très propres. Silencieuse, elle souriait seulement de tous ses yeux quand elle regardait Rambert.

D'autres fois, elle lui demandait s'il ne craignait pas d'apporter la peste à sa femme. Lui pensait que c'était une chance à courir, mais qu'en somme, elle était minime, tandis qu'en restant dans la ville, ils risquaient d'être séparés pour toujours.

– Elle est gentille ? disait la vieille en souriant.

– Très gentille.

– Jolie ?

– Je crois.

– Ah ! disait-elle, c'est pour cela.

Rambert réfléchissait. C'était sans doute pour cela, mais il était impossible que ce fût seulement pour cela.

– Vous ne croyez pas au bon Dieu ? disait la vieille qui allait à la messe tous les matins.

Rambert reconnut que non et la vieille dit encore que c'était pour cela.

– Il faut la rejoindre, vous avez raison. Sinon, qu'est-ce qui vous resterait ?

Le reste du temps, Rambert tournait en rond autour des murs nus et crépis, caressant les éventails cloués aux parois, ou bien comptait les boules de laine qui frangeaient le tapis de table. Le soir, les jeunes gens rentraient. Ils ne parlaient pas beaucoup, sinon pour dire que ce n'était pas encore le moment. Après le dîner, Marcel jouait de la guitare et ils buvaient une liqueur anisée. Rambert avait l'air de réfléchir.

Le mercredi, Marcel rentra en disant : « C'est pour demain soir, à minuit. Tiens-toi prêt. » Des deux hommes qui tenaient le poste avec eux, l'un était atteint de la peste et l'autre, qui partageait ordinairement la chambre du premier, était en observation. Ainsi, pendant deux ou trois jours, Marcel et Louis seraient seuls. Au cours de la nuit, ils allaient arranger les derniers détails. Le lendemain, ce serait possible. Rambert remercia. « Vous êtes content ? » demanda la vieille. Il dit que oui, mais il pensait à autre chose.

Le lendemain, sous un ciel lourd, la chaleur était humide et étouffante. Les nouvelles de la peste étaient mauvaises. La vieille Espagnole gardait cependant sa sérénité. « Il y a du péché dans le monde, disait-elle. Alors, forcément ! » Comme Marcel et Louis, Rambert était torse nu. Mais quoi qu'il fît, la sueur lui coulait entre les épaules et sur la poitrine. Dans la demi-pénombre de la maison aux volets clos, cela leur faisait des torses bruns et vernis. Rambert tournait en rond sans parler. Brusquement, à quatre heures de l'après-midi, il s'habilla et annonça qu'il sortait.

– Attention, dit Marcel, c'est pour minuit. Tout est en place.

Rambert se rendit chez le docteur. La mère de Rieux dit à Rambert qu'il le trouverait à l'hôpital de la haute ville. Devant le poste de garde, la même foule tournait toujours sur elle-même. « Circulez ! » disait un sergent aux yeux globuleux. Les autres circulaient, mais en rond. « Il n'y a rien à attendre », disait le sergent dont la sueur perçait la veste. C'était aussi l'avis des autres, mais ils restaient quand même, malgré la chaleur meurtrière. Rambert montra son laissez-passer au sergent qui lui indiqua le bureau de Tarrou. La porte en donnait sur la cour. Il croisa le père Paneloux, qui sortait du bureau.

Dans une sale petite pièce blanche qui sentait la pharmacie et le drap humide, Tarrou, assis derrière un bureau de bois noir, les manches de chemises retroussées tamponnait avec un mouchoir la sueur qui coulait dans la saignée de son bras.

– Encore là ? dit-il.

– Oui, je voudrais parler à Rieux.

– Il est dans la salle. Mais si cela peut s'arranger sans lui, il vaudrait mieux.

– Pourquoi ?

– Il est surmené. Je lui évite ce que je peux.

Rambert regardait Tarrou. Celui-ci avait maigri. La fatigue lui brouillait les yeux et les traits. Ses fortes épaules étaient ramassées en boule. On frappa à la porte, et un infirmier entra, masqué de blanc. Il déposa sur le bureau de Tarrou un paquet de fiches et, d'une voix que le linge étouffait, dit seulement : « Six », puis sortit. Tarrou regarda le journaliste et lui montra les fiches qu'il déploya en éventail.

– De belles fiches, hein ? Eh bien ! non, ce sont des morts. Les morts de la nuit.

Son front s'était creusé. Il replia le paquet de fiches.

– La seule chose qui nous reste, c'est la comptabilité.

Tarrou se leva, prenant appui sur la table.

– Allez-vous bientôt partir ?

– Ce soir, à minuit.

Tarrou dit que cela lui faisait plaisir et que Rambert devait veiller sur lui.

– Dites-vous cela sincèrement ?

Tarrou haussa les épaules :

– À mon âge, on est forcément sincère. Mentir est trop fatigant.

– Tarrou, dit le journaliste, je voudrais voir le docteur. Excusez-moi.

– Je sais. Il est plus humain que moi. Allons-y.

– Ce n'est pas cela, dit Rambert avec difficulté. Et il s'arrêta.

Tarrou le regarda et, tout d'un coup, lui sourit.

Ils suivirent un petit couloir dont les murs étaient peints en vert clair et où flottait une lumière d'aquarium. Juste avant d'arriver à une double porte vitrée, derrière laquelle on voyait un curieux mouvement d'ombres, Tarrou fit entrer Rambert dans une très petite salle, entièrement tapissée de placards. Il ouvrit l'un d'eux, tira d'un stérilisateur deux masques de gaze hydrophile, en tendit un à Rambert et l'invita à s'en couvrir. Le journaliste demanda si cela servait à quelque chose et Tarrou répondit que non, mais que cela donnait confiance aux autres.

Ils poussèrent la porte vitrée. C'était une immense salle, aux fenêtres hermétiquement closes, malgré la saison. Dans le haut des murs ronronnaient des appareils qui renouvelaient l'air, et leurs hélices courbes brassaient l'air crémeux et surchauffé, au-dessus de deux rangées de lits gris. De tous les côtés, montaient des gémissements sourds ou aigus qui ne faisaient qu'une plainte monotone. Des hommes, habillés de blanc, se déplaçaient avec lenteur, dans la lumière cruelle que déversaient les hautes baies garnies de barreaux. Rambert se sentit mal à l'aise dans la terrible chaleur de cette salle et il eut de la peine à reconnaître Rieux, penché au-dessus d'une forme gémissante. Le docteur incisait les aines du malade que deux infirmières, de chaque côté du lit, tenaient écartelé. Quand il se releva, il laissa tomber ses instruments dans le plateau qu'un aide lui tendait et resta un moment immobile, à regarder l'homme qu'on était en train de panser.

– Quoi de nouveau ? dit-il à Tarrou qui s'approchait.

– Paneloux accepte de remplacer Rambert à la maison de quarantaine. Il a déjà beaucoup fait. Il restera la troisième équipe de prospection à regrouper sans Rambert.

Rieux approuva de la tête.

– Castel a achevé ses premières préparations. Il propose un essai.

– Ah ! dit Rieux, cela est bien.

– Enfin, il y a ici Rambert.

Rieux se retourna. Par-dessus le masque, ses yeux se plissèrent en apercevant le journaliste.

– Que faites-vous ici ? dit-il. Vous devriez être ailleurs.

Tarrou dit que c'était pour ce soir à minuit et Rambert ajouta : « En principe. »

Chaque fois que l'un d'eux parlait, le masque de gaze se gonflait et s'humidifiait à l'endroit de la bouche. Cela faisait une conversation un peu irréelle, comme un dialogue de statues.

– Je voudrais vous parler, dit Rambert.

– Nous sortirons ensemble, si vous le voulez bien. Attendez-moi dans le bureau de Tarrou.

Un moment après, Rambert et Rieux s'installaient à l'arrière de la voiture du docteur. Tarrou conduisait.

– Plus d'essence, dit celui-ci en démarrant. Demain, nous irons à pied.

– Docteur, dit Rambert, je ne pars pas et je veux rester avec vous.

Tarrou ne broncha pas. Il continuait de conduire. Rieux semblait incapable d'émerger de sa fatigue.

– Et elle ? dit-il d'une voix sourde.

Rambert dit qu'il avait encore réfléchi, qu'il continuait à croire ce qu'il croyait, mais que s'il partait, il aurait honte. Cela le gênerait pour aimer celle qu'il avait laissée. Mais Rieux se redressa et dit d'une voix ferme que cela était stupide et qu'il n'y avait pas de honte à préférer le bonheur.

– Oui, dit Rambert, mais il peut y avoir de la honte à être heureux tout seul.

Tarrou, qui s'était tu jusque-là, sans tourner la tête vers eux, fit remarquer que si Rambert voulait partager le malheur des hommes, il n'aurait plus jamais de temps pour le bonheur. Il fallait choisir.

– Ce n'est pas cela, dit Rambert. J'ai toujours pensé que j'étais étranger à cette ville et que je n'avais rien à faire avec vous. Mais maintenant que j'ai vu ce que j'ai vu, je sais que je suis d'ici, que je le veuille ou non. Cette histoire nous concerne tous.

Personne ne répondit et Rambert parut s'impatienter.

– Vous le savez bien d'ailleurs ! Ou sinon que feriez-vous dans cet hôpital ? Avez-vous donc choisi, vous, et renoncé au bonheur ?

Ni Tarrou ni Rieux ne répondirent encore. Le silence dura longtemps, jusqu'à ce qu'on approchât de la maison du docteur. Et Rambert, de nouveau, posa sa dernière question, avec plus de force encore. Et, seul, Rieux se tourna vers lui. Il se souleva avec effort :

– Pardonnez-moi, Rambert, dit-il, mais je ne le sais pas. Restez avec nous puisque vous le désirez.

Une embardée de l'auto le fit taire. Puis il reprit en regardant devant lui :

– Rien au monde ne vaut qu'on se détourne de ce qu'on aime. Et pourtant je m'en détourne, moi aussi, sans que je puisse savoir pourquoi.

Il se laissa retomber sur son coussin.

– C'est un fait, voilà tout, dit-il avec lassitude. Enregistrons-le et tirons-en les conséquences.

– Quelles conséquences ? demanda Rambert.

– Ah ! dit Rieux, on ne peut pas en même temps guérir et savoir. Alors guérissons le plus vite possible. C'est le plus pressé.

À minuit, Tarrou et Rieux faisaient à Rambert le plan du quartier qu'il était chargé de prospecter, quand Tarrou regarda sa montre. Relevant la tête, il rencontra le regard de Rambert.

– Avez-vous prévenu ?

Le journaliste détourna les yeux :

– J'avais envoyé un mot, dit-il avec effort, avant d'aller vous voir.

Ce fut dans les derniers jours d'octobre que le sérum de Castel fut essayé. Pratiquement, il était le dernier espoir de Rieux. Dans le cas d'un nouvel échec, le docteur était persuadé que la ville serait livrée aux caprices de la maladie, soit que l'épidémie prolongeât ses effets pendant de longs mois encore, soit qu'elle décidât de s'arrêter sans raison.

La veille même du jour où Castel vint visiter Rieux, le fils de M. Othon était tombé malade et toute la famille avait dû gagner la quarantaine. La mère, qui en était sortie peu auparavant, se vit donc isolée pour la seconde fois. Respectueux des consignes données, le juge avait fait appeler le docteur Rieux, dès qu'il reconnut, sur le corps de l'enfant, les signes de la maladie. Quand Rieux arriva, le père et la mère étaient debout au pied du lit. La petite fille avait été éloignée. L'enfant était dans la période d'abattement et se laissa examiner sans se plaindre. Quand le docteur releva la tête, il rencontra le regard du juge et, derrière lui, le visage pâle de la mère qui avait mis un mouchoir sur sa bouche et suivait les gestes du docteur avec des yeux élargis.

– C'est cela, n'est-ce pas ? dit le juge d'une voix froide.

– Oui, répondit Rieux, en regardant de nouveau l'enfant.

Les yeux de la mère s'agrandirent, mais elle ne parlait toujours pas. Le juge se taisait aussi, puis il dit, sur un ton plus bas :

– Eh bien, docteur, nous devons faire ce qui est prescrit.

Rieux évitait de regarder la mère qui tenait toujours son mouchoir sur la bouche.

– Ce sera vite fait, dit-il en hésitant, si je puis téléphoner.

M. Othon dit qu'il allait le conduire. Mais le docteur se retourna vers la femme :

– Je suis désolé. Vous devriez préparer quelques affaires. Vous savez ce que c'est.

Mme Othon parut interdite. Elle regardait à terre.

– Oui, dit-elle en hochant la tête, c'est ce que je vais faire.

Avant de les quitter, Rieux ne put s'empêcher de leur demander s'ils n'avaient besoin de rien. La femme le regardait toujours en silence. Mais le juge détourna cette fois les yeux.

– Non, dit-il, puis il avala sa salive, mais sauvez mon enfant.

La quarantaine, qui au début n'était qu'une simple formalité, avait été organisée par Rieux et Rambert, de façon très stricte. En particulier, ils avaient exigé que les membres d'une même famille fussent toujours isolés les uns des autres. Si l'un des membres de la famille avait été infecté sans le savoir, il ne fallait pas multiplier les chances de la maladie. Rieux expliqua ces raisons au juge qui les trouva bonnes. Cependant, sa femme et lui se regardèrent de telle façon que le docteur sentit à quel point cette séparation les laissait désemparés. Mme Othon et sa petite fille purent être logées dans l'hôtel de quarantaine dirigé par Rambert. Mais pour le juge d'instruction, il n'y avait plus de place, sinon dans le camp d'isolement que la préfecture était en train d'organiser, sur le stade municipal, à l'aide de tentes prêtées par le service de voirie. Rieux s'en excusa, mais M. Othon dit qu'il n'y avait qu'une règle pour tous et qu'il était juste d'obéir.

Quant à l'enfant, il fut transporté à l'hôpital auxiliaire, dans une ancienne salle de classe où dix lits avaient été installés. Au bout d'une vingtaine d'heures, Rieux jugea son cas désespéré. Le petit corps se laissait dévorer par l'infection, sans une réaction. De tout petits bubons, douloureux, mais à peine formés, bloquaient les articulations de ses membres grêles. Il était vaincu d'avance. C'est pourquoi Rieux eut l'idée d'essayer sur lui le sérum de Castel. Le soir même, après le dîner, ils pratiquèrent la longue inoculation, sans obtenir une seule réaction de l'enfant. À l'aube, le lendemain, tous se rendirent auprès du petit garçon pour juger de cette expérience décisive.

L'enfant, sorti de sa torpeur, se tournait convulsivement dans les draps. Le docteur, Castel et Tarrou, depuis quatre heures du matin, se tenaient près de lui, suivant pas à pas les progrès ou les haltes de la maladie. À la tête du lit, le corps massif de Tarrou était un peu voûté. Au pied du lit, assis près de Rieux debout, Castel lisait, avec toutes les apparences de la tranquillité, un vieil ouvrage. Peu à peu, à mesure que le jour s'élargissait dans l'ancienne salle d'école, les autres arrivaient. Paneloux d'abord, qui se plaça de l'autre côté du lit, par rapport à Tarrou, et adossé au mur. Une expression douloureuse se lisait sur son visage, et la fatigue de tous ces jours où il avait payé de sa personne avait tracé des rides sur son front congestionné. À son tour, Joseph Grand arriva. Il était sept heures et l'employé s'excusa d'être essoufflé. Il n'allait rester qu'un moment, peut-être savait-on déjà quelque chose de précis. Sans mot dire, Rieux lui montra l'enfant qui, les yeux fermés dans une face décomposée, les dents serrées à la limite de ses forces, le corps immobile, tournait et retournait sa tête de droite à gauche, sur le traversin sans draps. Lorsqu'il fit assez jour, enfin, pour qu'au fond de la salle, sur le tableau noir demeuré en place, on pût distinguer les traces d'anciennes formules d'équation, Rambert arriva. Il s'adossa au pied du lit voisin et sortit un paquet de cigarettes. Mais après un regard à l'enfant, il remit le paquet dans sa poche.

Castel, toujours assis, regardait Rieux par-dessus ses lunettes :

– Avez-vous des nouvelles du père ?

– Non, dit Rieux, il est au camp d'isolement.

Le docteur serrait avec force la barre du lit où gémissait l'enfant. Il ne quittait pas des yeux le petit malade qui se raidit brusquement et, les dents de nouveau serrées, se creusa un peu au niveau de la taille, écartant lentement les bras et les jambes. Du petit corps, nu sous la couverture militaire, montait une odeur de laine et d'aigre sueur. L'enfant se détendit peu à peu, ramena bras et jambes vers le centre du lit et, toujours aveugle et muet, parut respirer plus vite. Rieux rencontra le regard de Tarrou qui détourna les yeux.

Ils avaient déjà vu mourir des enfants puisque la terreur, depuis des mois, ne choisissait pas, mais ils n'avaient jamais encore suivi leurs souffrances minute après minute, comme ils le faisaient depuis le matin. Et, bien entendu, la douleur infligée à ces innocents n'avait jamais cessé de leur paraître ce qu'elle était en vérité, c'est-à-dire un scandale. Mais jusque-là du moins, ils se scandalisaient abstraitement en quelque sorte, parce qu'ils n'avaient jamais regardé en face, si longuement, l'agonie d'un innocent.

Justement l'enfant, comme mordu à l'estomac, se pliait à nouveau, avec un gémissement grêle. Il resta creusé ainsi pendant de longues secondes, secoué de frissons et de tremblements convulsifs, comme si sa frêle carcasse pliait sous le vent furieux de la peste et craquait sous les souffles répétés de la fièvre. La bourrasque passée, il se détendit un peu, la fièvre sembla se retirer et l'abandonner, haletant, sur une grève humide et empoisonnée où le repos ressemblait déjà à la mort. Quand le flot brûlant l'atteignit à nouveau pour la troisième fois et le souleva un peu, l'enfant se recroquevilla, recula au fond du lit dans l'épouvante de la flamme qui le brûlait et agita follement la tête, en rejetant sa couverture. De grosses larmes, jaillissant sous les paupières enflammées, se mirent à couler sur son visage plombé, et, au bout de la crise, épuisé, crispant ses jambes osseuses et ses bras dont la chair avait fondu en quarante-huit heures, l'enfant prit dans le lit dévasté une pose de crucifié grotesque.

Tarrou se pencha et, de sa lourde main, essuya le petit visage trempé de larmes et de sueur. Depuis un moment, Castel avait fermé son livre et regardait le malade. Il commença une phrase, mais fut obligé de tousser pour pouvoir la terminer, parce que sa voix détonait brusquement :

– Il n'y a pas eu de rémission matinale, n'est-ce pas, Rieux ?

Rieux dit que non, mais que l'enfant résistait depuis plus longtemps qu'il n'était normal. Paneloux, qui semblait un peu affaissé contre le mur, dit alors sourdement :

– S'il doit mourir, il aura souffert plus longtemps.

Rieux se retourna brusquement vers lui et ouvrit la bouche pour parler, mais il se tut, fit un effort visible pour se dominer, et ramena son regard sur l'enfant.

La lumière s'enflait dans la salle. Sur les cinq autres lits, des formes remuaient et gémissaient, mais avec une discrétion qui semblait concertée. Le seul qui criât, à l'autre bout de la salle, poussait à intervalles réguliers de petites exclamations qui paraissaient traduire plus d'étonnement que de douleur. Il semblait que, même pour les malades, ce ne fût pas l'effroi du début. Il y avait même, maintenant, une sorte de consentement dans leur manière de prendre la maladie. Seul, l'enfant se débattait de toutes ses forces. Rieux qui, de temps en temps, lui prenait le pouls, sans nécessité d'ailleurs et plutôt pour sortir de l'immobilité impuissante où il était, sentait, en fermant les yeux, cette agitation se mêler au tumulte de son propre sang. Il se confondait alors avec l'enfant supplicié et tentait de le soutenir de toute sa force encore intacte. Mais une minute réunies, les pulsations de leurs deux cœurs se désaccordaient, l'enfant lui échappait, et son effort sombrait dans le vide. Il lâchait alors le mince poignet et retournait à sa place.

Le long des murs peints à la chaux, la lumière passait du rose au jaune. Derrière la vitre, une matinée de chaleur commençait à crépiter. C'est à peine si on entendit Grand partir en disant qu'il reviendrait. Tous attendaient. L'enfant, les yeux toujours fermés, semblait se calmer un peu. Les mains, devenues comme des griffes, labouraient doucement les flancs du lit. Elles remontèrent, grattèrent la couverture près des genoux, et, soudain, l'enfant plia ses jambes, ramena ses cuisses près du ventre et s'immobilisa. Il ouvrit alors les yeux pour la première fois et regarda Rieux qui se trouvait devant lui. Au creux de son visage maintenant figé dans une argile grise, la bouche s'ouvrit et, presque aussitôt, il en sortit un seul cri continu, que la respiration nuançait à peine, et qui emplit soudain la salle d'une protestation monotone, discorde, et si peu humaine qu'elle semblait venir de tous les hommes à la fois. Rieux serrait les dents et Tarrou se détourna. Rambert s'approcha du lit près de Castel qui ferma le livre, resté ouvert sur ses genoux. Paneloux regarda cette bouche enfantine, souillée par la maladie, pleine de ce cri de tous les âges. Et il se laissa glisser à genoux et tout le monde trouva naturel de l'entendre dire d'une voix un peu étouffée, mais distincte derrière la plainte anonyme qui n'arrêtait pas : « Mon Dieu, sauvez cet enfant. »

Mais l'enfant continuait de crier et, tout autour de lui, les malades s'agitèrent. Celui dont les exclamations n'avaient pas cessé, à l'autre bout de la pièce, précipita le rythme de sa plainte jusqu'à en faire, lui aussi, un vrai cri, pendant que les autres gémissaient de plus en plus fort. Une marée de sanglots déferla dans la salle, couvrant la prière de Paneloux, et Rieux, accroché à sa barre de lit, ferma les yeux, ivre de fatigue et de dégoût.

Quand il les rouvrit, il trouva Tarrou près de lui.

– Il faut que je m'en aille, dit Rieux. je ne peux plus les supporter.

Mais brusquement, les autres malades se turent. Le docteur reconnut alors que le cri de l'enfant avait faibli, qu'il faiblissait encore et qu'il venait de s'arrêter. Autour de lui, les plaintes reprenaient, mais sourdement, et comme un écho lointain de cette lutte qui venait de s'achever. Car elle s'était achevée. Castel était passé de l'autre côté du lit et dit que c'était fini. La bouche ouverte, mais muette, l'enfant reposait au creux des couvertures en désordre, rapetissé tout d'un coup, avec des restes de larmes sur son visage.

Paneloux s'approcha du lit et fit les gestes de la bénédiction. Puis il ramassa ses robes et sortit par l'allée centrale.

– Faudra-t-il tout recommencer ? demanda Tarrou à Castel.

Le vieux docteur secouait la tête.

– Peut-être, dit-il avec un sourire crispé. Après tout, il a longtemps résisté.

Mais Rieux quittait déjà la salle, d'un pas si précipité, et avec un tel air que, lorsqu'il dépassa Paneloux, celui-ci tendit le bras pour le retenir.

– Allons, docteur, lui dit-il.

Dans le même mouvement emporté, Rieux se retourna et lui jeta avec violence :

– Ah ! celui-là, au moins, était innocent, vous le savez bien !

Puis il se détourna et, franchissant les portes de la salle avant Paneloux, il gagna le fond de la cour d'école. Il s'assit sur un banc, entre les petits arbres poudreux, et essuya la sueur qui lui coulait déjà dans les yeux. Il avait envie de crier encore pour dénouer enfin le nœud violent qui lui broyait le cœur. La chaleur tombait lentement entre les branches des ficus. Le ciel bleu du matin se couvrait rapidement d'une taie blanchâtre qui rendait l'air plus étouffant. Rieux se laissa aller sur son banc. Il regardait les branches, le ciel, retrouvant lentement sa respiration, ravalant peu à peu sa fatigue.

– Pourquoi m'avoir parlé avec cette colère ? dit une voix derrière lui. Pour moi aussi, ce spectacle était insupportable.

Rieux se retourna vers Paneloux :

– C'est vrai, dit-il. Pardonnez-moi. Mais la fatigue est une folie. Et il y a des heures dans cette ville où je ne sens plus que ma révolte.

passage analysé

– Je comprends, murmura Paneloux. Cela est révoltant parce que cela passe notre mesure. Mais peut-être devons-nous aimer ce que nous ne pouvons pas comprendre.

Rieux se redressa d'un seul coup. Il regardait Paneloux, avec toute la force et la passion dont il était capable, et secouait la tête.

– Non, mon père, dit-il. Je me fais une autre idée de l'amour. Et je refuserai jusqu'à la mort d'aimer cette création où des enfants sont torturés.

Sur le visage de Paneloux, une ombre bouleversée passa.

– Ah ! docteur, fit-il avec tristesse, je viens de comprendre ce qu'on appelle la grâce.

Mais Rieux s'était laissé aller de nouveau sur son banc. Du fond de sa fatigue revenue, il répondit avec plus de douceur :

– C'est ce que je n'ai pas, je le sais. Mais je ne veux pas discuter cela avec vous. Nous travaillons ensemble pour quelque chose qui nous réunit au-delà des blasphèmes et des prières. Cela seul est important.

Paneloux s'assit près de Rieux. Il avait l'air ému.

– Oui, dit-il, oui, vous aussi vous travaillez pour le salut de l'homme.

Rieux essayait de sourire.

– Le salut de l'homme est un trop grand mot pour moi. Je ne vais pas si loin. C'est sa santé qui m'intéresse, sa santé d'abord.

Paneloux hésita.

– Docteur, dit-il.

Mais il s'arrêta. Sur son front aussi la sueur commençait à ruisseler. Il murmura : « Au revoir » et ses yeux brillaient quand il se leva. Il allait partir quand Rieux, qui réfléchissait, se leva aussi et fit un pas vers lui.

– Pardonnez-moi encore, dit-il. Cet éclat ne se renouvellera plus.

Paneloux tendit sa main et dit avec tristesse :

– Et pourtant je ne vous ai pas convaincu !

– Qu'est-ce que cela fait? dit Rieux. Ce que je hais, c'est la mort et le mal, vous le savez bien. Et que vous le vouliez ou non, nous sommes ensemble pour les souffrir et les combattre.

Rieux retenait la main de Paneloux.

–Vous voyez, dit-il en évitant de le regarder, Dieu lui-même ne peut maintenant nous séparer.

Entre 1989 et 2011, Francis Huster, sociétaire de l'Académie française, a joué sept cents représentations partout dans le monde de sa pièce, adaptée du roman de Camus. Il interprète tous les personnages ainsi que le narrateur.

Quatrième partie

Depuis qu'il était entré dans les formations sanitaires, Paneloux n'avait pas quitté les hôpitaux et les lieux où se rencontrait la peste. Il s'était placé, parmi les sauveteurs, au rang qui lui paraissait devoir être le sien, c'est-à-dire le premier. Les spectacles de la mort ne lui avaient pas manqué. Et bien qu'en principe, il fût protégé par le sérum, le souci de sa propre mort non plus ne lui était pas resté étranger. Apparemment, il avait toujours gardé son calme. Mais à partir de ce jour où il avait longtemps regardé un enfant mourir, il parut changé. Une tension croissante se lisait sur son visage. Et le jour où il dit à Rieux, en souriant, qu'il préparait en ce moment un court traité sur le sujet: «Un prêtre peut-il consulter un médecin?», le docteur eut l'impression qu'il s'agissait de quelque chose de plus sérieux que ne semblait le dire Paneloux. Comme le docteur exprimait le désir de prendre connaissance de ce travail, Paneloux lui annonça qu'il devait faire un prêche à la messe des hommes, et qu'à cette occasion, il exposerait quelques-uns, au moins, de ses points de vues:

– Je voudrais que vous veniez, docteur, le sujet vous intéressera.

Le père prononça son second prêche par un jour de grand vent. À vrai dire, les rangs de l'assistance étaient plus clairsemés que lors du premier prêche. C'est que ce genre de spectacle n'avait plus l'attrait de la nouveauté pour nos concitoyens. Dans les circonstances difficiles que la ville traversait, le mot même de « nouveauté » avait perdu son sens. D'ailleurs, la plupart des gens, quand ils n'avaient pas entièrement déserté leurs devoirs religieux, ou quand ils ne les faisaient pas coïncider avec une vie personnelle profondément immorale, avaient remplacé les pratiques ordinaires par des superstitions peu raisonnables. Ils portaient plus volontiers des médailles protectrices ou des amulettes de saint Roch qu'ils n'allaient à la messe.

On peut en donner comme exemple l'usage immodéré que nos concitoyens faisaient des prophéties. Au printemps, en effet, on avait attendu, d'un moment à l'autre, la fin de la maladie, et personne ne s'avisait de demander à autrui des précisions sur la durée de l'épidémie, puisque tout le monde se persuadait qu'elle n'en aurait pas. Mais à mesure que les jours passaient, on se mit à craindre que ce malheur n'eût véritablement pas de fin et, du même coup, la cessation de l'épidémie devint l'objet de toutes les espérances. On se passait ainsi, de la main à la main, diverses prophéties dues à des mages ou à des saints de l'Église catholique. Des imprimeurs de la ville virent très vite le parti qu'ils pouvaient tirer de cet engouement et diffusèrent à de nombreux exemplaires les textes qui circulaient. S'apercevant que la curiosité du public était insatiable, ils firent entreprendre des recherches, dans les bibliothèques municipales, sur tous les témoignages de ce genre que la petite histoire pouvait fournir et ils les répandirent dans la ville. Lorsque l'histoire elle-même fut à court de prophéties, on en commanda à des journalistes qui, sur ce point au moins, se montrèrent aussi compétents que leurs modèles des siècles passés.

Certaines de ces prophéties paraissaient même en feuilleton dans les journaux et n'étaient pas lues avec moins d'avidité que les histoires sentimentales qu'on pouvait y trouver, au temps de la santé. Quelques-unes de ces prévisions s'appuyaient sur des calculs bizarres où intervenaient le millésime de l'année, le nombre des morts et le compte des mois déjà passés sous le régime de la peste. D'autres établissaient des comparaisons avec les grandes pestes de l'histoire, en dégageaient les similitudes (que les prophéties appelaient constantes) et, au moyen de calculs non moins bizarres, prétendaient en tirer des enseignements relatifs à l'épreuve présente. Mais les plus appréciées du public étaient sans conteste celles qui, dans un langage apocalyptique, annonçaient des séries d'événements dont chacun pouvait être celui qui éprouvait la ville et dont la complexité permettait toutes les interprétations. Nostradamus[1] et sainte Odile[2] furent ainsi consultés quotidiennement, et toujours avec fruit. Ce qui d'ailleurs restait commun à toutes les prophéties est qu'elles étaient finalement rassurantes. Seule, la peste ne l'était pas.

Ces superstitions tenaient donc lieu de religion à nos concitoyens et c'est pourquoi le prêche de Paneloux eut lieu dans une église qui n'était pleine qu'aux trois quarts. Le soir du prêche, lorsque Rieux arriva, le vent, qui s'infiltrait en filets d'air par les portes battantes de l'entrée, circulait librement parmi les auditeurs. Et c'est dans une église froide et silencieuse, au milieu d'une assistance exclusivement composée d'hommes, qu'il prit place et qu'il vit le père monter en chaire. Ce dernier parla d'un ton plus doux et plus réfléchi que la première fois et, à plusieurs reprises, les assistants remarquèrent une certaine hésitation dans son débit. Chose curieuse encore, il ne disait plus « vous », mais « nous ».

Cependant, sa voix s'affermit peu à peu. Il commença par rappeler que, depuis de longs mois, la peste était parmi nous et que maintenant que nous la connaissions mieux pour l'avoir vue tant de fois s'asseoir à notre table ou au chevet de ceux que nous aimions, marcher près de nous et attendre notre venue aux lieux

notes

1. **Nostradamus :** personnage de la Renaissance, connu pour ses prédictions.

2. **sainte Odile :** miraculée du VIIe siècle.

de travail, maintenant donc, nous pourrions peut-être mieux recevoir ce qu'elle nous disait sans relâche et que, dans la première surprise, il était possible que nous n'eussions pas bien écouté. Ce que le père Paneloux avait déjà prêché au même endroit restait vrai - ou du moins c'était sa conviction. Mais, peut-être encore, comme il nous arrivait à tous, et il s'en frappait la poitrine, l'avait-il pensé et dit sans charité. Ce qui restait vrai, cependant, était qu'en toute chose, toujours, il y avait à retenir. L'épreuve la plus cruelle était encore bénéfice pour le chrétien. Et, justement, ce que le chrétien, en l'espèce, devait chercher, c'était son bénéfice, et de quoi le bénéfice était fait, et comment on pouvait le trouver.

À ce moment, autour de Rieux, les gens parurent se carrer entre les accoudoirs de leur banc et s'installer aussi confortablement qu'ils le pouvaient. Une des portes capitonnées de l'entrée battit doucement. Quelqu'un se dérangea pour la maintenir. Et Rieux, distrait par cette agitation, entendit à peine Paneloux qui reprenait son prêche. Il disait à peu près qu'il ne fallait pas essayer de s'expliquer le spectacle de la peste, mais tenter d'apprendre ce qu'on pouvait en apprendre. Rieux comprit confusément que, selon le père, il n'y avait rien à expliquer. Son intérêt se fixa quand Paneloux dit fortement qu'il y avait des choses qu'on pouvait expliquer au regard de Dieu et d'autres qu'on ne pouvait pas. Il y avait certes le bien et le mal, et, généralement, on s'expliquait aisément ce qui les séparait. Mais à l'intérieur du mal, la difficulté commençait. Il y avait par exemple le mal apparemment nécessaire et le mal apparemment inutile. Il y avait don Juan plongé aux Enfers et la mort d'un enfant. Car s'il est juste que le libertin soit foudroyé, on ne comprend pas la souffrance de l'enfant. Et, en vérité, il n'y avait rien sur la terre de plus important que la souffrance d'un enfant et l'horreur que cette souffrance traîne avec elle et les raisons qu'il faut lui trouver. Dans le reste de la vie, Dieu nous facilitait tout et, jusque-là, la religion était sans mérites. Ici, au contraire, il nous mettait au pied du mur. Nous étions ainsi sous les murailles de la peste et c'est à leur ombre mortelle qu'il nous fallait trouver notre bénéfice. Le père Paneloux refusait même de se donner des avantages faciles qui lui permissent d'escalader le mur. Il lui aurait été aisé de dire que l'éternité des délices qui attendaient l'enfant pouvait compenser sa souffrance, mais, en vérité, il n'en savait rien. Qui pouvait affirmer en effet que l'éternité d'une joie pouvait compenser un instant de la douleur humaine ? Ce ne serait pas un chrétien, assurément, dont le Maître a connu la douleur dans ses membres et dans son âme. Non, le père resterait au pied du mur, fidèle à cet écartèlement dont la croix est le symbole, face à face avec la souffrance d'un enfant. Et il dirait sans crainte à ceux qui l'écoutaient ce jour-là : « Mes frères, l'instant est venu. Il faut tout croire ou tout nier. Et qui donc, parmi vous, oserait tout nier ? »

Rieux eut à peine le temps de penser que le père côtoyait l'hérésie que l'autre reprenait déjà, avec force, pour affirmer que cette injonction, cette pure exigence, était le bénéfice du chrétien. C'était aussi sa vertu. Le père savait que ce qu'il y avait d'excessif dans la vertu dont il allait parler choquerait beaucoup d'esprits, habitués à une morale plus indulgente et plus classique. Mais la religion du temps de peste ne pouvait être la religion de tous les jours et si Dieu pouvait admettre, et même désirer, que l'âme se repose et se réjouisse dans les temps de bonheur, il la voulait excessive dans les excès du malheur. Dieu faisait aujourd'hui à ses créatures la faveur de les mettre dans un malheur tel qu'il leur fallait retrouver et assumer la plus grande vertu qui est celle du Tout ou Rien.

Un auteur profane, il y avait des siècles de cela, avait prétendu révéler le secret de l'Église en affirmant qu'il n'y avait pas de Purgatoire. Il sous-entendait par là qu'il n'y avait pas de demi-mesures, qu'il n'y avait que le Paradis et l'Enfer et qu'on ne pouvait être que sauvé ou damné, selon ce qu'on avait choisi. C'était, à en croire Paneloux, une hérésie comme il n'en pouvait naître qu'au sein d'une âme libertine. Car il y avait un Purgatoire. Mais il était sans doute des époques où ce Purgatoire ne devait pas être trop espéré, il était des époques où l'on ne pouvait parler de péché véniel. Tout péché était mortel et toute indifférence criminelle. C'était tout ou ce n'était rien.

Paneloux s'arrêta, et Rieux entendit mieux à ce moment, sous les portes, les plaintes du vent qui semblait redoubler au dehors. Le père disait au même instant que la vertu d'acceptation totale dont il parlait ne pouvait être comprise au sens restreint qu'on lui donnait d'ordinaire, qu'il ne s'agissait pas de la banale résignation, ni même de la difficile humilité. Il s'agissait d'humiliation, mais d'une humiliation où l'humilié était consentant. Certes, la souffrance d'un enfant était humiliante pour l'esprit et le cœur. Mais c'est pourquoi il fallait y entrer. Mais c'est pourquoi, et Paneloux assura son auditoire que ce qu'il allait dire n'était pas facile à dire, il fallait la vouloir parce que Dieu la voulait. Ainsi seulement le chrétien n'épargnerait rien et, toutes issues fermées, irait au fond du choix essentiel. Il choisirait de tout croire pour ne pas être réduit à tout nier. Et comme les braves femmes qui, dans les églises en ce moment, ayant appris que les bubons qui se formaient étaient la voie naturelle par où le corps rejetait son infection, disaient : « Mon Dieu, donnez-lui des bubons », le chrétien saurait s'abandonner à la volonté divine, même incompréhensible. On ne pouvait dire : « Cela je le comprends ; mais ceci est inacceptable », il fallait sauter au cœur de cet inacceptable qui nous était offert, justement pour que nous fissions notre choix. La souffrance des enfants était notre pain amer, mais sans ce pain, notre âme périrait de sa faim spirituelle.

Ici le remue-ménage assourdi qui accompagnait généralement les pauses du père Paneloux commençait à se faire entendre quand, inopinément, le prédicateur reprit avec force en faisant mine de demander à la place de ses auditeurs quelle était, en somme, la conduite à tenir. Il s'en doutait bien, on allait prononcer le mot effrayant de fatalisme. Eh bien, il ne reculerait pas devant le terme si on lui permettait seulement d'y joindre l'adjectif «actif». Certes, et encore une fois, il ne fallait pas imiter les chrétiens d'Abyssinie dont il avait parlé. Il ne fallait même pas penser à rejoindre ces pestiférés perses qui lançaient leurs hardes sur les piquets sanitaires chrétiens en invoquant le ciel à haute voix pour le prier de donner la peste à ces infidèles qui voulaient combattre le mal envoyé par Dieu. Mais à l'inverse, il ne fallait pas imiter non plus les moines du Caire qui, dans les épidémies du siècle passé, donnaient la communion en prenant l'hostie avec des pincettes pour éviter le contact de ces bouches humides et chaudes où l'infection pouvait dormir. Les pestiférés perses et les moines péchaient également. Car, pour les premiers, la souffrance d'un enfant ne comptait pas et, pour les seconds, au contraire, la crainte bien humaine de la douleur avait tout envahi. Dans les deux cas, le problème était escamoté. Tous restaient sourds à la voix de Dieu. Mais il était d'autres exemples que Paneloux voulait rappeler. Si on en croyait le chroniqueur de la grande peste de Marseille, sur les quatre-vingt-un religieux du couvent de la Mercy, quatre seulement survécurent à la fièvre. Et sur ces quatre, trois s'enfuirent. Ainsi parlaient les chroniqueurs, et ce n'était pas leur métier d'en dire plus. Mais en lisant ceci, toute la pensée du père Paneloux allait à celui qui était resté seul, malgré soixante-dix-sept cadavres, et malgré surtout l'exemple de ses trois frères. Et le père, frappant du poing sur le rebord de la chaire, s'écria: «Mes frères, il faut être celui qui reste!»

Il ne s'agissait pas de refuser les précautions, l'ordre intelligent qu'une société introduisait dans le désordre d'un fléau. Il ne fallait pas écouter ces moralistes qui disaient qu'il fallait se mettre à genoux et tout abandonner. Il fallait seulement commencer de marcher en avant, dans la ténèbre, un peu à l'aveuglette, et essayer de faire du bien. Mais pour le reste, il fallait demeurer, et accepter de s'en remettre à Dieu, même pour la mort des enfants, et sans chercher de recours personnel.

Ici, le père Paneloux évoqua la haute figure de l'évêque Belzunce pendant la peste de Marseille. Il rappela que, vers la fin de l'épidémie, l'évêque ayant fait tout ce qu'il devait faire, croyant qu'il n'était plus de remède, s'enferma avec des vivres dans sa maison qu'il fit murer; que les habitants dont il était l'idole, par un retour de sentiment tel qu'on en trouve dans l'excès des douleurs, se fâchèrent contre lui, entourèrent sa maison de cadavres pour l'infecter et jetèrent même des corps par-dessus les murs, pour le faire périr plus sûrement. Ainsi l'évêque, dans une dernière faiblesse, avait cru s'isoler dans le monde de la mort et les morts lui tombaient du ciel sur la tête. Ainsi encore de nous, qui devions nous persuader qu'il n'est pas d'île dans la peste. Non, il n'y avait pas de milieu. Il fallait admettre le scandale parce qu'il nous fallait choisir de haïr Dieu ou de l'aimer. Et qui oserait choisir la haine de Dieu ?

« Mes frères, dit enfin Paneloux en annonçant qu'il concluait, l'amour de Dieu est un amour difficile. Il suppose l'abandon total de soi-même et le dédain de sa personne. Mais lui seul peut effacer la souffrance et la mort des enfants, lui seul en tout cas la rendre nécessaire, parce qu'il est impossible de la comprendre et qu'on ne peut que la vouloir. Voilà la difficile leçon que je voulais partager avec vous. Voilà la foi, cruelle aux yeux des hommes, décisive aux yeux de Dieu, dont il faut se rapprocher. À cette image terrible, il faut que nous nous égalions. Sur ce sommet, tout se confondra et s'égalisera, la vérité jaillira de l'apparente injustice. C'est ainsi que, dans beaucoup d'églises du Midi de la France, des pestiférés dorment depuis des siècles sous les dalles du chœur, et des prêtres parlent au-dessus de leurs tombeaux, et l'esprit qu'ils propagent jaillit de cette cendre où des enfants ont pourtant mis leur part. »

Quand Rieux sortit, un vent violent s'engouffra par la porte entr'ouverte et assaillit en pleine face les fidèles. Il apportait dans l'église une odeur de pluie, un parfum de trottoir mouillé qui leur laissait deviner l'aspect de la ville avant qu'ils fussent sortis. Devant le docteur Rieux, un vieux prêtre et un jeune diacre qui sortaient à ce moment eurent du mal à retenir leurs coiffures. Le plus âgé ne cessa pas pour autant de commenter le prêche. Il rendait hommage à l'éloquence de Paneloux, mais il s'inquiétait des hardiesses de pensée que le père avait montrées. Il estimait que ce prêche montrait plus d'inquiétude que de force, et, à l'âge de Paneloux, un prêtre n'avait pas le droit d'être inquiet. Le jeune diacre, la tête baissée pour se protéger du vent, assura qu'il fréquentait beaucoup le père, qu'il était au courant de son évolution et que son traité serait beaucoup plus hardi encore et n'aurait sans doute pas l'*imprimatur*[1].

– Quelle est donc son idée ? dit le vieux prêtre.

Ils étaient arrivés sur le parvis et le vent les entourait en hurlant, coupant la parole au plus jeune. Quand il put parler, il dit seulement :

– Si un prêtre consulte un médecin, il y a contradiction.

À Rieux qui lui rapportait les paroles de Paneloux, Tarrou dit qu'il connaissait un prêtre qui avait perdu la foi pendant la guerre en découvrant un visage de jeune homme aux yeux crevés.

– Paneloux a raison, dit Tarrou. Quand l'innocence a les yeux crevés, un chrétien doit perdre la foi ou accepter d'avoir les yeux crevés. Paneloux ne veut pas perdre la foi, il ira jusqu'au bout. C'est ce qu'il a voulu dire.

Cette observation de Tarrou permet-elle d'éclairer un peu les événements malheureux qui suivirent et où la conduite de Paneloux parut incompréhensible à ceux qui l'entourèrent ? On en jugera.

Quelques jours après le prêche, Paneloux, en effet, s'occupa de déménager. C'était le moment où l'évolution de la maladie

note

1. ***imprimatur*** : autorisation d'impression d'un livre en lien avec les dogmes de la foi chrétienne.

provoquait des déménagements constants dans la ville. Et, de même que Tarrou avait dû quitter son hôtel pour loger chez Rieux, de même le père dut laisser l'appartement où son ordre l'avait placé, pour venir loger chez une vieille personne, habituée des églises et encore indemne de la peste. Pendant le déménagement, le père avait senti croître sa fatigue et son angoisse. Et c'est ainsi qu'il perdit l'estime de sa logeuse. Car celle-ci lui ayant chaleureusement vanté les mérites de la prophétie de sainte Odile, le prêtre lui avait marqué une très légère impatience, due sans doute à sa lassitude. Quelque effort qu'il fît ensuite pour obtenir de la vieille dame au moins une bienveillante neutralité, il n'y parvint pas. Il avait fait mauvaise impression. Et, tous les soirs avant de regagner sa chambre remplie par des flots de dentelles au crochet, il devait contempler le dos de son hôtesse, assise dans son salon, en même temps qu'il emportait le souvenir du « Bonsoir, mon père » qu'elle lui adressait sèchement et sans se retourner. C'est par un soir pareil qu'au moment de se coucher, la tête battante, il sentit se libérer à ses poignets et à ses tempes les flots déchaînés d'une fièvre qu'il couvait depuis plusieurs jours.

Ce qui suivit ne fut ensuite connu que par les récits de son hôtesse. Le matin, elle s'était levée tôt, suivant son habitude. Au bout d'un certain temps, étonnée de ne pas voir le père sortir de sa chambre, elle s'était décidée, avec beaucoup d'hésitations, à frapper à sa porte. Elle l'avait trouvé encore couché, après une nuit d'insomnie. Il souffrait d'oppression et paraissait plus congestionné que d'habitude. Selon ses propres termes, elle lui avait proposé avec courtoisie de faire appeler un médecin, mais sa proposition avait été rejetée avec une violence qu'elle considérait comme regrettable. Elle n'avait pu que se retirer. Un peu plus tard, le père avait sonné et l'avait fait demander. Il s'était excusé de son mouvement d'humeur et lui avait déclaré qu'il ne pouvait être question de peste, qu'il n'en présentait aucun des symptômes et qu'il s'agissait d'une fatigue passagère. La vieille dame lui avait répondu avec dignité que sa proposition n'était pas née d'une inquiétude de cet ordre, qu'elle n'avait pas en vue sa propre sécurité qui était aux mains de Dieu, mais qu'elle avait seulement pensé à la santé du père dont elle s'estimait en partie responsable. Mais comme il n'ajoutait rien, son hôtesse, désireuse, à l'en croire, de faire tout son devoir, lui avait encore proposé de faire appeler son médecin. Le père, de nouveau, avait refusé, mais en ajoutant des explications que la vieille dame avait jugées très confuses. Elle croyait seulement avoir compris, et cela justement lui paraissait incompréhensible, que le père refusait cette consultation parce qu'elle n'était pas en accord avec ses principes. Elle en avait conclu que la fièvre troublait les idées de son locataire, et elle s'était bornée à lui apporter de la tisane.

Toujours décidée à remplir très exactement les obligations que la situation lui créait, elle avait régulièrement visité le malade toutes les deux heures. Ce qui l'avait frappée le plus était l'agitation incessante dans laquelle le père avait passé la journée. Il rejetait ses draps et les ramenait vers lui, passant sans cesse ses mains sur son front moite, et se redressant souvent pour essayer de tousser d'une toux étranglée, rauque et humide, semblable à un arrachement. Il semblait alors dans l'impossibilité d'extirper du fond de sa gorge des tampons d'ouate qui l'eussent étouffé. Au bout de ces crises, il se laissait tomber en arrière, avec tous les signes de l'épuisement. Pour finir, il se redressait encore à demi et, pendant un court moment, regardait devant lui, avec une fixité plus véhémente que toute l'agitation précédente. Mais la vieille dame hésitait encore à appeler un médecin et à contrarier son malade. Ce pouvait être un simple accès de fièvre, si spectaculaire qu'il parût.

Dans l'après-midi, cependant, elle essaya de parler au prêtre et ne reçut en réponse que quelques paroles confuses. Elle renouvela sa proposition. Mais, alors, le père se releva et, étouffant à demi, il lui répondit distinctement qu'il ne voulait pas de médecin. À ce moment, l'hôtesse décida qu'elle attendrait jusqu'au lendemain matin et que, si l'état du père n'était pas amélioré, elle téléphonerait au numéro que l'agence Ransdoc répétait une dizaine de fois tous les jours à la radio. Toujours attentive à ses devoirs, elle pensait visiter son locataire pendant la nuit et veiller sur lui. Mais le soir, après lui avoir donné de la tisane fraîche, elle voulut s'étendre un peu et ne se réveilla que le lendemain, au petit jour. Elle courut à la chambre.

Le père était étendu, sans un mouvement. À l'extrême congestion de la veille avait succédé une sorte de lividité d'autant plus sensible que les formes du visage étaient encore pleines. Le père fixait le petit lustre de perles multicolores qui pendait au-dessus du lit. À l'entrée de la vieille dame, il tourna la tête vers elle. Selon les dires de son hôtesse, il semblait à ce moment avoir été battu pendant toute la nuit et avoir perdu toute force pour réagir. Elle lui demanda comment il allait. Et d'une voix dont elle nota le son étrangement indifférent, il dit qu'il allait mal, qu'il n'avait pas besoin de médecin et qu'il suffirait qu'on le transportât à l'hôpital pour que tout fût dans les règles. Épouvantée, la vieille dame courut au téléphone.

Rieux arriva à midi. Au récit de l'hôtesse, il répondit seulement que Paneloux avait raison et que ce devait être trop tard. Le père l'accueillit avec le même air indifférent. Rieux l'examina et fut surpris de ne découvrir aucun des symptômes principaux de la peste bubonique ou pulmonaire, sinon l'engorgement et l'oppression des poumons. De toute façon, le pouls était si bas et l'état général si alarmant qu'il y avait peu d'espoir :

– Vous n'avez aucun des symptômes principaux de la maladie, dit-il à Paneloux. Mais, en réalité, il y a doute, et je dois vous isoler.

Le père sourit bizarrement, comme avec politesse, mais se tut. Rieux sortit pour téléphoner et revint. Il regardait le père.

– Je resterai près de vous, lui dit-il doucement.

L'autre parut se ranimer et tourna vers le docteur des yeux où une sorte de chaleur semblait revenir. Puis il articula difficilement, de manière qu'il était impossible de savoir s'il le disait avec tristesse ou non :

– Merci, dit-il. Mais les religieux n'ont pas d'amis. Ils ont tout placé en Dieu.

Il demanda le crucifix qui était placé à la tête du lit et, quand il l'eut, se détourna pour le regarder.

À l'hôpital, Paneloux ne desserra pas les dents. Il s'abandonna comme une chose à tous les traitements qu'on lui imposa, mais il ne lâcha plus le crucifix. Cependant, le cas du prêtre continuait d'être ambigu. Le doute persistait dans l'esprit de Rieux. C'était la peste et ce n'était pas elle. Depuis quelque temps d'ailleurs, elle semblait prendre plaisir à dérouter les diagnostics. Mais dans le cas de Paneloux, la suite devait montrer que cette incertitude était sans importance.

La fièvre monta. La toux se fit de plus en plus rauque et tortura le malade toute la journée. Le soir enfin, le père expectora cette ouate qui l'étouffait. Elle était rouge. Au milieu du tumulte de la fièvre, Paneloux gardait son regard indifférent et quand, le lendemain matin, on le trouva mort, à demi versé hors du lit, son regard n'exprimait rien. On inscrivit sur sa fiche : « Cas douteux. »

La Toussaint de cette année-là ne fut pas ce qu'elle était d'ordinaire. Certes, le temps était de circonstance. Il avait brusquement changé et les chaleurs tardives avaient tout d'un coup fait place aux fraîcheurs. Comme les autres années, un vent froid soufflait maintenant de façon continue. De gros nuages couraient d'un horizon à l'autre, couvraient d'ombre les maisons sur lesquelles retombait, après leur passage, la lumière froide et dorée du ciel de novembre. Les premiers imperméables avaient fait leur apparition. Mais on remarquait un nombre surprenant d'étoffes caoutchoutées et brillantes. Les journaux en effet avaient rapporté que deux cents ans auparavant, pendant les grandes pestes du Midi, les médecins revêtaient des étoffes huilées pour leur propre préservation. Les magasins en avaient profité pour écouler un stock de vêtements démodés grâce auxquels chacun espérait une immunité.

Mais tous ces signes de saisons ne pouvaient faire oublier que les cimetières étaient désertés. Les autres années, les tramways étaient pleins de l'odeur fade des chrysanthèmes et des théories[1]

note

1. **théories**: groupes ou députations de personnes.

de femmes se rendaient aux lieux où leurs proches se trouvaient enterrés, afin de fleurir leurs tombes. C'était le jour où l'on essayait de compenser auprès du défunt l'isolement et l'oubli où il avait été tenu pendant de longs mois. Mais cette année-là, personne ne voulait plus penser aux morts. On y pensait déjà trop, précisément. Et il ne s'agissait plus de revenir à eux avec un peu de regret et beaucoup de mélancolie. Ils n'étaient plus les délaissés auprès desquels on vient se justifier un jour par an. Ils étaient les intrus qu'on veut oublier. Voilà pourquoi la Fête des Morts, cette année-là, fut en quelque sorte escamotée. Selon Cottard, à qui Tarrou reconnaissait un langage de plus en plus ironique, c'était tous les jours la Fête des Morts.

Et réellement, les feux de joie de la peste brûlaient avec une allégresse toujours plus grande dans le four crématoire. D'un jour à l'autre, le nombre de morts, il est vrai, n'augmentait pas. Mais il semblait que la peste se fût confortablement installée dans son paroxysme et qu'elle apportât à ses meurtres quotidiens la précision et la régularité d'un bon fonctionnaire. En principe, et de l'avis des personnalités compétentes, c'était un bon signe. Le graphique des progrès de la peste, avec sa montée incessante, puis le long plateau qui lui succédait, paraissait tout à fait réconfortant au docteur Richard, par exemple. « C'est un bon, c'est un excellent graphique », disait-il. Il estimait que la maladie avait atteint ce qu'il appelait un palier. Désormais, elle ne pourrait que décroître. Il en attribuait le mérite au nouveau sérum de Castel qui venait de connaître, en effet, quelques succès inattendus. Le vieux Castel n'y contredisait pas, mais estimait qu'en fait, on ne pouvait rien prévoir, l'histoire des épidémies comportant des rebondissements imprévus. La préfecture qui, depuis longtemps, désirait apporter un apaisement à l'esprit public, et à qui la peste n'en donnait pas les moyens, se proposait de réunir les médecins pour leur demander un rapport à ce sujet, lorsque le docteur Richard fut enlevé par la peste, lui aussi, et précisément sur le palier de la maladie.

L'administration, devant cet exemple, impressionnant sans doute, mais qui, après tout, ne prouvait rien, retourna au pessimisme avec autant d'inconséquence qu'elle avait d'abord accueilli l'optimisme. Castel, lui, se bornait à préparer son sérum aussi soigneusement qu'il le pouvait. Il n'y avait plus, en tout cas, un seul lieu public qui ne fût transformé en hôpital ou en lazaret, et si l'on respectait encore la préfecture, c'est qu'il fallait bien garder un endroit où se réunir. Mais, en général, et du fait de la stabilité relative de la peste à cette époque, l'organisation prévue par Rieux ne fut nullement dépassée. Les médecins et les aides, qui fournissaient un effort épuisant, n'étaient pas obligés d'imaginer des efforts plus grands encore. Ils devaient seulement continuer avec régularité, si l'on peut dire, ce travail surhumain. Les formes pulmonaires de l'infection qui s'étaient déjà manifestées se multipliaient maintenant aux quatre coins de la ville, comme si le vent allumait et activait des incendies dans les poitrines. Au milieu de vomissements de sang, les malades étaient enlevés beaucoup plus rapidement. La contagiosité risquait maintenant d'être plus grande, avec cette nouvelle forme de l'épidémie. Au vrai, les avis des spécialistes avaient toujours été contradictoires sur ce point. Pour plus de sûreté cependant, le personnel sanitaire continuait de respirer sous des masques de gaze désinfectée. À première vue, en tout cas, la maladie aurait dû s'étendre. Mais, comme les cas de peste bubonique diminuaient, la balance était en équilibre.

On pouvait cependant avoir d'autres sujets d'inquiétude par suite des difficultés du ravitaillement qui croissaient avec le temps. La spéculation s'en était mêlée et on offrait à des prix fabuleux des denrées de première nécessité qui manquaient sur le marché ordinaire. Les familles pauvres se trouvaient ainsi dans une situation très pénible, tandis que les familles riches ne manquaient à peu près de rien. Alors que la peste, par l'impartialité efficace qu'elle apportait dans son ministère, aurait dû renforcer l'égalité chez nos concitoyens, par le jeu normal des égoïsmes, au contraire, elle rendait plus aigu dans le cœur des hommes le sentiment de l'injustice. Il restait, bien entendu, l'égalité irréprochable de la mort, mais de celle-là, personne ne voulait. Les pauvres qui souffraient ainsi de la faim pensaient, avec plus de nostalgie encore, aux villes et aux campagnes voisines, où la vie était libre et où le pain n'était pas cher. Puisqu'on ne pouvait les nourrir suffisamment, ils avaient le sentiment, d'ailleurs peu raisonnable, qu'on aurait dû leur permettre de partir. Si bien qu'un mot d'ordre avait fini par courir qu'on lisait, parfois, sur les murs ou qui était crié, d'autres fois, sur le passage du préfet: «Du pain ou de l'air.» Cette formule ironique donnait le signal de certaines manifestations vite réprimées, mais dont le caractère de gravité n'échappait à personne.

Les journaux, naturellement, obéissaient à la consigne d'optimisme à tout prix qu'ils avaient reçues. À les lire, ce qui caractérisait la situation, c'était «l'exemple émouvant de calme et de sang-froid» que donnait la population. Mais dans une ville refermée sur elle-même, où rien ne pouvait demeurer secret, personne ne se trompait sur «l'exemple» donné par la communauté. Et pour avoir une juste idée du calme et du sang-froid dont il était question, il suffisait d'entrer dans un lieu de quarantaine ou dans un des camps d'isolement qui avaient été organisés par l'administration. Il se trouve que le narrateur, appelé ailleurs, ne les a pas connus. Et c'est pourquoi il ne peut citer ici que le témoignage de Tarrou.

Tarrou rapporte, en effet, dans ses carnets, le récit d'une visite qu'il fit avec Rambert au camp installé sur le stade municipal. Le stade est situé presque aux portes de la ville, et donne d'un côté sur la rue où passent les tramways, de l'autre sur des terrains vagues qui s'étendent jusqu'au bord du plateau où la ville est construite. Il est entouré ordinairement de hauts murs de ciment et il avait suffi de placer des sentinelles aux quatre portes d'entrée pour rendre l'évasion difficile. De même, les murs empêchaient les gens de l'extérieur d'importuner de leur curiosité les malheureux qui étaient placés en quarantaine. En revanche, ceux-ci, à longueur de journée, entendaient, sans les voir, les tramways qui passaient, et devinaient, à la rumeur plus grande que ces derniers traînaïent avec eux, les heures de rentrée et de sortie des bureaux. Ils savaient ainsi que la vie dont ils étaient exclus continuait à quelques mètres d'eux, et que les murs de ciment séparaient deux univers plus étrangers l'un à l'autre que s'ils avaient été dans des planètes différentes.

C'est un dimanche après-midi que Tarrou et Rambert choisirent pour se diriger vers le stade. Ils étaient accompagnés de Gonzalès, le joueur de football, que Rambert avait retrouvé et qui avait fini par accepter de diriger par roulement la surveillance du stade. Rambert devait le présenter à l'administrateur du camp. Gonzalès avait dit aux deux hommes, au moment où ils s'étaient retrouvés, que c'était l'heure où, avant la peste, il se mettait en tenue pour commencer son match. Maintenant que les stades étaient réquisitionnés, ce n'était plus possible et Gonzalès se sentait, et avait l'air, tout à fait désœuvré. C'était une des raisons pour lesquelles il avait accepté cette surveillance, à condition qu'il n'eût à l'exercer que pendant les fins de semaine. Le ciel était à moitié couvert et Gonzalès, le nez levé, remarqua avec regret que ce temps, ni pluvieux ni chaud, était le plus favorable à une bonne partie. Il évoquait comme il pouvait l'odeur d'embrocation dans les vestiaires, les tribunes croulantes, les maillots de couleur vive sur le terrain fauve, les citrons de la mi-temps ou la limonade qui pique les gorges desséchées de mille aiguilles rafraîchissantes. Tarrou note d'ailleurs que, pendant tout le trajet, à travers les rues défoncées du faubourg, le joueur ne cessait de donner des coups de pied dans les cailloux qu'il rencontrait. Il essayait de les envoyer droit dans les bouches d'égout, et quand il réussissait, « un à zéro », disait-il. Quand il avait fini sa cigarette, il crachait son mégot devant lui et tentait, à la volée, de le rattraper du pied. Près du stade, des enfants qui jouaient envoyèrent une balle vers le groupe qui passait et Gonzalès se dérangea pour la leur retourner avec précision.

Ils entrèrent enfin dans le stade. Les tribunes étaient pleines de monde. Mais le terrain était couvert par plusieurs centaines de tentes rouges, à l'intérieur desquelles on apercevait, de loin, des literies et des ballots. On avait gardé les tribunes pour que les internés pussent s'abriter par les temps de chaleur ou de pluie. Simplement, ils devaient réintégrer les tentes au coucher du soleil. Sous les tribunes, se trouvaient les douches qu'on avait aménagées et les anciens vestiaires de joueurs qu'on avait transformés en bureaux et en infirmeries. La plupart des internés garnissaient les tribunes. D'autres erraient sur les touches. Quelques-uns étaient accroupis à l'entrée de leur tente et promenaient sur toutes choses un regard vague. Dans les tribunes, beaucoup étaient affalés et semblaient attendre.

– Que font-ils dans la journée ? demanda Tarrou à Rambert.

– Rien.

Presque tous, en effet, avaient les bras ballants et les mains vides. Cette immense assemblée d'hommes était curieusement silencieuse.

– Les premiers jours, on ne s'entendait pas, ici, dit Rambert. Mais à mesure que les jours passaient, ils ont parlé de moins en moins.

Si l'on en croit ses notes, Tarrou les comprenait, et il les voyait au début, entassés dans leurs tentes, occupés à écouter les mouches ou à se gratter, hurlant leur colère ou leur peur quand ils trouvaient une oreille complaisante. Mais à partir du moment où le camp avait été surpeuplé, il y avait eu de moins en moins d'oreilles complaisantes. Il ne restait donc plus qu'à se taire et à se méfier. Il y avait en effet une sorte de méfiance qui tombait du ciel gris, et pourtant lumineux, sur le camp rouge.

Oui, ils avaient tous l'air de la méfiance. Puisqu'on les avait séparés des autres, ce n'était pas sans raison, et ils montraient le visage de ceux qui cherchent leurs raisons, et qui craignent. Chacun de ceux que Tarrou regardait avait l'œil inoccupé, tous avaient l'air de souffrir d'une séparation très générale d'avec ce qui faisait leur vie. Et comme ils ne pouvaient pas toujours penser à la mort, ils ne pensaient à rien. Ils étaient en vacances. « Mais le pire, écrivait Tarrou, est qu'ils soient des oubliés et qu'ils le sachent. Ceux qui les connaissaient les ont oubliés parce qu'ils pensent à autre chose et c'est bien compréhensible. Quant à ceux qui les aiment, ils les ont oubliés aussi parce qu'ils doivent s'épuiser en démarches et en projets pour les faire sortir. À force de penser à cette sortie, ils ne pensent plus à ceux qu'il s'agit de faire sortir. Cela aussi est normal. Et à la fin de tout, on s'aperçoit que personne n'est capable réellement de penser à personne, fût-ce dans le pire des malheurs. Car penser réellement à quelqu'un, c'est y penser minute après minute, sans être distrait par rien, ni les soins du ménage, ni la mouche qui vole, ni les repas, ni une démangeaison. Mais il y a toujours des mouches et des démangeaisons. C'est pourquoi la vie est difficile à vivre. Et ceux-ci le savent bien. »

L'administrateur, qui revenait vers eux, leur dit qu'un M. Othon demandait à les voir. Il conduisit Gonzalès dans son bureau, puis les mena vers un coin des tribunes d'où M. Othon, qui s'était assis à l'écart, se leva pour les recevoir. Il était toujours habillé de la même façon et portait le même col dur. Tarrou remarqua seulement que ses touffes, sur les tempes, étaient beaucoup plus hérissées et qu'un de ses lacets était dénoué. Le juge avait l'air fatigué, et, pas une seule fois, il ne regarda ses interlocuteurs en face. Il dit qu'il était heureux de les voir et qu'il les chargeait de remercier le docteur Rieux pour ce qu'il avait fait.

Les autres se turent.

– J'espère, dit le juge après un certain temps, que Philippe n'aura pas trop souffert.

C'était la première fois que Tarrou lui entendait prononcer le nom de son fils et il comprit que quelque chose était changé. Le soleil baissait à l'horizon et, entre deux nuages, ses rayons entraient latéralement dans les tribunes, dorant leurs trois visages.

– Non, dit Tarrou, non, il n'a vraiment pas souffert.

Quand ils se retirèrent, le juge continuait de regarder du côté d'où venait le soleil.

Ils allèrent dire au revoir à Gonzalès, qui étudiait un tableau de surveillance par roulement. Le joueur rit en leur serrant les mains.

– J'ai retrouvé au moins les vestiaires, disait-il, c'est toujours ça.

Peu après, l'administrateur reconduisait Tarrou et Rambert, quand un énorme grésillement se fit entendre dans les tribunes. Puis les haut-parleurs qui, dans des temps meilleurs, servaient à annoncer le résultat des matches ou à présenter les équipes, déclarèrent en nasillant que les internés devaient regagner leurs tentes pour que le repas du soir pût être distribué. Lentement, les hommes quittèrent les tribunes et se rendirent dans les tentes en traînant le pas. Quand ils furent tous installés, deux petites voitures électriques, comme on en voit dans les gares, passèrent entre les tentes, transportant de grosses marmites. Les hommes tendaient leurs bras, deux louches plongeaient dans deux marmites et en sortaient pour atterrir dans deux gamelles. La voiture se remettait en marche. On recommençait à la tente suivante.

– C'est scientifique, dit Tarrou à l'administrateur.

– Oui, dit celui-ci avec satisfaction, en leur serrant la main, c'est scientifique.

Le crépuscule était là, et le ciel s'était découvert. Une lumière douce et fraîche baignait le camp. Dans la paix du soir, des bruits de cuillers et d'assiettes montèrent de toutes parts. De chauves-souris voletèrent au-dessus des tentes et disparurent subitement. Un tramway criait sur un aiguillage, de l'autre côté des murs.

– Pauvre juge, murmura Tarrou en franchissant les portes. Il faudrait faire quelque chose pour lui. Mais comment aider un juge ?

Il y avait ainsi, dans la ville, plusieurs autres camps dont le narrateur, par scrupule et par manque d'information directe, ne peut dire plus. Mais ce qu'il peut dire, c'est que l'existence de ces camps, l'odeur d'hommes qui en venait, les énormes voix des haut-parleurs dans le crépuscule, le mystère des murs et la crainte de ces lieux réprouvés, pesaient lourdement sur le moral de nos concitoyens et ajoutaient encore au désarroi et au malaise de tous. Les incidents et les conflits avec l'administration se multiplièrent.

À la fin de novembre, cependant, les matins devinrent très froids. Des pluies de déluge lavèrent le pavé à grande eau, nettoyèrent le ciel et le laissèrent pur de nuages au-dessus des rues luisantes. Un soleil sans force répandit tous les matins, sur la ville, une lumière étincelante et glacée. Vers le soir, au contraire, l'air devenait tiède à nouveau. Ce fut le moment que choisit Tarrou pour se découvrir un peu auprès du docteur Rieux.

Un jour, vers dix heures, après une longue et épuisante journée, Tarrou accompagna Rieux, qui allait faire au vieil asthmatique sa visite du soir. Le ciel luisait doucement au-dessus des maisons du vieux quartier. Un léger vent soufflait sans bruit à travers les carrefours obscurs. Venus des rues calmes, les deux hommes tombèrent sur le bavardage du vieux. Celui-ci leur apprit qu'il y en avait qui n'étaient pas d'accord, que l'assiette au beurre était toujours pour les mêmes, que tant va la cruche à l'eau qu'à la fin elle se casse et que, probablement, et là il se frotta les mains, il y aurait du grabuge. Le docteur le soigna sans qu'il cessât de commenter les événements.

Ils entendaient marcher au-dessus d'eux. La vieille femme, remarquant l'air intéressé de Tarrou, leur expliqua que des voisines se tenaient sur la terrasse. Ils apprirent en même temps qu'on avait une belle vue, de là-haut, et que les terrasses des maisons se rejoignant souvent par un côté, il était possible aux femmes du quartier de se rendre visite sans sortir de chez elles.

– Oui, dit le vieux, montez donc. Là-haut, c'est le bon air.

Ils trouvèrent la terrasse vide, et garnie de trois chaises. D'un côté, aussi loin que la vue pouvait s'étendre, on n'apercevait que des terrasses qui finissaient par s'adosser à une masse obscure et pierreuse où ils reconnurent la première colline. De l'autre côté, par-dessus quelques rues et le port invisible, le regard plongeait sur un horizon où le ciel et la mer se mêlaient dans une palpitation indistincte. Au-delà de ce qu'ils savaient être les falaises, une lueur dont ils n'apercevaient pas la source reparaissait régulièrement : le phare de la passe, depuis le printemps, continuait à tourner pour des navires qui se détournaient vers d'autres ports. Dans le ciel balayé et lustré par le vent, des étoiles pures brillaient et la lueur lointaine du phare y mêlait, de moment en moment, une cendre passagère. La brise apportait des odeurs d'épices et de pierre. Le silence était absolu.

– Il fait bon, dit Rieux, en s'asseyant. C'est comme si la peste n'était jamais montée là.

Tarrou lui tournait le dos et regardait la mer.

– Oui, dit-il après un moment, il fait bon.

Il vint s'asseoir auprès du docteur et le regarda attentivement. Trois fois, la lueur reparut dans le ciel. Un bruit de vaisselle choquée monta jusqu'à eux des profondeurs de la rue. Une porte claqua dans la maison.

– Rieux, dit Tarrou sur un ton très naturel, vous n'avez jamais cherché à savoir qui j'étais ? Avez-vous de l'amitié pour moi ?

– Oui, répondit le docteur, j'ai de l'amitié pour vous. Mais jusqu'ici le temps nous a manqué.

– Bon, cela me rassure. Voulez-vous que cette heure soit celle de l'amitié ?

Pour toute réponse, Rieux lui sourit.

– Eh bien, voilà...

Quelques rues plus loin, une auto sembla glisser longuement sur le pavé mouillé. Elle s'éloigna et, après elle, des exclamations confuses, venues de loin, rompirent encore le silence. Puis il retomba sur les deux hommes avec tout son poids de ciel et d'étoiles. Tarrou s'était levé pour se percher sur le parapet de la terrasse, face à Rieux, toujours tassé au creux de sa chaise. On ne voyait de lui qu'une forme massive, découpée dans le ciel. Il parla longtemps et voici à peu près son discours reconstitué :

« Disons pour simplifier, Rieux, que je souffrais déjà de la peste bien avant de connaître cette ville et cette épidémie. C'est assez dire que je suis comme tout le monde. Mais il y a des gens qui ne le savent pas, ou qui se trouvent bien dans cet état, et des gens qui le savent et qui voudraient en sortir. Moi, j'ai toujours voulu en sortir.

« Quand j'étais jeune, je vivais avec l'idée de mon innocence, c'est-à-dire avec pas d'idée du tout. Je n'ai pas le genre tourmenté, j'ai débuté comme il convenait. Tout me réussissait, j'étais à l'aise dans l'intelligence, au mieux avec les femmes, et si j'avais quelques inquiétudes, elles passaient comme elles étaient venues. Un jour, j'ai commencé à réfléchir. Maintenant...

« Il faut vous dire que je n'étais pas pauvre comme vous. Mon père était avocat général, ce qui est une situation. Pourtant, il n'en portait pas l'air, étant de naturel bonhomme. Ma mère était simple et effacée, je n'ai jamais cessé de l'aimer, mais je préfère ne pas en parler. Lui s'occupait de moi avec affection et je crois même qu'il essayait de me comprendre. Il avait des aventures au dehors, j'en suis sûr maintenant, et, aussi bien, je suis loin de m'en indigner. Il se conduisait en tout cela comme il fallait attendre qu'il se conduisît, sans choquer personne. Pour parler bref, il n'était pas très original et, aujourd'hui qu'il est mort, je me rends compte que s'il n'a pas vécu comme un saint, il n'a pas été non plus un mauvais homme. Il tenait le milieu, voilà tout, et c'est le type d'homme pour lequel on se sent une affection raisonnable, celle qui fait qu'on continue.

« Il avait cependant une particularité : le grand indicateur Chaix[1] était son livre de chevet. Ce n'était pas qu'il voyageât, sauf aux vacances, pour aller en Bretagne où il avait une petite propriété. Mais il était à même de vous dire exactement les heures de départ et d'arrivée du Paris-Berlin, les combinaisons d'horaires qu'il fallait faire pour aller de Lyon à Varsovie, le kilométrage exact entre les capitales de votre choix. Êtes-vous capable de dire comment on va de Briançon[2] à Chamonix[3] ? Même un chef de gare s'y perdrait. Mon père ne s'y perdait pas. Il s'exerçait à peu près tous les soirs à enrichir ses connaissances sur ce point, et il en était plutôt fier. Cela m'amusait beaucoup, et je le questionnais souvent, ravi de vérifier ses réponses dans le Chaix et de reconnaître qu'il ne s'était pas trompé. Ces petits exercices nous ont beaucoup liés l'un à l'autre, car je lui fournissais un auditoire dont il appréciait la bonne volonté. Quant à moi, je trouvais que cette supériorité qui avait trait aux chemins de fer en valait bien une autre.

« Mais je me laisse aller et je risque de donner trop d'importance à cet honnête homme. Car, pour finir, il n'a eu qu'une influence

notes

1. **indicateur Chaix :** indicateur d'horaires de trains.
2. **Briançon :** ville de France.
3. **Chamonix :** ville de France.

indirecte sur ma détermination. Tout au plus m'a-t-il fourni une occasion. Quand j'ai eu dix-sept ans, en effet, mon père m'a invité à aller l'écouter. Il s'agissait d'une affaire importante, en cour d'assises, et, certainement, il avait pensé qu'il apparaîtrait sous son meilleur jour. Je crois aussi qu'il comptait sur cette cérémonie, propre à frapper les jeunes imaginations, pour me pousser à entrer dans la carrière que lui-même avait choisie. J'avais accepté, parce que cela faisait plaisir à mon père et parce que, aussi bien, j'étais curieux de le voir et de l'entendre dans un autre rôle que celui qu'il jouait parmi nous. Je ne pensais à rien de plus. Ce qui se passait dans un tribunal m'avait toujours paru aussi naturel et inévitable qu'une revue de 14 juillet ou une distribution de prix. J'en avais une idée fort abstraite et qui ne me gênait pas.

«Je n'ai pourtant gardé de cette journée qu'une seule image, celle du coupable. Je crois qu'il était coupable en effet, il importe peu de quoi. Mais ce petit homme au poil roux et pauvre, d'une trentaine d'années, paraissait si décidé à tout reconnaître, si sincèrement effrayé par ce qu'il avait fait et ce qu'on allait lui faire, qu'au bout de quelques minutes, je n'eus plus d'yeux que pour lui. Il avait l'air d'un hibou effarouché par une lumière trop vive. Le nœud de sa cravate ne s'ajustait pas exactement à l'angle du col. Il se rongeait les ongles d'une seule main, la droite... Bref, je n'insiste pas, vous avez compris qu'il était vivant.

«Mais moi, je m'en apercevais brusquement, alors que, jusqu'ici, je n'avais pensé à lui qu'à travers la catégorie commode d'"inculpé". Je ne puis dire que j'oubliais alors mon père, mais quelque chose me serrait le ventre qui m'enlevait toute autre attention que celle que je portais au prévenu. Je n'écoutais presque rien, je sentais qu'on voulait tuer cet homme vivant et un instinct formidable comme une vague me portait à ses côtés avec une sorte d'aveuglement entêté. Je ne me réveillai vraiment qu'avec le réquisitoire de mon père.

« Transformé par sa robe rouge, ni bonhomme ni affectueux, sa bouche grouillait de phrases immenses, qui, sans arrêt, en sortaient comme des serpents. Et je compris qu'il demandait la mort de cet homme au nom de la société et qu'il demandait même qu'on lui coupât le cou. Il disait seulement, il est vrai : “ Cette tête doit tomber. ” Mais, à la fin, la différence n'était pas grande. Et cela revint au même, en effet, puisqu'il obtint cette tête. Simplement, ce n'est pas lui qui fit alors le travail. Et moi qui suivis l'affaire ensuite jusqu'à sa conclusion, exclusivement, j'eus avec ce malheureux une intimité bien plus vertigineuse que ne l'eut jamais mon père. Celui-ci devait pourtant, selon la coutume, assister à ce qu'on appelait poliment les derniers moments et qu'il faut bien nommer le plus abject des assassinats.

« À partir de ce moment, je ne pus regarder l'indicateur Chaix qu'avec un dégoût abominable. À partir de ce moment, je m'intéressai avec horreur à la justice, aux condamnations à mort, aux exécutions et je constatai avec un vertige que mon père avait dû assister plusieurs fois à l'assassinat et que c'était les jours où, justement, il se levait très tôt. Oui, il remontait son réveil dans ces cas-là. Je n'osai pas en parler à ma mère, mais je l'observai mieux alors et je compris qu'il n'y avait plus rien entre eux et qu'elle menait une vie de renoncement. Cela m'aida à lui pardonner, comme je disais alors. Plus tard, je sus qu'il n'y avait rien à lui pardonner, parce qu'elle avait été pauvre toute sa vie jusqu'à son mariage et que la pauvreté lui avait appris la résignation.

« Vous attendez sans doute que je vous dise que je suis parti aussitôt. Non, je suis resté plusieurs mois, presque une année. Mais j'avais le cœur malade. Un soir, mon père demanda son réveil parce qu'il devait se lever tôt. Je ne dormis pas de la nuit. Le lendemain, quand il revint, j'étais parti. Disons tout de suite que mon père me fit rechercher, que j'allai le voir, que sans rien expliquer, je lui dis calmement que je me tuerais s'il me forçait à revenir. Il finit par accepter, car il était de naturel plutôt doux, me fit un discours sur la stupidité qu'il y avait à vouloir vivre sa vie (c'est ainsi qu'il s'expliquait mon geste et je ne le dissuadai point), mille recommandations, et réprima les larmes sincères qui lui venaient. Par la suite, assez longtemps après cependant, je revins régulièrement voir ma mère et je le rencontrai alors. Ces rapports lui suffirent, je crois. Pour moi, je n'avais pas d'animosité contre lui, seulement un peu de tristesse au cœur. Quand il mourut, je pris ma mère avec moi et elle y serait encore si elle n'était pas morte à son tour.

«J'ai longuement insisté sur ce début parce qu'il fut en effet au début de tout. J'irai plus vite maintenant. J'ai connu la pauvreté à dix-huit ans, au sortir de l'aisance. J'ai fait mille métiers pour gagner ma vie. Ça ne m'a pas trop mal réussi. Mais ce qui m'intéressait, c'était la condamnation à mort. Je voulais régler un compte avec le hibou roux. En conséquence, j'ai fait de la politique comme on dit. Je ne voulais pas être un pestiféré, voilà tout. J'ai cru que la société où je vivais était celle qui reposait sur la condamnation à mort et qu'en la combattant, je combattrais l'assassinat. Je l'ai cru, d'autres me l'ont dit et, pour finir, c'était vrai en grande partie. Je me suis donc mis avec les autres que j'aimais et que je n'ai pas cessé d'aimer. J'y suis resté longtemps et il n'est pas de pays en Europe dont je n'aie partagé les luttes. Passons.

«Bien entendu, je savais que, nous aussi, nous prononcions, à l'occasion, des condamnations. Mais on me disait que ces quelques morts étaient nécessaires pour amener un monde où l'on ne tuerait plus personne. C'était vrai d'une certaine manière et, après tout, peut-être ne suis-je pas capable de me maintenir dans ce genre de vérités. Ce qu'il y a de sûr, c'est que j'hésitais. Mais je pensais au hibou et cela pouvait continuer. Jusqu'au jour où j'ai vu une exécution (c'était en Hongrie) et le même vertige qui avait saisi l'enfant que j'étais a obscurci mes yeux d'homme.

«Vous n'avez jamais vu fusiller un homme ? Non, bien sûr, cela se fait généralement sur invitation et le public est choisi d'avance. Le résultat est que vous en êtes resté aux estampes et aux livres.

Un bandeau, un poteau, et au loin quelques soldats. Eh bien, non! Savez-vous que le peloton des fusilleurs se place au contraire à un mètre cinquante du condamné? Savez-vous que si le condamné faisait deux pas en avant, il heurterait les fusils avec sa poitrine? Savez-vous qu'à cette courte distance, les fusilleurs concentrent leur tir sur la région du cœur et qu'à eux tous, avec leurs grosses balles, ils y font un trou où l'on pourrait mettre le poing? Non, vous ne le savez pas parce que ce sont là des détails dont on ne parle pas. Le sommeil des hommes est plus sacré que la vie pour les pestiférés. On ne doit pas empêcher les braves gens de dormir. Il y faudrait du mauvais goût, et le goût consiste à ne pas insister, tout le monde sait ça. Mais moi, je n'ai pas bien dormi depuis ce temps-là. Le mauvais goût m'est resté dans la bouche et je n'ai pas cessé d'insister, c'est-à-dire d'y penser.

«J'ai compris alors que moi, du moins, je n'avais pas cessé d'être un pestiféré pendant toutes ces longues années où pourtant, de toute mon âme, je croyais lutter justement contre la peste. J'ai appris que j'avais indirectement souscrit à la mort de milliers d'hommes, que j'avais même provoqué cette mort en trouvant bons les actions et les principes qui l'avaient fatalement entraînée. Les autres ne semblaient pas gênés par cela ou du moins ils n'en parlaient jamais spontanément. Moi, j'avais la gorge nouée. J'étais avec eux et j'étais pourtant seul. Quand il m'arrivait d'exprimer mes scrupules, ils me disaient qu'il fallait réfléchir à ce qui était en jeu et ils me donnaient des raisons souvent impressionnantes, pour me faire avaler ce que je n'arrivais pas à déglutir. Mais je répondais que les grands pestiférés, ceux qui mettent des robes rouges, ont aussi d'excellentes raisons dans ces cas-là, et que si j'admettais les raisons de force majeure et les nécessités invoquées par les petits pestiférés, je ne pourrais pas rejeter celles des grands. Ils me faisaient remarquer que la bonne manière de donner raison aux robes rouges était de leur laisser l'exclusivité de la condamnation. Mais je me disais alors que, si l'on cédait une fois, il n'y avait pas de raison de s'arrêter. Il me semble que l'histoire m'a donné raison, aujourd'hui c'est à qui tuera le plus. Ils sont tous dans la fureur du meurtre, et ils ne peuvent pas faire autrement.

« Mon affaire à moi, en tout cas, ce n'était pas le raisonnement. C'était le hibou roux, cette sale aventure où de sales bouches empestées annonçaient à un homme dans les chaînes qu'il allait mourir et réglaient toutes choses pour qu'il meure, en effet, après des nuits et des nuits d'agonie pendant lesquelles il attendait d'être assassiné les yeux ouverts. Mon affaire, c'était le trou dans la poitrine. Et je me disais qu'en attendant, et pour ma part au moins, je refuserais de jamais donner une seule raison, une seule, vous entendez, à cette dégoûtante boucherie. Oui, j'ai choisi cet aveuglement obstiné en attendant d'y voir plus clair.

« Depuis, je n'ai pas changé. Cela fait longtemps que j'ai honte, honte à mourir d'avoir été, fût-ce de loin, fût-ce dans la bonne volonté, un meurtrier à mon tour. Avec le temps, j'ai simplement aperçu que même ceux qui étaient meilleurs que d'autres ne pouvaient s'empêcher aujourd'hui de tuer ou de laisser tuer parce que c'était dans la logique où ils vivaient, et que nous ne pouvions pas faire un geste en ce monde sans risquer de faire mourir. Oui, j'ai continué d'avoir honte, j'ai appris cela, que nous étions tous dans la peste, et j'ai perdu la paix. Je la cherche encore aujourd'hui, essayant de les comprendre tous et de n'être l'ennemi mortel de personne. Je sais seulement qu'il faut faire ce qu'il faut pour ne plus être un pestiféré et que c'est là ce qui peut, seul, nous faire espérer la paix, ou une bonne mort à son défaut. C'est cela qui peut soulager les hommes et, sinon les sauver, du moins leur faire le moins de mal possible et même parfois un peu de bien. Et c'est pourquoi j'ai décidé de refuser tout ce qui, de près ou de loin, pour de bonnes ou de mauvaises raisons, fait mourir ou justifie qu'on fasse mourir.

« C'est pourquoi encore cette épidémie ne m'apprend rien, sinon qu'il faut la combattre à vos côtés. Je sais de science certaine (oui, Rieux, je sais tout de la vie, vous le voyez bien) que chacun la porte en soi, la peste, parce que personne, non, personne au monde n'en est indemne. Et qu'il faut se surveiller sans arrêt pour ne pas être amené, dans une minute de distraction, à respirer dans la figure d'un autre et à lui coller l'infection. Ce qui est naturel, c'est le microbe. Le reste, la santé, l'intégrité, la pureté, si vous voulez, c'est un effet de la volonté et d'une volonté qui ne doit jamais s'arrêter. L'honnête homme, celui qui n'infecte presque personne, c'est celui qui a le moins de distractions possible. Et il en faut de la volonté et de la tension pour ne jamais être distrait ! Oui, Rieux, c'est bien fatigant d'être un pestiféré. Mais c'est encore plus fatigant de ne pas vouloir l'être. C'est pour cela que tout le monde se montre fatigué, puisque tout le monde, aujourd'hui, se trouve un peu pestiféré. Mais c'est pour cela que quelques-uns, qui veulent cesser de l'être, connaissent une extrémité de fatigue dont rien ne les délivrera plus que la mort.

« D'ici là, je sais que je ne vaux plus rien pour ce monde lui-même et qu'à partir du moment où j'ai renoncé à tuer, je me suis condamné à un exil définitif. Ce sont les autres qui feront l'histoire. Je sais aussi que je ne puis apparemment juger ces autres. Il y a une qualité qui me manque pour faire un meurtrier raisonnable. Ce n'est donc pas une supériorité. Mais maintenant, je consens à être ce que je suis, j'ai appris la modestie. Je dis seulement qu'il y a sur cette terre des fléaux et des victimes et qu'il faut, autant qu'il est possible, refuser d'être avec le fléau. Cela vous paraîtra peut-être un peu simple, et je ne sais si cela est simple, mais je sais que cela est vrai. J'ai entendu tant de raisonnements qui ont failli me tourner la tête, et qui ont tourné suffisamment d'autres têtes pour les faire consentir à l'assassinat, que j'ai compris que tout le malheur des hommes venait de ce qu'ils ne tenaient pas un langage clair. J'ai pris le parti alors de parler et d'agir clairement, pour me mettre sur le bon chemin. Par conséquent, je dis qu'il y a les fléaux et les victimes, et rien de plus. Si, disant cela, je deviens fléau moi-même, du moins, je n'y suis pas consentant. J'essaie d'être un meurtrier innocent. Vous voyez que ce n'est pas une grande ambition.

« Il faudrait, bien sûr, qu'il y eût une troisième catégorie, celle des vrais médecins, mais c'est un fait qu'on n'en rencontre pas beaucoup et que ce doit être difficile. C'est pourquoi j'ai décidé de me mettre du côté des victimes, en toute occasion, pour limiter les dégâts. Au milieu d'elles, je peux du moins chercher comment on arrive à la troisième catégorie, c'est-à-dire à la paix. »

En terminant, Tarrou balançait sa jambe et frappait doucement du pied contre la terrasse. Après un silence, le docteur se souleva un peu et demanda si Tarrou avait une idée du chemin qu'il fallait prendre pour arriver à la paix.

– Oui, la sympathie.

Deux timbres d'ambulance résonnèrent dans le lointain. Les exclamations, tout à l'heure confuses, se rassemblèrent aux confins de la ville, près de la colline pierreuse. On entendit en même temps quelque chose qui ressemblait à une détonation. Puis le silence revint. Rieux compta deux clignements de phare. La brise sembla prendre plus de force, et du même coup, un souffle venu de la mer apporta une odeur de sel. On entendait maintenant de façon distincte la sourde respiration des vagues contre la falaise.

– En somme, dit Tarrou avec simplicité, ce qui m'intéresse, c'est de savoir comment on devient un saint.

– Mais vous ne croyez pas en Dieu.

– Justement. Peut-on être un saint sans Dieu, c'est le seul problème concret que je connaisse aujourd'hui.

Brusquement, une grande lueur jaillit du côté d'où étaient venus les cris et, remontant le fleuve du vent, une clameur obscure parvint jusqu'aux deux hommes. La lueur s'assombrit aussitôt et loin, au bord des terrasses, il ne resta qu'un rougeoiement. Dans une panne de vent, on entendit distinctement des cris d'hommes,

passage analysé

puis le bruit d'une décharge et la clameur d'une foule. Tarrou s'était levé et écoutait. On n'entendait plus rien.

– On s'est encore battu aux portes.

– C'est fini maintenant, dit Rieux.

Tarrou murmura que ce n'était jamais fini et qu'il y aurait encore des victimes, parce que c'était dans l'ordre.

– Peut-être, répondit le docteur, mais vous savez, je me sens plus de solidarité avec les vaincus qu'avec les saints. Je n'ai pas de goût, je crois, pour l'héroïsme et la sainteté. Ce qui m'intéresse, c'est d'être un homme.

– Oui, nous cherchons la même chose, mais je suis moins ambitieux.

Rieux pensa que Tarrou plaisantait et il le regarda. Mais dans la vague lueur qui venait du ciel, il vit un visage triste et sérieux. Le vent se levait à nouveau et Rieux sentit qu'il était tiède sur sa peau. Tarrou se secoua :

– Savez-vous, dit-il, ce que nous devrions faire pour l'amitié ?

– Ce que vous voulez, dit Rieux.

– Prendre un bain de mer. Même pour un futur saint c'est un plaisir digne.

Rieux souriait.

– Avec nos laissez-passer, nous pouvons aller sur la jetée. À la fin, c'est trop bête de ne vivre que dans la peste. Bien entendu, un homme doit se battre pour les victimes. Mais s'il cesse de rien aimer par ailleurs, à quoi sert qu'il se batte ?

– Oui, dit Rieux, allons-y.

Un moment après, l'auto s'arrêtait près des grilles du port. La lune s'était levée. Un ciel laiteux projetait partout des ombres pâles. Derrière eux s'étageait la ville et il en venait un souffle chaud et malade qui les poussait vers la mer. Ils montrèrent leurs papiers à un garde qui les examina assez longuement. Ils passèrent et à travers les terre-pleins couverts de tonneaux, parmi les senteurs de vin et de poisson, ils prirent la direction de la jetée.

Peu avant d'y arriver, l'odeur de l'iode et des algues leur annonça la mer. Puis, ils l'entendirent.

Elle sifflait doucement aux pieds des grands blocs de la jetée et, comme ils les gravissaient, elle leur apparut, épaisse comme du velours, souple et lisse comme une bête. Ils s'installèrent sur les rochers tournés vers le large. Les eaux se gonflaient et redescendaient lentement. Cette respiration calme de la mer faisait naître et disparaître des reflets huileux à la surface des eaux. Devant eux, la nuit était sans limites. Rieux, qui sentait sous ses doigts le visage grêlé des rochers, était plein d'un étrange bonheur. Tourné vers Tarrou, il devina, sur le visage calme et grave de son ami, ce même bonheur qui n'oubliait rien, pas même l'assassinat.

Ils se déshabillèrent. Rieux plongea le premier. Froides d'abord, les eaux lui parurent tièdes quand il remonta. Au bout de quelques brasses, il savait que la mer, ce soir-là, était tiède, de la tiédeur des mers d'automne qui reprennent à la terre la chaleur emmagasinée pendant de longs mois. Il nageait régulièrement. Le battement de ses pieds laissait derrière lui un bouillonnement d'écume, l'eau fuyait le long de ses bras pour se coller à ses jambes. Un lourd clapotement lui apprit que Tarrou avait plongé. Rieux se mit sur le dos et se tint immobile, face au ciel renversé, plein de lune et d'étoiles. Il respira longuement. Puis il perçut de plus en plus distinctement un bruit d'eau battue, étrangement clair dans le silence et la solitude de la nuit. Tarrou se rapprochait, on entendit bientôt sa respiration. Rieux se retourna, se mit au niveau de son ami, et nagea dans le même rythme. Tarrou avançait avec plus de puissance que lui et il dut précipiter son allure. Pendant quelques minutes, ils avancèrent avec la même cadence et la même vigueur, solitaires, loin du monde, libérés enfin de la ville et de la peste. Rieux s'arrêta le premier et ils revinrent lentement, sauf à un moment où ils entrèrent dans un courant glacé. Sans rien dire, ils précipitèrent tous deux leur mouvement, fouettés par cette surprise de la mer.

Habillés de nouveau, ils repartirent sans avoir prononcé un mot. Mais ils avaient le même cœur et le souvenir de cette nuit leur était doux. Quand ils aperçurent de loin la sentinelle de la peste, Rieux savait que Tarrou se disait, comme lui, que la maladie venait de les oublier, que cela était bien, et qu'il fallait maintenant recommencer.

Oui, il fallait recommencer et la peste n'oubliait personne trop longtemps. Pendant le mois de décembre, elle flamba dans les poitrines de nos concitoyens, elle illumina le four, elle peupla les camps d'ombres aux mains vides, elle ne cessa enfin d'avancer de son allure patiente et saccadée. Les autorités avaient compté sur les jours froids pour stopper cette avance, et pourtant elle passait à travers les premières rigueurs de la saison sans désemparer. Il fallait encore attendre. Mais on n'attend plus à force d'attendre, et notre ville entière vivait sans avenir.

Quant au docteur, le fugitif instant de paix et d'amitié qui lui avait été donné n'eut pas de lendemain. On avait ouvert encore un hôpital et Rieux n'avait plus de tête-à-tête qu'avec les malades. Il remarqua cependant qu'à ce stade de l'épidémie, alors que la peste prenait, de plus en plus, la forme pulmonaire, les malades semblaient en quelque sorte aider le médecin. Au lieu de s'abandonner à la prostration ou aux folies du début, ils paraissaient se faire une idée plus juste de leurs intérêts et ils réclamaient d'eux-mêmes ce qui pouvait leur être le plus favorable. Ils demandaient sans cesse à boire, et tous voulaient de la chaleur.

Quoique la fatigue fût la même pour le docteur, il se sentait cependant moins seul, dans ces occasions.

Vers la fin de décembre, Rieux reçut de M. Othon, le juge d'instruction, qui se trouvait encore dans son camp, une lettre disant que son temps de quarantaine était passé, que l'administration ne retrouvait pas la date de son entrée et qu'assurément, on le maintenait encore au camp d'internement par erreur. Sa femme, sortie depuis quelque temps, avait protesté à la préfecture, où elle avait été mal reçue, et où on lui avait dit qu'il n'y avait jamais d'erreur. Rieux fit intervenir Rambert et, quelques jours après, vit arriver M. Othon. Il y avait eu en effet une erreur et Rieux s'en indigna un peu. Mais M. Othon, qui avait maigri, leva une main molle et dit, pesant ses mots, que tout le monde pouvait se tromper. Le docteur pensa seulement qu'il y avait quelque chose de changé.

– Qu'allez-vous faire, monsieur le juge ? Vos dossiers vous attendent, dit Rieux.

– Eh bien, non, dit le juge. Je voudrais prendre un congé.

– En effet, il faut vous reposer.

– Ce n'est pas cela, je voudrais retourner au camp.

Rieux s'étonna :

– Mais vous en sortez !

– Je me suis mal fait comprendre. On m'a dit qu'il y avait des volontaires de l'administration, dans ce camp.

Le juge roulait un peu ses yeux ronds et essayait d'aplatir une de ses touffes...

– Vous comprenez, j'aurais une occupation. Et puis, c'est stupide à dire, je me sentirais moins séparé de mon petit garçon.

Rieux le regardait. Il n'était pas possible que dans ces yeux durs et plats une douceur s'installât soudain. Mais ils étaient devenus plus brumeux, ils avaient perdu leur pureté de métal.

– Bien sûr, dit Rieux je vais m'en occuper, puisque vous le désirez.

Le docteur s'en occupa, en effet, et la vie de la cité empestée reprit son train, jusqu'à la Noël. Tarrou continuait de promener partout sa tranquillité efficace. Rambert confiait au docteur qu'il avait établi, grâce aux deux petits gardes, un système de correspondance clandestine avec sa femme. Il recevait une lettre de loin en loin. Il offrit à Rieux de le faire profiter de son système et celui-ci accepta. Il écrivit, pour la première fois depuis de longs mois, mais avec les plus grandes difficultés. Il y avait un langage qu'il avait perdu. La lettre partit. La réponse tardait à venir. De son côté, Cottard prospérait et ses petites spéculations l'enrichissaient. Quant à Grand, la période des fêtes ne devait pas lui réussir.

Le Noël de cette année-là fut plutôt la fête de l'Enfer que celle de l'Évangile. Les boutiques vides et privées de lumière, les chocolats factices ou les boîtes vides dans les vitrines, les tramways chargés de figures sombres, rien ne rappelait les Noëls passés. Dans cette fête où tout le monde, riche ou pauvre, se rejoignait jadis, il n'y avait plus de place que pour les quelques réjouissances solitaires et honteuses que des privilégiés se procuraient à prix d'or, au fond d'une arrière-boutique crasseuse. Les églises étaient emplies de plaintes plutôt que d'actions de grâces. Dans la ville morne et gelée, quelques enfants couraient, encore ignorants de ce qui les menaçait. Mais personne n'osait leur annoncer le dieu d'autrefois, chargé d'offrandes, vieux comme la peine humaine, mais nouveau comme le jeune espoir. Il n'y avait plus de place dans le cœur de tous que pour un très vieil et très morne espoir, celui-là même qui empêche les hommes de se laisser aller à la mort et qui n'est qu'une simple obstination à vivre.

La veille, Grand avait manqué son rendez-vous. Rieux, inquiet, était passé chez lui de grand matin sans le trouver. Tout le monde avait été alerté. Vers onze heures, Rambert vint à l'hôpital avertir le docteur qu'il avait aperçu Grand de loin, errant dans les rues, la figure décomposée. Puis il l'avait perdu de vue. Le docteur et Tarrou partirent en voiture à sa recherche.

À midi, heure glacée, Rieux, sorti de la voiture, regardait de loin Grand, presque collé contre une vitrine, pleine de jouets grossièrement sculptés dans le bois. Sur le visage du vieux fonctionnaire, des larmes coulaient sans interruption. Et ces larmes bouleversèrent Rieux parce qu'il les comprenait et qu'il les sentait aussi au creux de sa gorge. Il se souvenait lui aussi des fiançailles du malheureux, devant une boutique de Noël, et de Jeanne renversée vers lui pour dire qu'elle était contente. Du fond d'années lointaines, au cœur même de cette folie, la voix fraîche de Jeanne revenait vers Grand, cela était sûr. Rieux savait ce que pensait à cette minute le vieil homme qui pleurait, et il le pensait comme lui, que ce monde sans amour était comme un monde mort et qu'il vient toujours une heure où on se lasse des prisons, du travail et du courage pour réclamer le visage d'un être et le cœur émerveillé de la tendresse.

Mais l'autre l'aperçut dans la glace. Sans cesser de pleurer, il se retourna et s'adossa à la vitrine pour le regarder venir.

– Ah ! docteur, ah ! docteur, faisait-il.

Rieux hochait la tête pour l'approuver, incapable de parler. Cette détresse était la sienne et ce qui lui tordait le cœur à ce moment était l'immense colère qui vient à l'homme devant la douleur que tous les hommes partagent.

– Oui, Grand, dit-il.

– Je voudrais avoir le temps de lui écrire une lettre. Pour qu'elle sache… et pour qu'elle puisse être heureuse sans remords…

Avec une sorte de violence, Rieux fit avancer Grand. L'autre continuait, se laissant presque traîner, balbutiant des bouts de phrase.

– Il y a trop longtemps que ça dure. On a envie de se laisser aller, c'est forcé. Ah ! docteur ! J'ai l'air tranquille comme ça. Mais il m'a toujours fallu un énorme effort pour être seulement normal. Alors maintenant, c'est encore trop.

Il s'arrêta, tremblant de tous ses membres et les yeux fous. Rieux lui prit la main. Elle brûlait.

– Il faut rentrer.

Mais Grand lui échappa et courut quelques pas, puis il s'arrêta, écarta les bras et se mit à osciller d'avant en arrière. Il tourna sur lui-même et tomba sur le trottoir glacé, le visage sali par des larmes qui continuaient de couler. Les passants regardaient de loin, arrêtés brusquement, n'osant plus avancer. Il fallut que Rieux prît le vieil homme dans ses bras.

Dans son lit maintenant, Grand étouffait : les poumons étaient pris. Rieux réfléchissait. L'employé n'avait pas de famille. À quoi bon le transporter ? Il serait seul, avec Tarrou, à le soigner...

Grand était enfoncé au creux de son oreiller, la peau verdie et l'œil éteint. Il regardait fixement un maigre feu que Tarrou allumait dans la cheminée avec les débris d'une caisse. « Ça va mal », disait-il. Et du fond de ses poumons en flammes sortait un bizarre crépitement qui accompagnait tout ce qu'il disait. Rieux lui recommanda de se taire et dit qu'il allait revenir. Un bizarre sourire vint au malade et, avec lui, une sorte de tendresse lui monta au visage. Il cligna de l'œil avec effort. « Si j'en sors, chapeau bas, docteur ! » Mais tout de suite après, il tomba dans la prostration.

Quelques heures après, Rieux et Tarrou retrouvèrent le malade, à demi dressé dans son lit, et Rieux fut effrayé de lire sur son visage les progrès du mal qui le brûlait. Mais il semblait plus lucide et, tout de suite, d'une voix étrangement creuse, il les pria de lui apporter le manuscrit qu'il avait mis dans un tiroir. Tarrou lui donna les feuilles qu'il serra contre lui, sans les regarder, pour les tendre ensuite au docteur, l'invitant du geste à les lire. C'était un court manuscrit d'une cinquantaine de pages. Le docteur le feuilleta et comprit que toutes ces feuilles ne portaient que la même phrase indéfiniment recopiée, remaniée, enrichie ou appauvrie. Sans arrêt, le mois de mai, l'amazone et les allées du Bois, se confrontaient et se disposaient de façons diverses. L'ouvrage comportait aussi des explications, parfois démesurément longues, et des variantes. Mais à la fin de la dernière page, une main appliquée avait seulement écrit, d'une encre encore fraîche : « Ma bien chère Jeanne, c'est aujourd'hui Noël... » Au-dessus, soigneusement calligraphiée, figurait la dernière version de la phrase. « Lisez », disait Grand. Et Rieux lut.

« Par une belle matinée de mai, une svelte amazone, montée sur une somptueuse jument alezane, parcourait, au milieu des fleurs, les allées du Bois... »

– Est-ce cela ? dit le vieux d'une voix de fièvre.

Rieux ne leva pas les yeux sur lui.

– Ah ! dit l'autre en s'agitant, je sais bien. Belle, belle, ce n'est pas le mot juste.

Rieux lui prit la main sur la couverture.

– Laissez, docteur. Je n'aurai pas le temps...

Sa poitrine se soulevait avec peine et il cria tout d'un coup :

– Brûlez-le !

Le docteur hésita, mais Grand répéta son ordre avec un accent si terrible et une telle souffrance dans la voix, que Rieux jeta les feuilles dans le feu presque éteint. La pièce s'illumina rapidement et une chaleur brève la réchauffa. Quand le docteur revint vers le malade, celui-ci avait le dos tourné et sa face touchait presque au mur. Tarrou regardait par la fenêtre, comme étranger à la scène. Après avoir injecté le sérum, Rieux dit à son ami que Grand ne passerait pas la nuit, et Tarrou se proposa pour rester. Le docteur accepta.

Toute la nuit, l'idée que Grand allait mourir le poursuivit. Mais le lendemain matin, Rieux trouva Grand assis sur son lit, parlant avec Tarrou. La fièvre avait disparu. Il ne restait que les signes d'un épuisement général.

– Ah ! docteur, disait l'employé, j'ai eu tort. Mais je recommencerai. Je me souviens de tout, vous verrez.

– Attendons, dit Rieux à Tarrou.

Mais à midi, rien n'était changé. Le soir, Grand pouvait être considéré comme sauvé. Rieux ne comprenait rien à cette résurrection.

À peu près à la même époque pourtant, on amena à Rieux une malade dont il jugea l'état désespéré et qu'il fit isoler dès son arrivée à l'hôpital. La jeune fille était en plein délire et présentait tous les symptômes de la peste pulmonaire. Mais, le lendemain matin, la fièvre avait baissé. Le docteur crut reconnaître encore, comme dans le cas de Grand, la rémission matinale que l'expérience l'habituait à considérer comme un mauvais signe. À midi, cependant, la fièvre n'était pas remontée. Le soir, elle augmenta de quelques dixièmes seulement et, le lendemain matin, elle avait disparu. La jeune fille, quoique faible, respirait librement dans son lit. Rieux dit à Tarrou qu'elle était sauvée contre toutes les règles. Mais dans la semaine, quatre cas semblables se présentèrent dans le service du docteur.

À la fin de la même semaine, le vieil asthmatique accueillit le docteur et Tarrou avec tous les signes d'une grande agitation.

– Ça y est, disait-il, ils sortent encore.

– Qui ?

– Eh bien ! les rats !

Depuis le mois d'avril, aucun rat mort n'avait été découvert.

– Est-ce que ça va recommencer ? dit Tarrou à Rieux.

Le vieux se frottait les mains.

– Il faut les voir courir ! C'est un plaisir.

Il avait vu deux rats vivants rentrer chez lui, par la porte de la rue. Des voisins lui avaient rapporté que, chez eux aussi, les bêtes avaient fait leur réapparition. Dans certaines charpentes, on entendait de nouveau le remue-ménage oublié depuis des mois. Rieux attendit la publication des statistiques générales qui avaient lieu au début de chaque semaine. Elles révélaient un recul de la maladie.

Cinquième partie

Quoique cette brusque retraite de la maladie fût inespérée, nos concitoyens ne se hâtèrent pas de se réjouir. Les mois qui venaient de passer, tout en augmentant leur désir de libération, leur avaient appris la prudence et les avaient habitués à compter de moins en moins sur une fin prochaine de l'épidémie. Cependant, ce fait nouveau était sur toutes les bouches, et, au fond des cœurs, s'agitait un grand espoir inavoué. Tout le reste passait au second plan. Les nouvelles victimes de la peste pesaient bien peu auprès de ce fait exorbitant : les statistiques avaient baissé. Un des signes que l'ère de la santé, sans être ouvertement espérée, était cependant attendue en secret, c'est que nos concitoyens parlèrent volontiers dès ce moment, quoique avec les airs de l'indifférence, de la façon dont la vie se réorganiserait après la peste.

Tout le monde était d'accord pour penser que les commodités de la vie passée ne se retrouveraient pas d'un coup et qu'il était plus facile de détruire que de reconstruire. On estimait simplement que le ravitaillement lui-même pourrait être un peu amélioré, et que, de cette façon, on serait débarrassé du souci le plus pressant. Mais, en fait, sous ces remarques anodines, un espoir insensé se débridait du même coup et à tel point que nos concitoyens en prenaient parfois conscience et affirmaient alors, avec précipitation, qu'en tout état de cause, la délivrance n'était pas pour le lendemain.

Et, en effet, la peste ne s'arrêta pas le lendemain, mais, en apparence, elle s'affaiblissait plus vite qu'on n'eût pu raisonnablement l'espérer. Pendant les premiers jours de janvier, le froid s'installa avec une persistance inusitée et sembla cristalliser au-dessus de la ville. Et pourtant, jamais le ciel n'avait été si bleu. Pendant des jours entiers, sa splendeur immuable et glacée inonda notre ville d'une lumière ininterrompue. Dans cet air purifié, la peste, en trois semaines et par des chutes successives, parut s'épuiser dans les cadavres de moins en moins nombreux qu'elle alignait. Elle perdit, en un court espace de temps, la presque totalité des forces qu'elle avait mis des mois à accumuler. À la voir manquer des proies toutes désignées, comme Grand ou la jeune fille de Rieux, s'exacerber dans certains quartiers durant deux ou trois jours alors qu'elle disparaissait totalement de certains autres, multiplier les victimes le lundi et, le mercredi, les laisser échapper presque toutes, à la voir ainsi s'essouffler ou se précipiter, on eût dit qu'elle se désorganisait par énervement et lassitude, qu'elle perdait, en même temps que son empire sur elle-même, l'efficacité mathématique et souveraine qui avait été sa force. Le sérum de Castel connaissait, tout d'un coup, des séries de réussites qui lui avaient été refusées jusque-là. Chacune des mesures prises par les médecins et qui, auparavant, ne donnaient aucun résultat, paraissait soudain porter à coup sûr. Il semblait que la peste à son tour fût traquée et que sa faiblesse soudaine fît la force des armes émoussées qu'on lui avait, jusqu'alors, opposées. De temps en temps seulement, la maladie se raidissait et, dans une sorte d'aveugle sursaut, emportait trois ou quatre malades dont on espérait la guérison. Ils étaient les malchanceux de la peste, ceux qu'elle tuait en plein espoir. Ce fut le cas du juge Othon qu'on dut évacuer du camp de quarantaine, et Tarrou dit de lui en effet qu'il n'avait pas eu de chance, sans qu'on pût savoir cependant s'il pensait à la mort ou à la vie du juge.

Mais dans l'ensemble, l'infection reculait sur toute la ligne et les communiqués de la préfecture, qui avaient d'abord fait naître une timide et secrète espérance, finirent par confirmer, dans l'esprit du public, la conviction que la victoire était acquise et que la maladie abandonnait ses positions. À la vérité, il était difficile de décider qu'il s'agissait d'une victoire. On était obligé seulement de constater que la maladie semblait partir comme elle était venue. La stratégie qu'on lui opposait n'avait pas changé, inefficace hier et, aujourd'hui, apparemment heureuse. On avait seulement l'impression que la maladie s'était épuisée elle-même ou peut-être qu'elle se retirait après avoir atteint tous ses objectifs. En quelque sorte, son rôle était fini.

On eût dit néanmoins que rien n'était changé en ville. Toujours silencieuses dans la journée, les rues étaient envahies, le soir, par la même foule où dominaient seulement les pardessus et les écharpes. Les cinémas et les cafés faisaient les mêmes affaires. Mais, à regarder de plus près, on pouvait remarquer que les visages étaient plus détendus et qu'ils souriaient parfois. Et c'était alors l'occasion de constater que, jusqu'ici, personne ne souriait dans les rues. En réalité, dans le voile opaque qui, depuis des mois, entourait la ville, une déchirure venait de se faire et, tous les lundis, chacun pouvait constater, par les nouvelles de la radio, que la déchirure s'agrandissait et qu'enfin il allait être permis de respirer. C'était encore un soulagement tout négatif et qui ne prenait pas d'expression franche. Mais alors qu'auparavant on n'eût pas appris sans quelque incrédulité qu'un train était parti ou un bateau arrivé, ou encore que les autos allaient de nouveau être autorisées à circuler, l'annonce de ces événements à la mi-janvier n'eût provoqué au contraire aucune surprise. C'était peu sans doute. Mais cette nuance légère traduisait, en fait, les énormes progrès accomplis par nos concitoyens dans la voie de l'espérance. On peut dire d'ailleurs qu'à partir du moment où le plus infime espoir devint possible pour la population, le règne effectif de la peste fut terminé.

Il n'en reste pas moins que, pendant tout le mois de janvier, nos concitoyens réagirent de façon contradictoire. Exactement, ils passèrent par des alternances d'excitation et de dépression. C'est ainsi qu'on eut à enregistrer de nouvelles tentatives d'évasion, au moment même où les statistiques étaient les plus favorables. Cela surprit beaucoup les autorités, et les postes de garde eux-mêmes, puisque la plupart des évasions réussirent. Mais, en réalité, les gens qui s'évadaient à ces moments-là obéissaient à des sentiments naturels. Chez les uns, la peste avait enraciné un scepticisme profond dont ils ne pouvaient pas se débarrasser. L'espoir n'avait plus de prise sur eux. Alors même que le temps de la peste était révolu, ils continuaient à vivre selon ses normes. Ils étaient en retard sur les événements. Chez les autres, au contraire, et ils se recrutaient spécialement chez ceux qui avaient vécu jusque-là séparés des êtres qu'ils aimaient, après ce long temps de claustration et d'abattement, le vent d'espoir qui se levait avait allumé une fièvre et une impatience qui leur enlevaient toute maîtrise d'eux-mêmes. Une sorte de panique les prenait à la pensée qu'ils pouvaient, si près du but, mourir peut-être, qu'ils ne reverraient pas l'être qu'ils chérissaient et que ces longues souffrances ne leur seraient pas payées. Alors que pendant des mois, avec une obscure ténacité, malgré la prison et l'exil, ils avaient persévéré dans l'attente, la première espérance suffit à détruire ce que la peur et le désespoir n'avaient pu entamer. Ils se précipitèrent comme des fous pour devancer la peste, incapables de suivre son allure jusqu'au dernier moment.

Dans le même temps, d'ailleurs, des signes spontanés d'optimisme se manifestèrent. C'est ainsi qu'on enregistra une baisse sensible des prix. Du point de vue de l'économie pure, ce mouvement ne s'expliquait pas. Les difficultés restaient les mêmes, les formalités de quarantaine avaient été maintenues aux portes, et le ravitaillement était loin d'être amélioré. On assistait donc à un phénomène purement moral, comme si le recul de la peste se répercutait partout. En même temps, l'optimisme gagnait ceux qui vivaient auparavant en groupes et que la maladie avait obligés à la séparation. Les deux couvents de la ville commencèrent à se reconstituer et la vie commune put reprendre. Il en fut de même pour les militaires, qu'on rassembla de nouveau dans les casernes restées libres : ils reprirent une vie normale de garnison. Ces petits faits étaient de grands signes.

La population vécut dans cette agitation secrète jusqu'au 25 janvier. Cette semaine-là, les statistiques tombèrent si bas qu'après consultation de la commission médicale, la préfecture annonça que l'épidémie pouvait être considérée comme enrayée. Le communiqué ajoutait, il est vrai, que, dans un esprit de prudence qui ne pouvait manquer d'être approuvé par la population, les portes de la ville resteraient fermées pendant deux semaines encore et les mesures prophylactiques maintenues pendant un mois. Durant cette période, au moindre signe que le péril pouvait reprendre, « le *statu quo* devait être maintenu et les mesures reconduites au-delà ». Tout le monde, cependant, fut d'accord pour considérer ces additions comme des clauses de style et, le soir du 25 janvier, une joyeuse agitation emplit la ville. Pour s'associer à l'allégresse générale, le préfet donna l'ordre de restituer l'éclairage du temps de la santé. Dans les rues illuminées, sous un ciel froid et pur, nos concitoyens se déversèrent alors en groupes bruyants et rieurs.

Certes, dans beaucoup de maisons, les volets restèrent clos et des familles passèrent en silence cette veillée que d'autres remplissaient de cris. Cependant, pour beaucoup de ces êtres endeuillés, le soulagement aussi était profond, soit que la peur de voir d'autres parents emportés fût enfin calmée, soit que le sentiment de leur conservation personnelle ne fût plus en alerte. Mais les familles qui devaient rester le plus étrangères à la joie générale furent, sans contredit, celles qui, à ce moment même, avaient un malade aux prises avec la peste dans un hôpital et qui, dans les maisons de quarantaine ou chez elles, attendaient que le fléau en eût vraiment fini avec elles, comme il en avait fini avec les autres. Celles-là concevaient certes de l'espoir, mais elles en faisaient une provision qu'elles tenaient en réserve, et dans laquelle elles se défendaient de puiser avant d'en avoir vraiment le droit. Et cette attente, cette veillée silencieuse, à mi-distance de l'agonie et de la joie, leur paraissait plus cruelle encore, au milieu de la jubilation générale.

Mais ces exceptions n'enlevaient rien à la satisfaction des autres. Sans doute, la peste n'était pas encore finie et elle devait le prouver. Pourtant, dans tous les esprits déjà, avec des semaines d'avance, les trams partaient en sifflant sur des voies sans fin et les navires sillonnaient des mers lumineuses. Le lendemain, les esprits seraient plus calmes et les doutes renaîtraient. Mais pour le moment, la ville entière s'ébranlait, quittait ces lieux clos, sombres et immobiles, où elle avait jeté ses racines de pierre, et se mettait enfin en marche avec son chargement de survivants. Ce soir-là, Tarrou et Rieux, Rambert et les autres marchaient au milieu de la foule et sentaient eux aussi le sol manquer sous leurs pas. Longtemps après avoir quitté les boulevards, Tarrou et Rieux entendaient encore cette joie les poursuivre, à l'heure même où, dans des ruelles désertes, ils longeaient des fenêtres aux volets clos. Et à cause même de leur fatigue, ils ne pouvaient séparer cette souffrance, qui se prolongeait derrière les volets, de la joie qui emplissait les rues un peu plus loin. La délivrance qui approchait avait un visage mêlé de rires et de larmes.

À un moment où la rumeur se fit plus forte et plus joyeuse, Tarrou s'arrêta. Sur le pavé sombre, une forme courait légèrement. C'était un chat, le premier qu'on eût revu depuis le printemps. Il s'immobilisa un moment au milieu de la chaussée, hésita, lécha sa patte, la passa rapidement sur son oreille droite, reprit sa course silencieuse et disparut dans la nuit. Tarrou sourit. Le petit vieux aussi serait content.

Kim Nguyen, réalisateur québécois, s'est inspiré du roman *La peste* pour écrire son film *La cité*, sorti en salle en 2010. Claude Legault y tient l'un des rôles principaux.

Mais au moment où la peste semblait s'éloigner pour regagner la tanière inconnue d'où elle était sortie en silence, il y avait au moins quelqu'un dans la ville que ce départ jetait dans la consternation, et c'était Cottard, si l'on en croit les carnets de Tarrou.

À vrai dire, ces carnets deviennent assez bizarres à partir du moment où les statistiques commencent à baisser. Est-ce la fatigue, mais l'écriture en devient difficilement lisible et l'on passe trop souvent d'un sujet à l'autre. De plus, et pour la première fois, ces carnets manquent à l'objectivité et font place à des considérations personnelles. On trouve ainsi, au milieu d'assez longs passages concernant le cas de Cottard, un petit rapport sur le vieux aux chats. À en croire Tarrou, la peste n'avait jamais rien enlevé à sa considération pour ce personnage qui l'intéressait après l'épidémie, comme il l'avait intéressé avant et comme, malheureusement, il ne pourrait plus l'intéresser, quoique sa propre bienveillance, à lui, Tarrou, ne fût pas en cause. Car il avait cherché à le revoir. Quelques jours après cette soirée du 25 janvier, il s'était posté au coin de la petite rue. Les chats étaient là, se réchauffant dans des flaques de soleil, fidèles au rendez-vous.

Mais à l'heure habituelle, les volets restèrent obstinément fermés. Au cours des jours suivants, Tarrou ne les vit plus jamais ouverts. Il en avait conclu curieusement que le petit vieux était vexé ou mort, que s'il était vexé, c'est qu'il pensait avoir raison et que la peste lui avait fait tort, mais que s'il était mort, il fallait se demander à son propos, comme pour le vieil asthmatique, s'il avait été un saint. Tarrou ne le pensait pas, mais estimait qu'il y avait dans le cas du vieillard une « indication ». « Peut-être, observaient les carnets, ne peut-on aboutir qu'à des approximations de sainteté. Dans ce cas, il faudrait se contenter d'un satanisme modeste et charitable. »

Toujours entremêlées avec les observations concernant Cottard, on trouve aussi dans les carnets de nombreuses remarques, souvent dispersées, dont les unes concernent Grand, maintenant convalescent et qui s'était remis au travail comme si rien n'était arrivé, et dont les autres évoquent la mère du docteur Rieux. Les quelques conversations que la cohabitation autorisait entre celle-ci et Tarrou, des attitudes de la vieille femme, son sourire, ses observations sur la peste, sont notées scrupuleusement. Tarrou insistait surtout sur l'effacement de Mme Rieux ; sur la façon qu'elle avait de tout exprimer en phrases simples ; sur le goût particulier qu'elle montrait pour une certaine fenêtre, donnant sur la rue calme, et derrière laquelle elle s'asseyait le soir, un peu droite, les mains tranquilles et le regard attentif jusqu'à ce que le crépuscule eût envahi la pièce, faisant d'elle une ombre noire dans la lumière grise qui fonçait peu à peu et dissolvait alors la silhouette immobile ; sur la légèreté avec laquelle elle se déplaçait d'une pièce à l'autre ; sur la bonté dont elle n'avait jamais donné de preuves précises devant Tarrou, mais dont il reconnaissait la lueur dans tout ce qu'elle faisait ou disait ; sur le fait enfin que, selon lui, elle connaissait tout sans jamais réfléchir, et qu'avec tant de silence et d'ombre, elle pouvait rester à la hauteur de n'importe quelle lumière, fût-ce celle de la peste. Ici du reste, l'écriture de

Tarrou donnait des signes bizarres de fléchissement. Les lignes qui suivaient étaient difficilement lisibles et, comme pour donner une nouvelle preuve de ce fléchissement, les derniers mots étaient les premiers qui fussent personnels : « Ma mère était ainsi, j'aimais en elle le même effacement et c'est elle que j'ai toujours voulu rejoindre. Il y a huit ans, je ne peux pas dire qu'elle soit morte. Elle s'est seulement effacée un peu plus que d'habitude et, quand je me suis retourné, elle n'était plus là. »

Mais il faut en venir à Cottard. Depuis que les statistiques étaient en baisse, celui-ci avait fait plusieurs visites à Rieux, en invoquant divers prétextes. Mais en réalité, chaque fois, il demandait à Rieux des pronostics sur la marche de l'épidémie. « Croyez-vous qu'elle puisse cesser comme ça, d'un coup, sans prévenir ? » Il était sceptique sur ce point ou, du moins, il le déclarait. Mais les questions renouvelées qu'il posait semblaient indiquer une conviction moins ferme. À la mi-janvier, Rieux avait répondu de façon assez optimiste. Et chaque fois, ces réponses, au lieu de réjouir Cottard, en avaient tiré des réactions, variables selon les jours, mais qui allaient de la mauvaise humeur à l'abattement. Par la suite, le docteur avait été amené à lui dire que, malgré les indications favorables données par les statistiques, il valait mieux ne pas encore crier victoire.

– Autrement dit, avait observé Cottard, on ne sait rien, ça peut reprendre d'un jour à l'autre ?

– Oui, comme il est possible aussi que le mouvement de guérison s'accélère.

Cette incertitude, inquiétante pour tout le monde, avait visiblement soulagé Cottard, et devant Tarrou, il avait engagé avec les commerçants de son quartier des conversations où il essayait de propager l'opinion de Rieux. Il n'avait pas de peine à le faire, il est vrai. Car après la fièvre des premières victoires, dans beaucoup d'esprits un doute était revenu qui devait survivre à l'excitation causée par la déclaration préfectorale.

Cottard se rassurait au spectacle de cette inquiétude. Comme d'autres fois aussi, il se décourageait. « Oui, disait-il à Tarrou, on finira par ouvrir les portes. Et vous verrez, ils me laisseront tous tomber ! »

Jusqu'au 25 janvier, tout le monde remarqua l'instabilité de son caractère. Pendant des jours entiers, après avoir si longtemps cherché à se concilier son quartier et ses relations, il rompait en visière avec eux. En apparence, au moins, il se retirait alors du monde et, du jour au lendemain, se mettait à vivre dans la sauvagerie. On ne le voyait plus au restaurant, ni au théâtre, ni dans les cafés qu'il aimait. Et cependant, il ne semblait pas retrouver la vie mesurée et obscure qu'il menait avant l'épidémie. Il vivait complètement retiré dans son appartement et faisait monter ses repas d'un restaurant voisin. Le soir seulement, il faisait des sorties furtives, achetant ce dont il avait besoin, sortant des magasins pour se jeter dans des rues solitaires. Si Tarrou le rencontrait alors, il ne pouvait tirer de lui que des monosyllabes. Puis, sans transition, on le retrouvait sociable, parlant de la peste avec abondance, sollicitant l'opinion de chacun et replongeant chaque soir avec complaisance dans le flot de la foule.

Le jour de la déclaration préfectorale, Cottard disparut complètement de la circulation. Deux jours après, Tarrou le rencontra, errant dans les rues. Cottard lui demanda de le raccompagner jusqu'au faubourg. Tarrou, qui se sentait particulièrement fatigué de sa journée, hésita. Mais l'autre insista. Il paraissait très agité, gesticulant de façon désordonnée, parlant vite et haut. Il demanda à son compagnon s'il pensait que, réellement, la déclaration préfectorale mettait un terme à la peste. Bien entendu, Tarrou estimait qu'une déclaration administrative ne suffisait pas en elle-même à arrêter un fléau, mais on pouvait raisonnablement penser que l'épidémie, sauf imprévu, allait cesser.

– Oui, dit Cottard, sauf imprévu. Et il y a toujours l'imprévu.

Tarrou lui fit remarquer que, d'ailleurs, la préfecture avait prévu en quelque sorte l'imprévu, par l'institution d'un délai de deux semaines avant l'ouverture des portes.

– Et elle a bien fait, dit Cottard, toujours sombre et agité, parce que de la façon dont vont les choses, elle pourrait bien avoir parlé pour rien.

Tarrou estimait la chose possible, mais il pensait qu'il valait mieux cependant envisager la prochaine ouverture des portes et le retour à une vie normale.

– Admettons, lui dit Cottard, admettons, mais qu'appelez-vous le retour à une vie normale ?

– De nouveaux films au cinéma, dit Tarrou en souriant.

Mais Cottard ne souriait pas. Il voulait savoir si l'on pouvait penser que la peste ne changerait rien dans la ville et que tout recommencerait comme auparavant, c'est-à-dire comme si rien ne s'était passé. Tarrou pensait que la peste changerait et ne changerait pas la ville, que, bien entendu, le plus fort désir de nos concitoyens était et serait de faire comme si rien n'était changé et que, partant, rien dans un sens ne serait changé, mais que, dans un autre sens, on ne peut pas tout oublier, même avec la volonté nécessaire, et la peste laisserait des traces, au moins dans les cœurs. Le petit rentier déclara tout net qu'il ne s'intéressait pas au cœur et que même le cœur était le dernier de ses soucis. Ce qui l'intéressait, c'était de savoir si l'organisation elle-même ne serait pas transformée, si, par exemple, tous les services fonctionneraient comme par le passé. Et Tarrou dut admettre qu'il n'en savait rien. Selon lui, il fallait supposer que tous ces services, perturbés pendant l'épidémie, auraient un peu de mal à démarrer de nouveau. On pourrait croire aussi que des quantités de nouveaux problèmes se poseraient qui rendraient nécessaire, au moins, une réorganisation des anciens services.

– Ah ! dit Cottard, c'est possible, en effet, tout le monde devra tout recommencer.

Les deux promeneurs étaient arrivés près de la maison de Cottard. Celui-ci s'était animé, s'efforçait à l'optimisme. Il imaginait la ville se reprenant à vivre de nouveau, effaçant son passé pour repartir à zéro.

– Bon, dit Tarrou. Après tout, les choses s'arrangeront peut-être pour vous aussi. D'une certaine manière, c'est une vie nouvelle qui va commencer.

Ils étaient devant la porte et se serraient la main.

– Vous avez raison, disait Cottard, de plus en plus agité, repartir à zéro, ce serait une bonne chose.

Mais, de l'ombre du couloir, deux hommes avaient surgi. Tarrou eut à peine le temps d'entendre son compagnon demander ce que pouvaient bien vouloir ces oiseaux-là. Les oiseaux, qui avaient un air de fonctionnaires endimanchés, demandaient en effet à Cottard s'il s'appelait bien Cottard et celui-ci, poussant une sorte d'exclamation sourde, tournait sur lui-même et fonçait déjà dans la nuit sans que les autres, ni Tarrou, eussent le temps d'esquisser un geste. La surprise passée, Tarrou demanda aux deux hommes ce qu'ils voulaient. Ils prirent un air réservé et poli pour dire qu'il s'agissait de renseignements et partirent, posément, dans la direction qu'avait prise Cottard.

Rentré chez lui, Tarrou rapportait cette scène et aussitôt (l'écriture le prouvait assez) notait sa fatigue. Il ajoutait qu'il avait encore beaucoup à faire, mais que ce n'était pas une raison pour ne pas se tenir prêt, et se demandait si, justement, il était prêt. Il répondait pour finir, et c'est ici que les carnets de Tarrou se terminent, qu'il y avait toujours une heure de la journée et de la nuit où un homme était lâche et qu'il n'avait peur que de cette heure-là.

Le surlendemain, quelques jours avant l'ouverture des portes, le docteur Rieux rentrait chez lui à midi, se demandant s'il allait trouver le télégramme qu'il attendait. Quoique ses journées fussent alors aussi épuisantes qu'au plus fort de la peste, l'attente de la libération définitive avait dissipé toute fatigue chez lui. Il espérait maintenant, et il s'en réjouissait. On ne peut pas toujours tendre sa volonté et toujours se raidir, et c'est un bonheur que de délier enfin, dans l'effusion, cette gerbe de forces tressées pour la lutte. Si le télégramme attendu était, lui aussi, favorable, Rieux pourrait recommencer. Et il était d'avis que tout le monde recommençât.

Il passait devant la loge. Le nouveau concierge, collé contre le carreau, lui souriait. Remontant les escaliers, Rieux revoyait son visage, blêmi par les fatigues et les privations.

Oui, il recommencerait quand l'abstraction serait finie, et avec un peu de chance... Mais il ouvrait sa porte au même moment et sa mère vint à sa rencontre lui annoncer que M. Tarrou n'allait pas bien. Il s'était levé le matin, mais n'avait pu sortir et venait de se recoucher. Mme Rieux était inquiète.

– Ce n'est peut-être rien de grave, dit son fils.

Tarrou était étendu de tout son long, sa lourde tête creusait le traversin, la poitrine forte se dessinait sous l'épaisseur des couvertures. Il avait de la fièvre, sa tête le faisait souffrir. Il dit à Rieux qu'il s'agissait de symptômes vagues qui pouvaient être aussi bien ceux de la peste.

– Non, rien de précis encore, dit Rieux après l'avoir examiné.

Mais Tarrou était dévoré par la soif. Dans le couloir, le docteur dit à sa mère que ce pouvait être le commencement de la peste.

– Oh! dit-elle, ce n'est pas possible, pas maintenant!

Et tout de suite après:

– Gardons-le, Bernard.

Rieux réfléchissait :

– Je n'en ai pas le droit, dit-il. Mais les portes vont s'ouvrir. Je crois bien que c'est le premier droit que je prendrais pour moi, si tu n'étais pas là.

– Bernard, dit-elle, garde-nous tous les deux. Tu sais bien que je viens d'être de nouveau vaccinée.

Le docteur dit que Tarrou aussi l'était mais que, peut-être, par fatigue, il avait dû laisser passer la dernière injection de sérum et oublier quelques précautions.

Rieux allait déjà dans son cabinet. Quand il revint dans la chambre, Tarrou vit qu'il tenait les énormes ampoules de sérum.

– Ah, c'est cela, dit-il.

– Non, mais c'est une précaution.

Tarrou tendit son bras pour toute réponse et il subit l'interminable injection qu'il avait lui-même pratiquée sur d'autres malades.

– Nous verrons ce soir, dit Rieux, et il regarda Tarrou en face.

– Et l'isolement, Rieux?

– Il n'est pas du tout sûr que vous ayez la peste.

Tarrou sourit avec effort.

– C'est la première fois que je vois injecter un sérum sans ordonner en même temps l'isolement.

Rieux se détourna.

– Ma mère et moi, nous vous soignerons. Vous serez mieux ici.

Tarrou se tut et le docteur, qui rangeait les ampoules, attendit qu'il parlât pour se retourner. À la fin, il se dirigea vers le lit. Le malade le regardait. Son visage était fatigué, mais ses yeux gris étaient calmes. Rieux lui sourit.

– Dormez si vous le pouvez. Je reviendrai tout à l'heure.

Arrivé à la porte, il entendit la voix de Tarrou qui l'appelait. Il retourna vers lui.

Mais Tarrou semblait se débattre contre l'expression même de ce qu'il avait à dire :

– Rieux, articula-t-il enfin, il faudra tout me dire, j'en ai besoin.

– Je vous le promets.

L'autre tordit un peu son visage massif dans un sourire.

– Merci. Je n'ai pas envie de mourir et je lutterai. Mais si la partie est perdue, je veux faire une bonne fin.

Rieux se baissa et lui serra l'épaule.

– Non, dit-il. Pour devenir un saint, il faut vivre. Luttez.

Dans la journée, le froid qui avait été vif diminua un peu, mais pour faire place, l'après-midi, à de violentes averses de pluie et de grêle. Au crépuscule, le ciel se découvrit un peu et le froid se fit plus pénétrant. Rieux revint chez lui dans la soirée. Sans quitter son pardessus, il entra dans la chambre de son ami. Sa mère tricotait. Tarrou semblait n'avoir pas bougé de place, mais ses lèvres, blanchies par la fièvre, disaient la lutte qu'il était en train de soutenir.

– Alors ? dit le docteur.

Tarrou haussa un peu, hors du lit, ses épaules épaisses.

– Alors, dit-il, je perds la partie.

Le docteur se pencha sur lui. Des ganglions s'étaient noués sous la peau brûlante, sa poitrine semblait retentir de tous les bruits d'une forge souterraine. Tarrou présentait curieusement les deux séries de symptômes. Rieux dit en se relevant que le sérum n'avait pas encore eu le temps de donner tout son effet. Mais un flot de fièvre qui vint rouler dans sa gorge noya les quelques mots que Tarrou essaya de prononcer.

Après dîner, Rieux et sa mère vinrent s'installer près du malade. La nuit commençait pour lui dans la lutte et Rieux savait que ce dur combat avec l'ange de la peste devait durer jusqu'à l'aube. Les épaules solides et la large poitrine de Tarrou n'étaient pas ses meilleures armes, mais plutôt ce sang que Rieux avait fait jaillir tout à l'heure sous son aiguille, et, dans ce sang, ce qui était plus intérieur que l'âme et qu'aucune science ne pouvait mettre à jour. Et lui devait seulement regarder lutter son ami. Ce qu'il allait faire, les abcès qu'il devait favoriser, les toniques qu'il fallait inoculer, plusieurs mois d'échecs répétés lui avaient appris à en apprécier l'efficacité. Sa seule tâche, en vérité, était de donner des occasions à ce hasard qui trop souvent ne se dérange que provoqué. Et il fallait que le hasard se dérangeât. Car Rieux se trouvait devant un visage de la peste qui le déconcertait. Une fois de plus, elle s'appliquait à dérouter les stratégies dressées contre elle, elle apparaissait aux lieux où on ne l'attendait pas pour disparaître de ceux où elle semblait déjà installée. Une fois de plus, elle s'appliquait à étonner. Tarrou luttait, immobile. Pas une seule fois, au cours de la nuit, il n'opposa l'agitation aux assauts du mal, combattant seulement de toute son épaisseur et de tout son silence. Mais pas une seule fois, non plus, il ne parla, avouant ainsi, à sa manière, que la distraction ne lui était plus possible. Rieux suivait seulement les phases du combat aux yeux de son ami, tour à tour ouverts ou fermés, les paupières plus serrées contre le globe de l'œil ou, au contraire, distendues, le regard fixé sur un objet ou ramené sur le docteur et sa mère. Chaque fois que le docteur rencontrait ce regard, Tarrou souriait, dans un grand effort.

À un moment, on entendit des pas précipités dans la rue. Ils semblaient s'enfuir devant un grondement lointain qui se rapprocha peu à peu et finit par remplir la rue de son ruissellement : la pluie reprenait, bientôt mêlée d'une grêle qui claquait sur les trottoirs. Les grandes tentures ondulèrent devant les fenêtres. Dans l'ombre de la pièce, Rieux, un instant distrait par la pluie, contemplait à nouveau Tarrou, éclairé par une lampe de chevet. Sa mère tricotait, levant de temps en temps la tête pour regarder attentivement le malade. Le docteur avait fait maintenant tout ce qu'il y avait à faire. Après la pluie, le silence s'épaissit dans la chambre, pleine seulement du tumulte muet d'une guerre invisible. Crispé par l'insomnie, le docteur imaginait entendre, aux limites du silence, le sifflement doux et régulier qui l'avait accompagné pendant toute l'épidémie. Il fit un signe à sa mère pour l'engager à se coucher. Elle refusa de la tête, et ses yeux s'éclairèrent, puis elle examina soigneusement, au bout de ses aiguilles, une maille dont elle n'était pas sûre. Rieux se leva pour faire boire le malade, et revint s'asseoir.

Des passants, profitant de l'accalmie, marchaient rapidement sur le trottoir. Leurs pas décroissaient et s'éloignaient. Le docteur, pour la première fois, reconnut que cette nuit, pleine de promeneurs tardifs et privée des timbres d'ambulances, était semblable à celles d'autrefois. C'était une nuit délivrée de la peste. Et il semblait que la maladie chassée par le froid, les lumières et la foule, se fût échappée des profondeurs obscures de la ville et réfugiée dans cette chambre chaude pour donner son ultime assaut au corps inerte de Tarrou. Le fléau ne brassait plus le ciel de la ville. Mais il sifflait doucement dans l'air lourd de la chambre. C'était lui que Rieux entendait depuis des heures. Il fallait attendre que là aussi il s'arrêtât, que là aussi la peste se déclarât vaincue.

Peu avant l'aube, Rieux se pencha vers sa mère

– Tu devrais te coucher pour pouvoir me relayer à huit heures. Fais des instillations[1] avant de te coucher.

note

1. **instillations**: actions de verser un liquide médicamenteux goutte à goutte.

Mme Rieux se leva, rangea son tricot et s'avança vers le lit. Tarrou, depuis quelque temps déjà, tenait ses yeux fermés. La sueur bouclait ses cheveux sur le front dur. Mme Rieux soupira et le malade ouvrit les yeux. Il vit le visage doux penché vers lui et, sous les ondes mobiles de la fièvre, le sourire tenace reparut encore. Mais les yeux se fermèrent aussitôt. Resté seul, Rieux s'installa dans le fauteuil que venait de quitter sa mère. La rue était muette et le silence maintenant complet. Le froid du matin commençait à se faire sentir dans la pièce.

Le docteur s'assoupit, mais la première voiture de l'aube le tira de sa somnolence. Il frissonna et, regardant Tarrou, il comprit qu'une pause avait eu lieu et que le malade dormait aussi. Les roues de bois et de fer de la voiture à cheval roulaient encore dans l'éloignement. À la fenêtre, le jour était encore noir. Quand le docteur avança vers le lit, Tarrou le regardait de ses yeux sans expression, comme s'il se trouvait encore du côté du sommeil.

– Vous avez dormi, n'est-ce pas ? demanda Rieux.

– Oui.

– Respirez-vous mieux ?

– Un peu. Cela veut-il dire quelque chose ?

Rieux se tut et, au bout d'un moment :

– Non, Tarrou, cela ne veut rien dire. Vous connaissez comme moi la rémission matinale.

Tarrou approuva.

– Merci, dit-il. Répondez-moi toujours exactement.

Rieux s'était assis au pied du lit. Il sentait près de lui les jambes du malade, longues et dures comme des membres de gisant. Tarrou respirait plus fortement.

– La fièvre va reprendre, n'est-ce pas, Rieux ? dit-il d'une voix essoufflée.

– Oui, mais à midi, nous serons fixés.

Tarrou ferma les yeux, semblant recueillir ses forces. Une expression de lassitude se lisait sur ses traits. Il attendait la montée de la fièvre qui remuait déjà, quelque part, au fond de lui. Quand il ouvrit les yeux, son regard était terni. Il ne s'éclaircit qu'en apercevant Rieux penché près de lui.

– Buvez, disait celui-ci.

L'autre but et laissa retomber sa tête.

– C'est long, dit-il.

Rieux lui prit le bras, mais Tarrou, le regard détourné, ne réagissait plus. Et soudain, la fièvre reflua visiblement jusqu'à son front comme si elle avait crevé quelque digue intérieure. Quand le regard de Tarrou revint vers le docteur, celui-ci l'encourageait de son visage tendu. Le sourire que Tarrou essaya encore de former ne put passer au-delà des maxillaires serrés et des lèvres cimentées par une écume blanchâtre. Mais, dans la face durcie, les yeux brillèrent encore de tout l'éclat du courage.

À sept heures, Mme Rieux entra dans la pièce. Le docteur regagna son bureau pour téléphoner à l'hôpital et pourvoir à son remplacement. Il décida aussi de remettre ses consultations, s'étendit un moment sur le divan de son cabinet, mais se leva presque aussitôt et revint dans la chambre. Tarrou avait la tête tournée vers Mme Rieux. Il regardait la petite ombre tassée près de lui, sur une chaise, les mains jointes sur les cuisses. Et il la contemplait avec tant d'intensité que Mme Rieux mit un doigt sur ses lèvres et se leva pour éteindre la lampe de chevet. Mais derrière les rideaux, le jour filtrait rapidement et, peu après, quand les traits du malade émergèrent de l'obscurité, Mme Rieux put voir qu'il la regardait toujours. Elle se pencha vers lui, redressa son traversin et, en se relevant, posa un instant sa main sur les cheveux mouillés et tordus. Elle entendit alors une voix assourdie, venue de loin, lui dire merci et que maintenant tout était bien. Quand elle fut assise à nouveau, Tarrou avait fermé les yeux et son visage épuisé, malgré la bouche scellée, semblait sourire à nouveau.

À midi, la fièvre était à son sommet. Une sorte de toux viscérale secouait le corps du malade qui commença seulement à cracher du sang. Les ganglions avaient cessé d'enfler. Ils étaient toujours là, durs comme des écrous, vissés dans le creux des articulations, et Rieux jugea impossible de les ouvrir. Dans les intervalles de la fièvre et de la toux, Tarrou de loin en loin regardait encore ses amis. Mais, bientôt, ses yeux s'ouvrirent de moins en moins souvent, et la lumière qui venait alors éclairer sa face dévastée se fit plus pâle à chaque fois. L'orage qui secouait ce corps de soubresauts convulsifs l'illuminait d'éclairs de plus en plus rares et Tarrou dérivait lentement au fond de cette tempête. Rieux n'avait plus devant lui qu'un masque désormais inerte où le sourire avait disparu. Cette forme humaine qui lui avait été si proche, percée maintenant de coups d'épieu, brûlée par un mal surhumain, tordue par tous les vents haineux du ciel, s'immergeait à ses yeux dans les eaux de la peste et il ne pouvait rien contre ce naufrage. Il devait rester sur le rivage, les mains vides et le cœur tordu, sans armes et sans recours, une fois de plus, contre ce désastre. Et à la fin, ce furent bien les larmes de l'impuissance qui empêchèrent Rieux de voir Tarrou se tourner brusquement contre le mur, et expirer dans une plainte creuse, comme si, quelque part en lui, une corde essentielle s'était rompue.

La nuit qui suivit ne fut pas celle de la lutte, mais celle du silence. Dans cette chambre retranchée du monde, au-dessus de ce corps mort maintenant habillé, Rieux sentit planer le calme surprenant qui, bien des nuits auparavant, sur les terrasses au-dessus de la peste, avait suivi l'attaque des portes. Déjà, à cette époque, il avait pensé à ce silence qui s'élevait des lits où il avait laissé mourir des hommes. C'était partout la même pause, le même intervalle solennel, toujours le même apaisement qui suivait les combats, c'était le silence de la défaite. Mais pour celui qui enveloppait maintenant son ami, il était si compact, il s'accordait si étroitement au silence des rues et de la ville libérée de la peste, que Rieux sentait bien qu'il s'agissait cette fois de la défaite définitive, celle qui termine les guerres et fait de la paix elle-même une souffrance sans guérison. Le docteur ne savait pas si, pour finir, Tarrou avait retrouvé la paix, mais dans ce moment tout au moins, il croyait savoir qu'il n'y aurait jamais plus de paix possible pour lui-même, pas plus qu'il n'y a d'armistice pour la mère amputée de son fils ou pour l'homme qui ensevelit son ami.

Au-dehors, c'était la même nuit froide, des étoiles gelées dans un ciel clair et glacé. Dans la chambre à demi obscure, on sentait le froid qui pesait aux vitres, la grande respiration blême d'une nuit polaire. Près du lit, Mme Rieux se tenait assise, dans son attitude familière, le côté droit éclairé par la lampe de chevet. Au centre de la pièce, loin de la lumière, Rieux attendait dans son fauteuil. La pensée de sa femme lui venait, mais il la rejetait chaque fois.

Au début de la nuit, les talons des passants avaient sonné clair dans la nuit froide.

– Tu t'es occupé de tout ? avait dit Mme Rieux.

– Oui, j'ai téléphoné.

Ils avaient alors repris leur veillée silencieuse. Mme Rieux regardait de temps en temps son fils. Quand il surprenait un de ces regards, il lui souriait. Les bruits familiers de la nuit s'étaient succédé dans la rue. Quoique l'autorisation ne fût pas encore accordée, bien des voitures circulaient à nouveau. Elles suçaient rapidement le pavé, disparaissaient et reparaissaient ensuite. Des voix, des appels, le silence revenu, le pas d'un cheval, deux tramways grinçants dans une courbe, des rumeurs imprécises, et à nouveau la respiration de la nuit.

– Bernard ?

– Oui.

– Tu n'es pas fatigué ?

– Non.

Il savait ce que sa mère pensait et qu'elle l'aimait en ce moment. Mais il savait aussi que ce n'est pas grand-chose que d'aimer un être ou du moins qu'un amour n'est jamais assez fort pour trouver sa propre expression. Ainsi, sa mère et lui s'aimeraient toujours dans le silence. Et elle mourrait à son tour - ou lui - sans que, pendant toute leur vie, ils pussent aller plus loin dans l'aveu de leur tendresse. De la même façon, il avait vécu à côté de Tarrou et celui-ci était mort, ce soir, sans que leur amitié ait eu le temps d'être vraiment vécue. Tarrou avait perdu la partie, comme il disait. Mais lui, Rieux, qu'avait-il gagné ? Il avait seulement gagné d'avoir connu la peste et de s'en souvenir, d'avoir connu l'amitié et de s'en souvenir, de connaître la tendresse et de devoir un jour s'en souvenir. Tout ce que l'homme pouvait gagner au jeu de la peste et de la vie, c'était la connaissance et la mémoire. Peut-être était-ce cela que Tarrou appelait gagner la partie !

De nouveau, une auto passa et Mme Rieux remua un peu sur sa chaise. Rieux lui sourit. Elle lui dit qu'elle n'était pas fatiguée et tout de suite après :

– Il faudra que tu ailles te reposer en montagne, là-bas.

– Bien sûr, maman.

Oui, il se reposerait là-bas. Pourquoi pas ? Ce serait aussi un prétexte à mémoire. Mais si c'était cela, gagner la partie, qu'il devait être dur de vivre seulement avec ce qu'on sait et ce dont on se souvient, et privé de ce qu'on espère. C'était ainsi sans doute qu'avait vécu Tarrou et il était conscient de ce qu'il y a de stérile dans une vie sans illusions. Il n'y a pas de paix sans espérance, et Tarrou qui refusait aux hommes le droit de condamner quiconque, qui savait pourtant que personne ne peut s'empêcher de condamner et que même les victimes se trouvaient être parfois des bourreaux, Tarrou avait vécu dans le déchirement et la contradiction, il n'avait jamais connu l'espérance. Était-ce pour cela qu'il avait voulu la sainteté et cherché la paix dans le service des hommes ? À la vérité, Rieux n'en savait rien et cela importait peu. Les seules images de Tarrou qu'il garderait seraient celles d'un homme qui prenait le volant de son auto à pleines mains pour le conduire ou celles de ce corps épais, étendu maintenant sans mouvement. Une chaleur de vie et une image de mort, c'était cela la connaissance.

Voilà pourquoi, sans doute, le docteur Rieux, au matin, reçut avec calme la nouvelle de la mort de sa femme. Il était dans son bureau. Sa mère était venue presque en courant lui apporter un télégramme, puis elle était sortie pour donner un pourboire au porteur. Quand elle revint, son fils tenait à la main le télégramme ouvert. Elle le regarda, mais il contemplait obstinément, par la fenêtre, un matin magnifique qui se levait sur le port.

– Bernard, dit Mme Rieux.

Le docteur l'examina d'un air distrait.

– Le télégramme ? demanda-t-elle.

– C'est cela, reconnut le docteur. Il y a huit jours.

Mme Rieux détourna la tête vers la fenêtre. Le docteur se taisait. Puis il dit à sa mère de ne pas pleurer, qu'il s'y attendait, mais que c'était quand même difficile. Simplement, il savait, disant cela, que sa souffrance était sans surprise. Depuis des mois et depuis deux jours, c'était la même douleur qui continuait.

Cinquième partie

Les portes de la ville s'ouvrirent enfin, à l'aube d'une belle matinée de février, saluées par le peuple, les journaux, la radio et les communiqués de la préfecture. Il reste donc au narrateur à se faire le chroniqueur des heures de joie qui suivirent cette ouverture des portes, bien que lui-même fût de ceux qui n'avaient pas la liberté de s'y mêler tout entiers.

De grandes réjouissances étaient organisées pour la journée et pour la nuit. En même temps, les trains commencèrent à fumer en gare pendant que, venus de mers lointaines, des navires mettaient déjà le cap sur notre port, marquant à leur manière que ce jour était, pour tous ceux qui gémissaient d'être séparés, celui de la grande réunion.

On imaginera facilement ici ce que put devenir le sentiment de la séparation qui avait habité tant de nos concitoyens. Les trains qui, pendant la journée, entrèrent dans notre ville n'étaient pas moins chargés que ceux qui en sortirent. Chacun avait retenu sa place pour ce jour-là, au cours des deux semaines de sursis, tremblant qu'au dernier moment la décision préfectorale fût annulée. Certains des voyageurs qui approchaient de la ville n'étaient d'ailleurs pas tout à fait débarrassés de leur appréhension, car s'ils connaissaient en général le sort de ceux qui les touchaient de près, ils ignoraient tout des autres et de la ville elle-même, à laquelle ils prêtaient un visage redoutable. Mais ceci n'était vrai que pour ceux que la passion n'avait pas brûlés pendant tout cet espace de temps.

Les passionnés, en effet, étaient livrés à leur idée fixe. Une seule chose avait changé pour eux : ce temps que, pendant les mois de leur exil, ils auraient voulu pousser pour qu'il se pressât, qu'ils s'acharnaient à précipiter encore, alors qu'ils se trouvaient déjà en vue de notre ville, ils souhaitèrent le ralentir au contraire et le tenir suspendu, dès que le train commença de freiner avant l'arrêt. Le sentiment, à la fois vague et aigu en eux, de tous ces mois de vie perdus pour leur amour, leur faisait confusément exiger une sorte de compensation par laquelle le temps de la joie aurait coulé deux fois moins vite que celui de l'attente. Et ceux qui les attendaient dans une chambre ou sur le quai, comme Rambert, dont la femme, prévenue depuis des semaines, avait fait ce qu'il fallait pour arriver, étaient dans la même impatience et le même désarroi. Car cet amour ou cette tendresse que les mois de peste avaient réduits à l'abstraction, Rambert attendait, dans un tremblement, de les confronter avec l'être de chair qui en avait été le support.

Il aurait souhaité redevenir celui qui, au début de l'épidémie, voulait courir d'un seul élan hors de la ville et s'élancer à la rencontre de celle qu'il aimait. Mais il savait que cela n'était plus possible. Il avait changé, la peste avait mis en lui une distraction que, de toutes ses forces, il essayait de nier, et qui, cependant, continuait en lui comme une sourde angoisse. Dans un sens, il avait le sentiment que la peste avait fini trop brutalement, il n'avait pas sa présence d'esprit. Le bonheur arrivait à toute allure, l'événement allait plus vite que l'attente. Rambert comprenait que tout lui serait rendu d'un coup et que la joie est une brûlure qui ne se savoure pas.

Tous, du reste, plus ou moins consciemment, étaient comme lui et c'est de tous qu'il faut parler. Sur ce quai de gare où ils recommençaient leur vie personnelle, ils sentaient encore leur communauté en échangeant entre eux des coups d'œil et des sourires. Mais leur sentiment d'exil, dès qu'ils virent la fumée du train, s'éteignit brusquement sous l'averse d'une joie confuse et étourdissante. Quand le train s'arrêta, des séparations interminables qui avaient souvent commencé sur ce même quai de gare, y prirent fin, en une seconde, au moment où des bras se refermèrent avec une avarice exultante sur des corps dont ils avaient oublié la forme vivante. Rambert, lui, n'eut pas le temps de regarder cette forme courant vers lui, que déjà, elle s'abattait contre sa poitrine. Et la tenant à pleins bras, serrant contre lui une tête dont il ne voyait que les cheveux familiers, il laissa couler ses larmes sans savoir si elles venaient de son bonheur présent ou d'une douleur trop longtemps réprimée, assuré du moins qu'elles l'empêcheraient de vérifier si ce visage enfoui au creux de son épaule était celui dont il avait tant rêvé ou au contraire celui d'une étrangère. Il saurait plus tard si son soupçon était vrai. Pour le moment, il voulait faire comme tous ceux qui avaient l'air de croire, autour de lui, que la peste peut venir et repartir sans que le cœur des hommes en soit changé.

Serrés les uns contre les autres, tous rentrèrent alors chez eux, aveugles au reste du monde, triomphant en apparence de la peste, oublieux de toute misère et de ceux qui, venus aussi par le même train, n'avaient trouvé personne et se disposaient à recevoir chez eux la confirmation des craintes qu'un long silence avait déjà fait naître dans leur cœur. Pour ces derniers, qui n'avaient maintenant pour compagnie que leur douleur toute fraîche, pour d'autres qui se vouaient, à ce moment, au souvenir d'un être disparu, il en allait tout autrement et le sentiment de la séparation avait atteint son sommet. Pour ceux-là, mères, époux, amants qui avaient perdu toute joie avec l'être maintenant égaré dans une fosse anonyme ou fondu dans un tas de cendre, c'était toujours la peste.

Mais qui pensait à ces solitudes ? À midi, le soleil, triomphant des souffles froids qui luttaient dans l'air depuis le matin, déversait sur la ville les flots ininterrompus d'une lumière immobile. Le jour était en arrêt. Les canons des forts, au sommet des collines, tonnèrent sans interruption dans le ciel fixe. Toute la ville se jeta dehors pour fêter cette minute oppressée où le temps des souffrances prenait fin et où le temps de l'oubli n'avait pas encore commencé.

passage analysé

On dansait sur toutes les places. Du jour au lendemain, la circulation avait considérablement augmenté et les automobiles, devenues plus nombreuses, circulaient difficilement dans les rues envahies. Les cloches de la ville sonnèrent, à la volée, pendant tout l'après-midi. Elles remplissaient de leurs vibrations un ciel bleu et doré. Dans les églises, en effet, des actions de grâces étaient récitées. Mais, en même temps, les lieux de réjouissance étaient pleins à craquer et les cafés, sans se soucier de l'avenir, distribuaient leurs derniers alcools. Devant leurs comptoirs, se pressait une foule de gens pareillement excités et, parmi eux, de nombreux couples enlacés qui ne craignaient pas de se donner en spectacle. Tous criaient ou riaient. La provision de vie qu'ils avaient faite pendant ces mois où chacun avait mis son âme en veilleuse, ils la dépensaient ce jour-là qui était comme le jour de leur survie. Le lendemain, commencerait la vie elle-même, avec ses précautions. Pour le moment, des gens d'origines très différentes se coudoyaient et fraternisaient. L'égalité que la présence de la mort n'avait pas réalisée en fait, la joie de la délivrance l'établissait, au moins pour quelques heures.

Mais cette banale exubérance ne disait pas tout et ceux qui remplissaient les rues à la fin de l'après-midi, aux côtés de Rambert, déguisaient souvent, sous une attitude placide, des bonheurs plus délicats. Bien des couples et bien des familles, en effet, n'avaient pas d'autre apparence que celle de promeneurs pacifiques. En réalité, la plupart effectuaient des pèlerinages délicats aux lieux où ils avaient souffert. Il s'agissait de montrer aux nouveaux venus les signes éclatants ou cachés de la peste, les vestiges de son histoire. Dans quelques cas, on se contentait de jouer au guide, à celui qui a vu beaucoup de choses, au contemporain de la peste, et on parlait du danger sans évoquer la peur. Ces plaisirs étaient inoffensifs. Mais dans d'autres cas, il s'agissait d'itinéraires plus frémissants où un amant, abandonné à la douce angoisse du souvenir, pouvait dire à sa compagne : « En ce lieu, à cette époque, je t'ai désirée et tu n'étais pas là. » Ces touristes de la passion pouvaient alors se reconnaître : ils formaient des îlots de chuchotements et de confidences au milieu du tumulte où ils cheminaient. Mieux que les orchestres aux carrefours, c'étaient eux qui annonçaient la vraie délivrance. Car ces couples ravis, étroitement ajustés et avares de paroles, affirmaient au milieu du tumulte, avec tout le triomphe et l'injustice du bonheur, que la peste était finie et que la terreur avait fait son temps. Ils niaient tranquillement, contre toute évidence, que nous ayons jamais connu ce monde insensé où le meurtre d'un homme était aussi quotidien que celui des mouches, cette sauvagerie bien définie, ce délire calculé, cet emprisonnement qui apportait avec lui une affreuse liberté à l'égard de tout ce qui n'était pas le présent, cette odeur de mort qui stupéfiait tous ceux qu'elle ne tuait pas, ils niaient enfin que nous ayons été ce peuple abasourdi dont tous les jours une partie, entassée dans la gueule d'un four, s'évaporait en fumées grasses, pendant que l'autre, chargée des chaînes de l'impuissance et de la peur, attendait son tour.

C'était là, en tout cas, ce qui éclatait aux yeux du docteur Rieux qui, cherchant à gagner les faubourgs, cheminait seul, à la fin de l'après-midi, au milieu des cloches, du canon, des musiques et des cris assourdissants. Son métier continuait, il n'y a pas de congé pour les malades. Dans la belle lumière fine qui descendait sur la ville, s'élevaient les anciennes odeurs de viande grillée et d'alcool anisé. Autour de lui des faces hilares se renversaient contre le ciel.

Des hommes et des femmes s'agrippaient les uns aux autres, le visage enflammé, avec tout l'énervement et le cri du désir. Oui, la peste était finie, avec la terreur, et ces bras qui se nouaient disaient en effet qu'elle avait été exil et séparation, au sens profond du terme.

Pour la première fois, Rieux pouvait donner un nom à cet air de famille qu'il avait lu, pendant des mois, sur tous les visages des passants. Il lui suffisait maintenant de regarder autour de lui. Arrivés à la fin de la peste, avec la misère et les privations, tous ces hommes avaient fini par prendre le costume du rôle qu'ils jouaient déjà depuis longtemps, celui d'émigrants dont le visage d'abord, les habits maintenant, disaient l'absence et la patrie lointaine. À partir du moment où la peste avait fermé les portes de la ville, ils n'avaient plus vécu que dans la séparation, ils avaient été retranchés de cette chaleur humaine qui fait tout oublier. À des degrés divers, dans tous les coins de la ville, ces hommes et ces femmes avaient aspiré à une réunion qui n'était pas, pour tous, de la même nature, mais qui, pour tous, était également impossible. La plupart avaient crié de toutes leurs forces vers un absent, la chaleur d'un corps, la tendresse ou l'habitude. Quelques-uns, souvent sans le savoir, souffraient d'être placés hors de l'amitié des hommes, de n'être plus à même de les rejoindre par les moyens ordinaires de l'amitié qui sont les lettres, les trains et les bateaux. D'autres, plus rares, comme Tarrou peut-être, avaient désiré la réunion avec quelque chose qu'ils ne pouvaient pas définir, mais qui leur paraissait le seul bien désirable. Et faute d'un autre nom, ils l'appelaient quelquefois la paix.

Rieux marchait toujours. À mesure qu'il avançait, la foule grossissait autour de lui, le vacarme s'enflait et il lui semblait que les faubourgs, qu'il voulait atteindre, reculaient d'autant. Peu à peu, il se fondait dans ce grand corps hurlant dont il comprenait de mieux en mieux le cri qui, pour une part au moins, était son cri. Oui, tous avaient souffert ensemble, autant dans leur chair que dans leur âme, d'une vacance difficile, d'un exil sans remède et d'une soif jamais contentée. Parmi ces amoncellements de morts, les timbres des ambulances, les avertissements de ce qu'il est convenu d'appeler le destin, le piétinement obstiné de la peur et la terrible révolte de leur cœur, une grande rumeur n'avait cessé de courir et d'alerter ces êtres épouvantés, leur disant qu'il fallait retrouver leur vraie patrie. Pour eux tous, la vraie patrie se trouvait au-delà des murs de cette ville étouffée. Elle était dans ces broussailles odorantes sur les collines, dans la mer, les pays libres et le poids de l'amour. Et c'était vers elle, c'était vers le bonheur, qu'ils voulaient revenir, se détournant du reste avec dégoût.

Quant au sens que pouvaient avoir cet exil et ce désir de réunion, Rieux n'en savait rien. Marchant toujours, pressé de toutes parts, interpellé, il arrivait peu à peu dans des rues moins encombrées et pensait qu'il n'est pas important que ces choses aient un sens ou non, mais qu'il faut voir seulement ce qui est répondu à l'espoir des hommes.

Lui savait désormais ce qui était répondu et il l'apercevait mieux dans les premières rues des faubourgs, presque désertes. Ceux qui, s'en tenant au peu qu'ils étaient, avaient désiré seulement retourner dans la maison de leur amour, étaient quelquefois récompensés. Certes, quelques-uns d'entre eux continuaient de marcher dans la ville, solitaires, privés de l'être qu'ils attendaient. Heureux encore ceux qui n'avaient pas été deux fois séparés comme certains qui, avant l'épidémie, n'avaient pu construire, du premier coup, leur amour, et qui avaient aveuglément poursuivi, pendant des années, le difficile accord qui finit par sceller l'un à l'autre des amants ennemis. Ceux-là avaient eu, comme Rieux lui-même, la légèreté de compter sur le temps : ils étaient séparés pour jamais. Mais d'autres, comme Rambert, que le docteur avait quitté le matin même en lui disant : « Courage, c'est maintenant qu'il faut avoir raison », avaient retrouvé sans hésiter l'absent qu'ils avaient cru perdu. Pour quelque temps au moins, ils seraient heureux. Ils savaient maintenant que s'il est une chose qu'on puisse désirer toujours et obtenir quelquefois, c'est la tendresse humaine.

Pour tous ceux, au contraire, qui s'étaient adressés par-dessus l'homme à quelque chose qu'ils n'imaginaient même pas, il n'y avait pas eu de réponse. Tarrou avait semblé rejoindre cette paix difficile dont il avait parlé, mais il ne l'avait trouvée que dans la mort, à l'heure où elle ne pouvait lui servir de rien. Si d'autres, au contraire, que Rieux apercevait sur les seuils des maisons, dans la lumière déclinante, enlacés de toutes leurs forces et se regardant avec emportement, avaient obtenu ce qu'ils voulaient, c'est qu'ils avaient demandé la seule chose qui dépendît d'eux. Et Rieux, au moment de tourner dans la rue de Grand et de Cottard, pensait qu'il était juste que, de temps en temps au moins, la joie vînt récompenser ceux qui se suffisent de l'homme et de son pauvre et terrible amour.

Cette chronique touche à sa fin. Il est temps que le docteur Bernard Rieux avoue qu'il en est l'auteur. Mais avant d'en retracer les derniers événements, il voudrait au moins justifier son intervention et faire comprendre qu'il ait tenu à prendre le ton du témoin objectif. Pendant toute la durée de la peste, son métier l'a mis à même de voir la plupart de ses concitoyens, et de recueillir leur sentiment. Il était donc bien placé pour rapporter ce qu'il avait vu et entendu. Mais il a voulu le faire avec la retenue désirable. D'une façon générale, il s'est appliqué à ne pas rapporter plus de choses qu'il n'en a pu voir, à ne pas prêter à ses compagnons de peste des pensées qu'en somme ils n'étaient pas forcés de former, et à utiliser seulement les textes que le hasard ou le malheur lui avaient mis entre les mains.

Étant appelé à témoigner, à l'occasion d'une sorte de crime, il a gardé une certaine réserve, comme il convient à un témoin de bonne volonté. Mais en même temps, selon la loi d'un cœur honnête, il a pris délibérément le parti de la victime et a voulu rejoindre les hommes, ses concitoyens, dans les seules certitudes qu'ils aient en commun, et qui sont l'amour, la souffrance et l'exil.

C'est ainsi qu'il n'est pas une des angoisses de ses concitoyens qu'il n'ait partagée, aucune situation qui n'ait été aussi la sienne.

Pour être un témoin fidèle, il devait rapporter surtout les actes, les documents et les rumeurs. Mais ce que, personnellement, il avait à dire, son attente, ses épreuves, il devait les taire. S'il s'en est servi, c'est seulement pour comprendre ou faire comprendre ses concitoyens et pour donner une forme, aussi précise que possible, à ce que, la plupart du temps, ils ressentaient confusément. À vrai dire, cet effort de raison ne lui a guère coûté. Quand il se trouvait tenté de mêler directement sa confidence aux mille voix des pestiférés, il était arrêté par la pensée qu'il n'y avait pas une de ses souffrances qui ne fût en même temps celle des autres et que dans un monde où la douleur est si souvent solitaire, cela était un avantage. Décidément, il devait parler pour tous.

Mais il est un de nos concitoyens au moins pour lequel le docteur Rieux ne pouvait parler. Il s'agit, en effet, de celui dont Tarrou avait dit un jour à Rieux: « Son seul vrai crime, c'est d'avoir approuvé dans son cœur ce qui faisait mourir des enfants et des hommes. Le reste, je le comprends, mais ceci, je suis obligé de le lui pardonner. » Il est juste que cette chronique se termine sur lui qui avait un cœur ignorant, c'est-à-dire solitaire.

Quand il fut sorti des grandes rues bruyantes de la fête et au moment de tourner dans la rue de Grand et de Cottard, le docteur Rieux, en effet, fut arrêté par un barrage d'agents. Il ne s'y attendait pas. Les rumeurs lointaines de la fête faisaient paraître le quartier silencieux et il l'imaginait aussi désert que muet. Il sortit sa carte.

– Impossible, docteur, dit l'agent. Il y a un fou qui tire sur la foule. Mais restez là, vous pourrez être utile.

À ce moment, Rieux vit Grand qui venait vers lui. Grand ne savait rien non plus. On l'empêchait de passer et il avait appris que des coups de feu partaient de sa maison. De loin, on voyait en effet la façade, dorée par la dernière lumière d'un soleil sans chaleur. Autour d'elle, se découpait un grand espace vide qui allait jusqu'au trottoir d'en face. Au milieu de la chaussée, on apercevait distinctement un drapeau et un bout d'étoffe sale. Rieux et Grand pouvaient voir très loin, de l'autre côté de la rue, un cordon d'agents, parallèle à celui qui les empêchait d'avancer, et derrière lequel quelques habitants du quartier passaient et repassaient rapidement. En regardant bien, ils aperçurent aussi des agents, le revolver au poing, tapis dans les portes des immeubles qui faisaient face à la maison. Tous les volets de celle-ci étaient fermés. Au second cependant, un des volets semblait à demi décroché. Le silence était complet dans la rue. On entendait seulement des bribes de musique qui arrivaient du centre de la ville.

À un moment, d'un des immeubles en face de la maison, deux coups de revolver claquèrent et des éclats sautèrent du volet démantibulé. Puis, ce fut de nouveau le silence. De loin, et après le tumulte de la journée, cela paraissait un peu irréel à Rieux.

– C'est la fenêtre de Cottard, dit tout d'un coup Grand très agité. Mais Cottard a pourtant disparu.

– Pourquoi tire-t-on ? demanda Rieux à l'agent.

– On est en train de l'amuser. On attend un car avec le matériel nécessaire, parce qu'il tire sur ceux qui essaient d'entrer par la porte de l'immeuble. Il y a eu un agent d'atteint.

– Pourquoi a-t-il tiré ?

– On ne sait pas. Les gens s'amusaient dans la rue. Au premier coup de revolver, ils n'ont pas compris. Au deuxième, il y a eu des cris, un blessé, et tout le monde s'est enfui. Un fou, quoi !

Dans le silence revenu, les minutes paraissaient se traîner. Soudain, de l'autre côté de la rue, ils virent déboucher un chien, le premier que Rieux voyait depuis longtemps, un épagneul sale que ses maîtres avaient dû cacher jusque-là, et qui trottait le long des murs. Arrivé près de la porte, il hésita, s'assit sur son arrière-train et se renversa pour dévorer ses puces. Plusieurs coups de sifflet venus des agents l'appelèrent. Il dressa la tête, puis se décida à traverser lentement la chaussée pour aller flairer le chapeau. Au même moment, un coup de revolver partit du second et le chien se retourna comme une crêpe, agitant violemment ses pattes pour se renverser enfin sur le flanc, secoué par de longs soubresauts. En réponse, cinq ou six détonations, venues des portes en face, émiettèrent encore le volet. Le silence retomba. Le soleil avait tourné un peu et l'ombre commençait à approcher de la fenêtre de Cottard. Des freins gémirent doucement dans la rue derrière le docteur.

– Les voilà, dit l'agent.

Des policiers débouchèrent dans leur dos, portant des cordes, une échelle et deux paquets oblongs enveloppés de toile huilée. Ils s'engagèrent dans une rue qui contournait le pâté de maisons, à l'opposé de l'immeuble de Grand. Un moment après, on devina plutôt qu'on ne vit une certaine agitation dans les portes de ces maisons. Puis on attendit. Le chien ne bougeait plus, mais il baignait à présent dans une flaque sombre.

Tout d'un coup, parti des fenêtres des maisons occupées par les agents, un tir de mitraillette se déclencha. Tout au long du tir, le volet qu'on visait encore s'effeuilla littéralement et laissa découverte une surface noire où Rieux et Grand, de leur place, ne pouvaient rien distinguer. Quand le tir s'arrêta, une deuxième mitraillette crépita d'un autre angle, une maison plus loin. Les balles entraient sans doute dans le carré de la fenêtre, puisque l'une d'elles fit sauter un éclat de brique. À la même seconde, trois agents traversèrent en courant la chaussée et s'engouffrèrent dans la porte d'entrée. Presque aussitôt, trois autres s'y précipitèrent et le tir de la mitraillette cessa. On attendit encore. Deux détonations lointaines retentirent dans l'immeuble. Puis une rumeur s'enfla et en vit sortir de la maison, porté plutôt que traîné, un petit homme en bras de chemise qui criait sans discontinuer. Comme par miracle, tous les volets clos de la rue s'ouvrirent et les fenêtres se garnirent de curieux, tandis qu'une foule de gens sortait des maisons et se pressait derrière les barrages. Un moment, on vit le petit homme au milieu de la chaussée, les pieds enfin au sol, les bras tenus en arrière par les agents. Il criait. Un agent s'approcha de lui et le frappa deux fois, de toute la force de ses poings, posément, avec une sorte d'application.

– C'est Cottard, balbutiait Grand. Il est devenu fou.

Cottard était tombé. On vit encore l'agent lancer son pied à toute volée dans le tas qui gisait à terre. Puis un groupe confus s'agita et se dirigea vers le docteur et son vieil ami.

– Circulez ! dit l'agent.

Rieux détourna les yeux quand le groupe passa devant lui.

Grand et le docteur partirent dans le crépuscule finissant. Comme si l'événement avait secoué la torpeur où s'endormait le quartier, ces rues écartées s'emplissaient à nouveau du bourdonnement d'une foule en liesse. Au pied de la maison, Grand dit au revoir au docteur. Il allait travailler. Mais au moment de monter, il lui dit qu'il avait écrit à Jeanne et que, maintenant, il était content. Et puis, il avait recommencé sa phrase : « J'ai supprimé, dit-il, tous les adjectifs. »

Et avec un sourire malin, il enleva son chapeau dans un salut cérémonieux. Mais Rieux pensait à Cottard et le bruit sourd des poings qui écrasaient le visage de ce dernier le poursuivait pendant qu'il se dirigeait vers la maison du vieil asthmatique. Peut-être était-il plus dur de penser à un homme coupable qu'à un homme mort.

Quand Rieux arriva chez son vieux malade, la nuit avait déjà dévoré tout le ciel. De la chambre, on pouvait entendre la rumeur lointaine de la liberté, et le vieux continuait, d'une humeur égale, à transvaser ses pois.

– Ils ont raison de s'amuser, disait-il, il faut de tout pour faire un monde. Et votre collègue, docteur, qu'est-ce qu'il devient ?

Des détonations arrivaient jusqu'à eux, mais elles étaient pacifiques : des enfants faisaient partir leurs pétards.

– Il est mort, dit le docteur, en auscultant la poitrine ronflante.

– Ah ! fit le vieux, un peu interdit.

– De la peste, ajouta Rieux.

– Oui, reconnut le vieux après un moment, les meilleurs s'en vont. C'est la vie. Mais c'était un homme qui savait ce qu'il voulait.

– Pourquoi dites-vous cela ? dit le docteur qui rangeait son stéthoscope.

– Pour rien. Il ne parlait pas pour ne rien dire. Enfin, moi, il me plaisait. Mais c'est comme ça. Les autres disent : « C'est la peste, on a eu la peste. » Pour un peu, ils demanderaient à être décorés. Mais qu'est-ce que ça veut dire, la peste ? C'est la vie, et voilà tout.

– Faites vos fumigations[1] régulièrement.

– Oh ! ne craignez rien. J'en ai encore pour longtemps et je les verrai tous mourir. Je sais vivre, moi.

Des hurlements de joie lui répondirent au loin. Le docteur s'arrêta au milieu de la chambre.

– Cela vous ennuierait-il que j'aille sur la terrasse ?

– Mais non. Vous voulez les voir de là-haut, hein ? À votre aise. Mais ils sont bien toujours les mêmes.

Rieux se dirigea vers l'escalier.

– Dites, docteur, c'est vrai qu'ils vont construire un monument aux morts de la peste ?

– Le journal le dit. Une stèle ou une plaque.

– J'en étais sûr. Et il y aura des discours.

Le vieux riait d'un rire étranglé.

– Je les entends d'ici : « Nos morts... », et ils iront casser la croûte.

Rieux montait déjà l'escalier. Le grand ciel froid scintillait au-dessus des maisons et, près des collines, les étoiles durcissaient comme des silex. Cette nuit n'était pas si différente de celle où Tarrou et lui étaient venus sur cette terrasse pour oublier la peste. Mais, aujourd'hui, la mer était plus bruyante qu'alors, au pied des

note

1. **fumigations** : respirations de vapeurs relaxantes pour soulager les poumons.

falaises. L'air était immobile et léger, délesté des souffles salés qu'apportait le vent tiède de l'automne. La rumeur de la ville, cependant, battait toujours le pied des terrasses avec un bruit de vagues. Mais cette nuit était celle de la délivrance, et non de la révolte. Au loin, un noir rougeoiement indiquait l'emplacement des boulevards et des places illuminées. Dans la nuit maintenant libérée, le désir devenait sans entraves et c'était son grondement qui parvenait jusqu'à Rieux.

Du port obscur montèrent les premières fusées des réjouissances officielles. La ville les salua par une longue et sourde exclamation. Cottard, Tarrou, ceux et celle que Rieux avait aimés et perdus, tous, morts ou coupables, étaient oubliés. Le vieux avait raison, les hommes étaient toujours les mêmes. Mais c'était leur force et leur innocence et c'est ici que, par-dessus toute douleur, Rieux sentait qu'il les rejoignait. Au milieu des cris qui redoublaient de force et de durée, qui se répercutaient longuement jusqu'au pied de la terrasse, à mesure que les gerbes multicolores s'élevaient plus nombreuses dans le ciel, le docteur Rieux décida alors de rédiger le récit qui s'achève ici, pour ne pas être de ceux qui se taisent, pour témoigner en faveur de ces pestiférés, pour laisser du moins un souvenir de l'injustice et de la violence qui leur avaient été faites, et pour dire simplement ce qu'on apprend au milieu des fléaux, qu'il y a dans les hommes plus de choses à admirer que de choses à mépriser.

Mais il savait cependant que cette chronique ne pouvait pas être celle de la victoire définitive. Elle ne pouvait être que le témoignage de ce qu'il avait fallu accomplir et que, sans doute, devraient accomplir encore, contre la terreur et son arme inlassable, malgré leurs déchirements personnels, tous les hommes qui, ne pouvant être des saints et refusant d'admettre les fléaux, s'efforcent cependant d'être des médecins.

Écoutant, en effet, les cris d'allégresse qui montaient de la ville, Rieux se souvenait que cette allégresse était toujours menacée.

Car il savait ce que cette foule en joie ignorait, et qu'on peut lire dans les livres, que le bacille de la peste ne meurt ni ne disparaît jamais, qu'il peut rester pendant des dizaines d'années endormi dans les meubles et le linge, qu'il attend patiemment dans les chambres, les caves, les malles, les mouchoirs et les paperasses, et que, peut-être, le jour viendrait où, pour le malheur et l'enseignement des hommes, la peste réveillerait ses rats et les enverrait mourir dans une cité heureuse.

Test de première lecture

❶ Parmi les suivantes, encerclez la phrase, qui introduit au roman.

a) « Ce qui est plus original dans notre ville est la difficulté qu'on peut y trouver à mourir. »

b) « C'est à peu près à cette époque que nos concitoyens commencèrent à s'inquiéter. »

c) « Les curieux événements qui font le sujet de cette chronique se sont produits en 194., à Oran. »

d) « Les chiffres de Tarrou étaient exacts. »

e) « Le mot "peste" venait d'être prononcé pour la première fois. »

❷ Parmi les descriptions suivantes, encerclez celle qui s'applique à Tarrou.

a) Les cheveux blancs et bien peignés, droit et sévère dans ses vêtements de coupe militaire, il paraissait à la fois distant et doux.

b) Individu qui paraît avoir trente-cinq ans, de taille moyenne, les épaules fortes, avec un visage presque rectangulaire. Les mâchoires sont saillantes, le nez régulier.

c) Un jeune homme court de taille, avec un visage décidé, des yeux clairs et intelligents. Il porte des habits de coupe sportive.

d) Un homme long et efflanqué qui marchait souvent de long en large et paraissait fatigué et nerveux.

e) Un homme encore jeune, à la silhouette lourde, au visage massif et creusé, barré d'épais sourcils.

❸ Parmi les descriptions suivantes, laquelle s'applique à la ville d'Oran ?

a) Ville nordique découpée en quadrilatère qui présente des édifices de pierre grise de faible élévation.

b) Ville portuaire, animée, bruyante et sale, avec des quartiers délabrés où s'entasse une population miséreuse.

c) Ville située en Afrique, peu attrayante, qui fait dos à la mer; la principale préoccupation de sa population est de faire beaucoup d'argent.

d) Petite ville touristique tournée vers la mer où il est difficile d'échapper à la canicule.

e) Ville moderne et dynamique qui se distingue par son architecture avant-gardiste.

❹ Pourquoi Grand a-t-il des chances d'être épargné par la peste selon Rieux?

a) Comme directeur des pompes funèbres, il se trouve naturellement immunisé contre le virus.

b) Individu particulièrement prudent, il se fait régulièrement vacciner pour prévenir toute infection.

c) Ne sortant pratiquement jamais de son domicile aseptisé, il risque peu de succomber au germe.

d) Doté d'une faible constitution, il pourrait fort bien être épargné par la peste qui préfère les complexions vigoureuses.

e) Réfugié dans l'écriture, il a une imagination qui lui permet d'échapper aux vices de la réalité.

❺ Dans la première partie du récit, quel est le personnage qui, en réunion, invite brutalement à poser la question essentielle: s'agit-il ou non de la peste?

a) Castel, le vieux médecin.

b) Richard, responsable du dossier à la préfecture.

c) Le médecin Rieux qui convoque la réunion.

d) Tarrou qui a mis sur pied les formations de volontaires.

e) Le juge d'instruction Othon qui a déjà été en contact avec la maladie en Asie.

❻ Toutes les affirmations suivantes décrivent les mesures, sauf une, prises à Oran durant les mois de contamination par la peste. Laquelle ne fait pas partie de ces mesures ?

a) Le ravitaillement en nourriture fut limité, donnant lieu à de longues files d'attente.

b) On prescrit des économies d'énergie électrique.

c) On contraint les couples à l'abstinence sexuelle sous peine d'amende.

d) Il est interdit de sortir de la ville (sauf ceux qui sont munis d'un laissez-passer).

e) On effectue le rationnement de l'essence.

❼ Que refuse Rieux à Rambert venu lui demander de l'aide au moment où la ville d'Oran a été fermée pour cause d'épidémie ?

a) Il refuse de lui servir du boudin sous prétexte que le sang de cochon est souvent porteur du bacille de la peste.

b) Il refuse de lui signer un certificat qui attesterait sa bonne santé afin de quitter la ville.

c) Il refuse de communiquer avec sa femme retournée en France pour échapper au fléau.

d) Il refuse de lui fournir des excuses pour avoir répandu le mal en trompant régulièrement sa compagne.

e) Il refuse de le conseiller sur la façon d'écrire un article portant sur la misère des Arabes.

❽ Comment réagit Rieux à la réplique de Grand voulant que le jour où son manuscrit arriverait chez l'éditeur, ce dernier dise à ses collaborateurs : « Messieurs, chapeau bas ! » ?

a) Il lui conseille de bien retravailler le récit qui lui paraît pour le moment plutôt bref.

b) Il l'exhorte à avoir recours aux drogues pour trouver son inspiration.

c) Il a l'impression que les éditeurs ne peuvent ainsi rendre hommage à un manuscrit faute d'avoir un chapeau à leur disposition dans leur bureau.

d) Il lui propose de prendre comme modèle des textes d'écrivains aguerris.

e) Il l'avise de ne pas s'enfler la tête prématurément.

❾ Quel est le comportement adopté par Cottard en cours d'épidémie ?

a) Il décide d'intégrer les formations sanitaires mises sur pied par Tarrou.

b) Il rend régulièrement visite au vieil asthmatique pour soulager Rieux dans son travail.

c) Il essaie de vendre à profit un sérum douteux.

d) Il se mêle d'affaires de contrebande sur les produits rationnés.

e) Il ouvre un commerce illicite où se pratique même un peu de prostitution.

❿ Sur quel individu fait-on l'essai du sérum mis au point par le médecin Castel ?

a) Madame Rieux, la mère du médecin.

b) Le juge d'instruction Othon.

c) L'épouse du juge d'instruction.

d) Le petit garçon de monsieur Othon.

e) Le concierge de l'édifice où habite Rieux.

⓫ Pour quelle raison l'interprète d'Orphée a-t-il des tremblements tout en multipliant les gestes en saccades au moment de la représentation de l'opéra *Orphée et Eurydice* ?

a) Parce qu'il veut souligner le pathétique de l'intrigue.

b) Parce qu'il veut sortir l'auditoire de sa léthargie.

c) Parce qu'il souhaite changer les idées des spectateurs, tous préoccupés par la peste.

d) Parce qu'il veut attirer sur lui l'attention d'une critique célèbre présente dans la salle.

e) Parce que, atteint par la peste, l'interprète en ressent les symptômes funestes sur scène.

⓬ Pourquoi Rambert décide-t-il finalement de ne pas rejoindre sa conjointe à Paris ?

a) Parce qu'il veut être solidaire en partageant le malheur des pestiférés.

b) Parce qu'il se rend compte qu'il n'aime plus cette femme.

c) Parce qu'il a reçu une lettre d'elle disant qu'elle ne l'attendait plus.

d) Parce qu'il découvre qu'il est atteint de la maladie.

e) Parce qu'il craint d'être à son insu porteur du bacille et de favoriser à l'extérieur sa contagion.

⓭ Quel est le diagnostic qu'écrit le médecin Rieux sur la fiche de décès du père Paneloux ?

a) Cas douteux.

b) Symptômes peu évidents de la maladie.

c) Incinération exigée.

d) Signes de béatitude.

e) En instance de sainteté.

⓮ Vers la fin du roman, pourquoi le vieil asthmatique accueille-t-il Tarrou et Rieux dans une grande agitation ?

a) Parce qu'il a vu de nouveau des rats dans la rue.

b) Parce qu'il peut de nouveau jouer à provoquer les chats du voisinage.

c) Parce qu'il a été sauvé par le vaccin mis au point par le docteur Castel.

d) Parce qu'il est le seul de sa rue à avoir survécu à la peste.

e) Parce qu'il entrevoit enfin de pouvoir retourner jouer à la pétanque.

⓯ Quel bilan Rieux dresse-t-il de son combat contre la peste ?

a) Il a le sentiment d'être devenu un héros et de mériter des honneurs.

b) Il a finalement gagné le respect de sa mère.

c) Il a gagné de se souvenir de l'épisode d'Oran attaquée par une épidémie et de ne pouvoir oublier l'amitié de Tarrou.

d) Il est devenu plus soucieux des besoins de sa compagne.

e) Il a pris la mesure de son courage, il s'est défait de son apathie.

L'étude de l'œuvre

Quelques notions de base

Quelques renseignements sur le genre narratif

Depuis Balzac, le roman s'impose comme la forme narrative dominante, très marquée d'ailleurs par la conception que les romanciers réalistes s'en faisaient même si les romanciers actuels explorent toutes sortes de stratégies qui sortent le genre narratif des sentiers battus. À première vue, un roman comme *La peste* peut sembler s'inscrire dans le réalisme. En effet, si c'est d'une chronique qu'il s'agit, le souci de vraisemblance doit prévaloir et le récit doit s'organiser logiquement. L'observation attentive d'événements comme la mort des rats de même que la chronologie méticuleuse relèvent en effet d'une conception réaliste du récit. Mais plusieurs autres caractéristiques de *La peste* témoignent d'une approche différente, sinon originale : la narration* est polyphonique* puisque Tarrou, notamment, prend le relais de Rieux qui agit à la fois comme personnage et comme chroniqueur sans toutefois jamais dire « je ». Enfin, comme Camus l'a précisé lui-même, le roman est doté d'un caractère analogique : Oran captive de la peste suggère Paris sous occupation nazie. Enfin, les multiples significations attribuées au terme qui donne son titre au roman – la peste renvoyant à la fois à la maladie, à la vie elle-même, à la condition humaine – appellent nécessairement une lecture plurielle du texte. C'est la raison pour laquelle il est approprié de constater que *La peste* poursuit cette entreprise de renouvellement du discours narratif déjà entreprise avec la rédaction du roman précédent *L'étranger*.

Un récit doit toutefois nécessairement présenter des personnages qui agissent dans le cadre d'une histoire racontée par un narrateur. L'**histoire** est faite d'un enchaînement d'événements qui changent le parcours de personnages engagés généralement dans une quête,

* : *Cf.* Glossaire

vers un but particulier. La **narration** est l'ensemble des moyens utilisés pour régir le récit (type de narrateur, choix de dialogue en style direct ou indirect, etc.). En littérature, les principaux types de récits sont fictifs ; ils illustrent des thèmes et une vision du monde de l'auteur qui cherche en outre à se distinguer par son style. La **thématique** renvoie au réseau d'idées-clés illustrées par l'histoire : amour, mort, religion, etc. Un roman se distingue en effet d'un essai : les idées ne sont pas formulées explicitement mais transmises par l'intermédiaire de la fiction. Le **style** concerne la façon d'écrire de l'écrivain. Celui-ci peut préférer des phrases longues qui ralentissent le rythme ; il peut opter pour une écriture lyrique dans laquelle les figures de style foisonnent ou, au contraire, favoriser la sobriété avec des phrases presque dénuées d'épithètes. Il peut aussi se distancier de son récit par un regard ironique ou choisir plutôt d'intensifier le tragique ou le pathétique de l'action. Enfin, tout roman s'adresse à un lecteur sous-entendu. On voit très bien que Camus, dans un premier temps, voulait solliciter la réflexion de ses contemporains. Mais ce même roman peut s'interpréter aujourd'hui sous un nouvel angle puisque le contexte n'est plus le même, que nous nous éloignons de la Seconde Guerre mondiale. Cette dernière observation amène à préciser que la lecture n'est pas passive, qu'elle place le récepteur dans un processus interactif dont un des buts, en situation scolaire, peut être de dégager, par l'analyse, une **interprétation** du récit. Il y a donc une part de création dans l'acte de lire.

Par ailleurs, il existe plusieurs types de récits. Ce qui différencie le **roman** de la **nouvelle** tient à peu de choses, le roman étant généralement plus long que la nouvelle, qui est brève et concentrée. La nouvelle elle-même tend à se différencier du conte par son ancrage dans la réalité alors que le **conte** explore plus facilement le surnaturel et l'invraisemblable.

Le tableau suivant présente une synthèse des principales composantes et caractéristiques du roman comme genre littéraire.

Tableau descriptif du roman (récit fictif, genre narratif)

<table>
<tr><td>Histoire</td><td>Personnage
Être imaginaire fait de mots qui fait progresser le récit. Le personnage assume plusieurs fonctions dans le récit :
• composante essentielle qui contribue à la signification ;
• représentation de l'être humain qui se singularise par ses traits physiques, psychologiques, son statut social et les valeurs qu'il adopte ;
• son importance se mesure par son lien avec le héros, noyau du récit ; le personnage peut aussi être narrateur ;
• c'est un actant qui exerce une fonction par rapport à l'action : sujet, objet de la quête, adjuvant ou opposant, etc. ;
• peut aussi entrer dans une catégorie stéréotypée avec des traits codifiés connus d'avance du lecteur.
Action
Ensemble d'événements fictifs qui transforment le héros et sa relation avec les autres personnages. Plusieurs possibilités d'organisation, dont les suivantes :
• enchaînement : disposition chronologique et logique des événements en une seule intrigue ;
• alternance : entrelacement de deux intrigues ;
• enchâssement : une seconde intrigue, généralement de moindre importance, intégrée dans l'histoire principale.</td></tr>
<tr><td>Narration</td><td>Choix de voix narratives : qui raconte ?
• Narrateur présent ou représenté (narrateur-personnage qui raconte à la première personne) avec les deux possibilités suivantes :
– narrateur-héros ;
– narrateur-témoin : un personnage secondaire rapporte l'histoire du héros.
Effet : contribue à la subjectivité du récit et favorise l'identification du lecteur au personnage.
• Narrateur non représenté, ce qui implique une narration à la troisième personne.
Effet : augmente l'illusion de vraisemblance puisque la réalité semble observée avec neutralité.</td></tr>
</table>

Tableau descriptif du roman (récit fictif, genre narratif) (suite)

Narration (suite)	**Choix de regard ou de perspective : qui observe la scène ?** • Focalisation zéro ou point de vue omniscient. • Focalisation interne (avec un personnage) : réduction de l'angle de vision à la perspective d'un seul personnage. • Focalisation externe : le narrateur semble choisir d'observer les choses de l'extérieur sans pénétrer les consciences. **Rythme narratif** Moyens variés pour accélérer ou réduire le rythme du récit : analepse (retour en arrière) ; pause descriptive ; ellipse (saut d'événements) ; prolepse (projection dans le futur) ; sommaire (condensation d'événements).
Thématique	Réseau d'idées illustrées par l'intermédiaire des personnages et de l'action. Les orientations thématiques sont les suivantes : • orientation vers l'action : thématique de l'héroïsme (roman d'aventures, roman picaresque) ; • orientation vers le héros : thématique psychologique de l'intériorité (roman d'initiation ou d'apprentissage) ; • orientation sociale ou historique : thématique de l'argent, du pouvoir, du savoir, de la guerre (roman de mœurs) ; • orientation philosophique : thématique des fondements sociaux, de la relation à Dieu, de la condition humaine.
Style et procédés d'écriture	Ensemble des éléments qui permettent au romancier de se distinguer dans l'usage de son matériau de travail, la langue. Plusieurs éléments contribuent à cette marque personnelle : • concentration plus ou moins grande de procédés stylistiques ; • choix d'un ou de plusieurs niveaux de langue ; • choix lexicaux, longueur et variété de phrases ; • tonalité générale, soit humoristique, tragique, merveilleuse ou fantastique, etc.

L'étude du roman en s'appuyant sur des extraits

La Peste, le roman

Albert Camus, *La peste*, première partie

Premier extrait, pages 48 à 53, l. 114 à 280

Étape préparatoire à l'analyse ou à la dissertation : compréhension du passage en tenant compte du contexte

Questionnaire sur le texte de Camus, *La peste*

❶ À quoi sert le prologue*, court texte de moins de cinq pages, qui précède le véritable début du récit* en tant que tel ?

❷ Puisque le roman *La peste* est séparé en cinq parties, comme dans une tragédie* qui comprend cinq actes, peut-on dire que les premières pages du récit lui-même servent à exposer le sujet ? Pour répondre en un unique paragraphe bien articulé, intégrez les éléments reliés aux sous-questions suivantes :

a) Y a-t-il présentation des personnages* principaux avec leur description ?

b) Les principaux éléments de l'intrigue* sont-ils mis en place ?

c) L'intrigue est-elle située dans le temps et dans l'espace ?

d) Certains éléments contribuent-ils à créer un état de tension ?

❸ Relevez comment Camus s'y prend pour établir un lien entre la mort des rats et la maladie.

❹ Par rapport aux rats, comment Camus s'y prend-il pour rendre obsédante leur présence et ce qui leur arrive ? Comment les personnages réagissent-ils à ces événements insolites ?

* : *Cf.* Glossaire

❺ Camus aurait pu rendre très romanesque le départ de la femme de Rieux. Montrez que ce passage illustre au contraire le choix de la sobriété dans l'expression des sentiments.

❻ Par rapport à la suite du récit, pourquoi cette scène est-elle importante ?

❼ La culpabilité est toujours insidieusement présente dans les récits de Camus. Montrez que c'est aussi le cas ici.

❽ L'Algérie étant un pays de colonisation, il est nécessairement un pays multiculturel. Quels sont les trois peuples mis en présence dans l'extrait et quels passages font allusion à cette réalité ? Ce fait a-t-il un impact sur l'intrigue ?

❾ Parmi les thèmes de l'amour, de la condition humaine, de l'absurde, de l'amitié, de l'engagement, de la justice, de la liberté et de la religion, quels sont ceux qui se retrouvent dans ce début de récit ? Expliquez et illustrez vos réponses.

Vers la rédaction

❿ Suivez les étapes proposées dans le but de rédiger une introduction qui conviendrait au sujet suivant :

En quoi ce début de récit contribue-t-il à la tonalité tragique du récit ?

a) Parmi les formulations suivantes, choisissez celle qui conviendrait le mieux à un « sujet amené ».

a. L'existentialisme* impose sa marque comme courant littéraire tandis que l'Europe en guerre fait face à la dévastation de son territoire.

b. La dictature* est le régime politique dominant en Europe au moment de la Seconde Guerre mondiale.

c. L'autobiographie* est la forme narrative la plus pratiquée par les écrivains de la postmodernité*.

* : *Cf.* Glossaire

d. Plusieurs événements dramatiques reliés à la Seconde Guerre mondiale, comme la dévastation de territoires entiers, l'exil des populations et l'Holocauste, installent en Europe un profond sentiment de malaise existentiel que cherchent à traduire plusieurs artistes.

b) Parmi les suivantes, dégagez trois idées qui vous inspireront pour le « sujet divisé ».

a. Les premiers paragraphes du récit présentent des événements insolites et troublants.

b. Une menace semble planer sur la ville, soumise à une chronologie fatidique.

c. Les personnages expriment une inquiétude croissante.

d. Le thème de la mort semble illustré par plusieurs anecdotes du texte.

e. La situation présentée dans ces premières pages illustre notamment le thème de l'absurde qui touche la condition humaine.

c) Rédigez l'introduction en utilisant les réponses précédentes de façon pertinente, quitte à les modifier, et complétez le tout pour qu'on y trouve les articulations suivantes : le « sujet amené », le « sujet posé » et le « sujet divisé ».

d) Rédigez ensuite le développement en vous assurant de retenir des phrases-clés qui présentent les idées principales de chaque paragraphe et qui renvoient à ce qui est annoncé dans le sujet divisé. Dans chacun des paragraphes du développement, présentez des idées secondaires avec exemples ou citations à l'appui. Il est possible de commenter les exemples et les citations. Terminez le paragraphe par une phrase de clôture ou de transition, au choix.

e) Votre conclusion devra présenter une synthèse du texte et, si possible, une ouverture.

f) N'oubliez pas l'étape de la révision : vérifiez la logique du texte, l'orthographe et la grammaire. Si vous avez le temps,

Premier extrait, pages 48 à 53

faites une dernière révision en partant de la dernière phrase vers la première, ce qui vous permettra de vous concentrer uniquement sur les aspects grammaticaux et orthographiques.

11 Montrez que le début de ce récit porte déjà l'empreinte de la thématique* de l'absurde. Pour ce deuxième sujet de dissertation, inspirez-vous du modèle précédent et tenez compte de vos connaissances ou des exigences particulières de votre enseignant sur la façon de composer une dissertation.

Jean de La Fontaine, *Les animaux malades de la peste*

Jean de La Fontaine (1621-1695) est reconnu pour l'écriture de ses *Fables*, considérées comme des chefs-d'œuvre de la littérature française. Le genre dans lequel il excelle tient à la fois du poème, du conte et de la comédie. Il se sert d'animaux pour faire réfléchir ses contemporains sur la morale* qui a cours dans la société française du XVIIe siècle, pendant que règne un roi au pouvoir absolu, Louis XIV.

Dans cette fable très connue, les animaux sont mortels comme les hommes et tous risquent d'être touchés par la peste. Le texte, qui présente une forme de critique sociale, laisse entendre toutefois qu'au lieu d'être solidaires dans le malheur, les animaux, qui représentent ici les êtres humains, choisissent souvent de préserver les privilèges qui sont associés à leur statut dans leur communauté.

Les animaux malades de la peste

Un mal qui répand la terreur,
Mal que le Ciel en sa fureur
Inventa pour punir les crimes de la terre,
La peste (puisqu'il faut l'appeler par son nom),
Capable d'enrichir en un jour l'Achéron,
Faisait aux animaux la guerre.
Ils ne mouraient pas tous, mais tous étaient frappés;
On n'en voyait point d'occupés
À chercher le soutien d'une mourante vie;

* : *Cf.* Glossaire

Nul mets n'excitait leur envie;
Ni loups ni renards n'épiaient
La douce et l'innocente proie;
Les tourterelles se fuyaient:
Plus d'amour, partant plus de joie.
Le lion tint conseil, et dit: « Mes chers amis,
Je crois que le Ciel a permis
Pour nos péchés cette infortune.
Que le plus coupable de nous
Se sacrifie aux traits du céleste courroux;
Peut-être il obtiendra la guérison commune.
L'histoire nous apprend qu'en de tels accidents
On fait de pareils dévouements.
Ne nous flattons donc point; voyons sans indulgence
L'état de notre conscience.
Pour moi, satisfaisant mes appétits gloutons,
J'ai dévoré force moutons.
Que m'avaient-ils fait? Nulle offense;
Même il m'est arrivé quelquefois de manger
Le berger.
Je me dévouerai donc, s'il le faut: mais je pense
Qu'il est bon que chacun s'accuse ainsi que moi:
Car on doit souhaiter, selon toute justice,
Que le plus coupable périsse.
– Sire, dit le renard, vous êtes trop bon roi;
Vos scrupules font voir trop de délicatesse.
Eh bien! manger moutons, canaille, sotte espèce,
Est-ce un péché? Non, non. Vous leur fîtes, Seigneur,
En les croquant, beaucoup d'honneur;
Et quant au berger, l'on peut dire
Qu'il était digne de tous maux,
Étant de ces gens-là qui sur les animaux
Se font un chimérique empire. »
Ainsi dit le renard; et flatteurs d'applaudir.
On n'osa trop approfondir
Du tigre, ni de l'ours, ni des autres puissances,
Les moins pardonnables offenses:
Tous les gens querelleurs, jusqu'aux simples mâtins,

Premier extrait, pages 48 à 53

Au dire de chacun, étaient de petits saints.
L'âne vint à son tour, et dit : « J'ai souvenance
Qu'en un pré de moines passant,
La faim, l'occasion, l'herbe tendre, et, je pense,
Quelque diable aussi me poussant,
Je tondis de ce pré la largeur de ma langue.
Je n'en avais nul droit, puisqu'il faut parler net. »
À ces mots on cria haro sur le baudet.
Un loup, quelque peu clerc, prouva par sa harangue
Qu'il fallait dévouer ce maudit animal,
Ce pelé, ce galeux, d'où venait tout leur mal.
Sa peccadille fut jugée un cas pendable.
Manger l'herbe d'autrui ! quel crime abominable !
Rien que la mort n'était capable
D'expier son forfait : on le lui fit bien voir.

Selon que vous serez puissant ou misérable,
Les jugements de cour vous rendront blanc ou noir.

Jean de La Fontaine, *Fables, livre VII* (1668 à 1694), Extrait des Classiques Hachette, 1992.

Questionnaire sur le texte de La Fontaine, *Les animaux malades de la peste*

❶ Expliquez, en vous appuyant sur le texte, ce qui fait de cette fable un texte hybride, à la fois

a) narratif,

b) poétique,

c) didactique (fait pour enseigner),

d) qui s'adresse à deux publics : les enfants et les adultes.

❷ Expliquez comment la fable transpose sur le plan du récit la hiérarchie sociale et les valeurs associées à cette hiérarchie. Cette fable conserve-t-elle, selon vous, un caractère actuel ?

❸ Qui sert de bouc-émissaire dans cette fable ? Qui assume la responsabilité du mal ? Le choix effectué par La Fontaine vous paraît-il porteur de signification ?

❹ Que pensez-vous des opinions suivantes sur La Fontaine ?

a) La Bruyère, son contemporain, l'adore et trouve qu'il élève « les petits sujets jusqu'au sublime ».

b) Lamartine, au XIXe siècle, se demande quel charme on peut trouver à ces animaux « égoïstes, railleurs, avares, sans pitié, sans amitié, plus méchants que nous ».

c) Valéry, au XXe siècle, voit les fables comme étant le « le chef-d'œuvre d'un artiste attentif ».

❺ Faites le plan d'une dissertation qui démontrerait que cette fable présente une critique sociale.

Vers la rédaction – Analyse croisée

❶ En vous appuyant sur la fable de La Fontaine et l'extrait tiré du roman *La peste* d'Albert Camus, comparez les intentions des deux auteurs.

❷ Comparez l'usage qui est fait des animaux dans les deux textes.

Albert Camus, *La peste*, deuxième partie

Extrait, pages 159 à 162, l. 1624 à 1724

Questionnaire sur le texte de Camus, *La peste*

À noter: Ce deuxième extrait constitue en quelque sorte une réponse au prêche du jésuite Paneloux (p. 127 à 134) qui attribue la peste au fait que les hommes sont punis d'avoir péché. La peste, selon lui, présente aussi comme consolation de guider vers Dieu, le principe de toute vie.

❶ Rieux croit-il que la peste est une punition de Dieu ? Pense-t-il que tous les chrétiens partagent la conception de Paneloux ?

❷ En quoi Rieux se différencie-t-il du jésuite Paneloux ?

❸ Expliquez pourquoi l'exercice du métier revêt une telle importance aux yeux de Rieux.

❹ Montrez que le thème de l'absurde touchant la condition humaine est présent dans ce passage.

❺ Relevez dans l'extrait les passages qui montrent que ces deux hommes s'apprêtent à glisser vers l'amitié.

❻ Relevez les passages qui montrent l'alternance de l'ombre et de la lumière dans cette scène. En quoi ce choix est-il approprié ?

Vers la rédaction

❼ Démontrez que cet extrait illustre la tonalité philosophique du roman.

❽ Analysez la représentation de l'amitié dans cet extrait.

de mœurs) à l'encontre de Pascal qui adhère à cette doctrine religieuse.

❹ Pascal faisait des mathématiques et Voltaire de la spéculation. Montrez que l'esprit calculateur influence également les deux argumentations.

❺ Expliquez en quoi le commentaire de Voltaire illustre les caractéristiques suivantes :

a) la raison placée au service de l'esprit critique ;

b) la thématique de la nature humaine et du bonheur ;

c) le style* proche du dialogue.

❻ Présentez les caractéristiques qui permettent de classer ce texte dans la catégorie de l'essai.

Hypothèses d'analyse et de dissertation

❶ Est-il juste d'affirmer que la réflexion sur l'existence de Dieu est plus nuancée et approfondie chez Camus que chez Voltaire ?

❷ Est-il justifié de prétendre comme Camus qu'une philosophie mise en récit serait plus efficace qu'une philosophie présentée sous forme d'essai argumentatif comme chez Voltaire ?

*: *Cf.* Glossaire

Albert Camus, *La peste*, quatrième partie

Extrait, pages 239 à 242, l. 783 à 868

❶ Situez l'extrait dans le roman. Quels sont les personnages présents dans cette scène et qu'avons-nous appris d'eux jusqu'à maintenant (en quelques phrases) ?

❷ Dans le premier paragraphe, relevez les mots ou expressions qui créent un effet de crescendo. En quoi cela contribue-t-il au climat d'anxiété ?

❸ Montrez que le deuxième paragraphe crée un effet de contraste.

❹ En tenant compte notamment du prêche de Paneloux, expliquez la réaction colérique de Rieux dans ce passage.

❺ Montrez que la nature telle que décrite participe au climat funeste du passage, et relevez les métaphores significatives.

❻ Montrez que Rieux et Paneloux tiennent un dialogue de sourds, ce qui est illustré notamment par une gestuelle contradictoire.

❼ Prouvez que cet extrait illustre trois des thèmes essentiels chez Camus : la condition humaine, la révolte* et Dieu (ou la religion).

Vers la rédaction

❽ En quoi cet extrait illustre-t-il l'affirmation de Camus selon laquelle un roman met une philosophie en images ?

❾ En vous appuyant sur cet extrait, analysez la thématique de l'absurde.

* : *Cf.* Glossaire

Albert Camus, *La peste*, quatrième partie

Extrait, pages 273 à 277, l. 1811 à 1932

❶ Situez l'extrait par rapport à ce qui précède.

❷ Quels sont les éléments significatifs de l'action ?

a) Quels personnages sont présents ? Qu'avons-nous appris à leur sujet jusqu'à maintenant ?

b) En quel temps et en quel lieu se situe cet épisode ?

❸ Au nom des religions et des idéologies, on a beaucoup tué dans l'histoire de l'humanité. Dans sa longue tirade (premier et deuxième paragraphes), montrez que Tarrou fait le choix d'une attitude pragmatique et refuse de se placer du côté des bourreaux.

❹ Expliquez que même si la guerre n'est jamais nommée, plusieurs indices présents dans le texte poussent le lecteur à penser que Camus se référait aussi à cette réalité.

❺ Relevez le passage qui semble résumer la morale existentielle de Rieux (et probablement celle de Camus aussi).

❻ En quoi la baignade illustre-t-elle un besoin de sensualité et de bonheur ?

❼ En quoi cette scène indique-t-elle une évolution dans la relation entre Rieux et Tarrou ?

❽ Quelles étaient selon vous les intentions de Camus en écrivant ce passage, que cherchait-il à faire comprendre au lecteur ?

Vers la rédaction

❾ Ce passage illustre-t-il le caractère à la fois cérébral et sensuel des personnages ?

❿ Quel rôle est ici joué par la nature et en particulier par la mer (généralement chargée de symboles chez Camus) ?

Albert Camus, *La peste*, cinquième partie, le dénouement

Dernier extrait, pages 312 à 314, l. 794 à 878

❶ Les pages de l'extrait se situent dans la cinquième partie du roman, le dénouement. Peut-on dire que cette partie sert à résoudre des problèmes mis en place par l'intrigue ? Peut-on parler dans ce cas-ci d'une fin fermée (tous les nœuds sont dénoués) ou ouverte* (on peut imaginer une suite dans le cas de certains personnages) ?

❷ Comment Camus suggère-t-il l'allégresse de ce jour de libération (attitudes et comportements, descriptions, figures de style, champs lexicaux) ?

❸ Il n'est pas si facile d'effacer le passé et la souffrance. Commentez cette assertion.

❹ Montrez que la référence à la guerre se fait nettement plus explicite en cours d'extrait.

❺ Le terme *séparation* prend aussi dans le contexte une signification plurielle (caractère polysémique). Démontrez-le.

❻ « Le seul bien désirable [...], ils l'appelaient quelquefois la paix » (l. 877 et 878). Pourquoi cette phrase présente-t-elle moins de résonnance aux oreilles d'un lecteur actuel par rapport au lecteur contemporain de Camus ?

Vers la rédaction

❼ Est-il vrai que les pages du dénouement contribuent fortement à établir l'analogie entre la peste et la guerre ?

* : *Cf.* Glossaire

L'étude de l'œuvre dans une démarche plus globale

La démarche proposée ici peut précéder ou suivre l'analyse par extrait. Elle entraîne une connaissance plus synthétique de l'œuvre, elle met l'accent sur la compréhension du récit complet. Les deux démarches peuvent être exclusives ou complémentaires.

Pour chacune des parties du roman, suivre la démarche suivante qui tient compte des composantes du texte narratif, soit :

a) l'intrigue ;

b) les personnages ;

c) la thématique ;

d) l'organisation, le style et la tonalité du récit.

Intrigue

❶ Dressez le schéma narratif* du roman en complétant le tableau de la page 353.

❷ Faites un résumé de chacune des parties du roman ou du roman au complet en tenant compte des informations que fournit le schéma narratif.

* : *Cf.* Glossaire

Situation initiale • **Personnages centraux** • **Lieu fictif** • **Temps fictif**	**Nœud de l'intrigue** • **Élément(s) déclencheur(s)** • **Péripétie(s)**	**Situation finale** • **Résultat de la quête** • **Solutions apportées au problème de départ** • **Échec ou réussite**
Les questions à poser **Qui ?** • Quel est le protagoniste* principal (héros du récit) ? • Quels sont les autres personnages principaux ? • Comment se présentent-ils ou comment sont-ils décrits ? **Où ?** • Quel est le lieu de l'intrigue (pays, ville, etc.) ? **Quand ?** • À quel moment, à quelle époque se déroule l'intrigue ? **Pourquoi ?** • Quel semble être l'objet de la quête ? Que recherche le héros ?	Les questions à poser **Quoi ?** • Quel est l'élément déclencheur de l'action qui vient rompre l'équilibre initial ? • Comment le repérer ? Observez notamment les marqueurs de temps : « ce jour-là » (et autres) ou « soudainement » et autres synonymes comme « tout à coup », etc. **Comment ?** • Comment le personnage cherche-t-il à échapper au danger, à se soustraire à la menace ou à la situation initiale ? • Quelles sont les principales péripéties ? • Comment les autres personnages (adjuvants, opposants, etc.) se situent-ils par rapport à la quête du héros ? • Comment repérer les péripéties ? Observez particulièrement les conjonctions ou les adverbes suivants : *mais*, *alors*, *puis*, *ensuite*, etc.	Les questions à poser • À quoi conduit la quête du héros ? • Comment se situe le héros par rapport aux autres personnages ayant participé à sa quête ? • Le héros a-t-il atteint son but ou échoué dans sa démarche ?

* : *Cf.* Glossaire

Personnages

Les personnages principaux

❶ Au fil du roman, comment évoluent les personnages principaux du récit ? Quel portrait peut-on faire d'eux ? Pour répondre à ces questions, adoptez la démarche suivante.

a) Faites la description des six personnages (Rieux, Tarrou, Rambert, Paneloux, Cottard, Grand) en tenant compte des aspects suivants (lorsque l'auteur fournit suffisamment de renseignements) :
   a. l'aspect social ;
   b. l'aspect physique ;
   c. l'aspect psychologique ;
   d. les aspects associés à leurs valeurs ;
   e. les aspects associés à leurs croyances.

b) Tenez également compte, dans plusieurs chapitres, des questions qui suivent.
   a. Que pense chacun d'eux ?
   b. Que disent-ils ?
   c. Que font-ils ?
   d. Comment se comportent-ils avec les autres personnages ? Où se situent-ils les uns par rapport aux autres dans leurs liens avec les autres personnages (donc tout ce qui est en rapport avec l'aspect dynamique de leurs relations) ?
   e. Comment évoluent-ils d'un chapitre à l'autre ? Quelles sont les étapes marquantes de cette évolution ?

❷ Dans la conception des personnages principaux, quel semble être l'effet souhaité sur le lecteur ?

❸ Montrez que Camus évite de faire de ses personnages des super-héros.

Les personnages secondaires

❶ a) Au fil du récit, quel rôle Camus attribue-t-il à chacun des personnages secondaires (proches d'être des figurants), parmi lesquels se trouvent : le juge d'instruction Othon, les médecins, le vieil asthmatique, le vieillard aux chats, etc. ?

b) Quel(s) effet(s) suscite chaque personnage sur le lecteur ? Tenez compte des possibilités suivantes et justifiez votre réponse :

- le rejet ;
- l'admiration ;
- la compassion ;
- le respect ou l'indifférence ;
- la réflexion ;
- la curiosité, etc.

Thématique

❶ Parmi les suivants, dégagez les réseaux thématiques (ou le thème du réseau) qui semblent prédominer dans chacune des parties du roman :

a) la condition humaine ;
b) Dieu et la religion ;
c) l'absurde ;
d) la révolte ;
e) l'amour ;
f) la justice ;
g) l'amitié ;
h) la maladie ;
i) la liberté ;
j) le bonheur.

Justifiez vos choix.

Organisation du roman, style et tonalité

❶ Le premier chapitre met-il en place les principaux éléments qui serviront à la compréhension du roman, soit :

- fournir des indices sur la condition sociale des personnages et les relations qui se sont établies entre eux ;
- situer le lieu et l'époque ;
- donner des indices sur la nature de l'intrigue ;
- appréhender la suite des événements.

Expliquez votre réponse.

❷ Où peut-on situer le nœud de l'intrigue ? Justifiez votre choix.

❸ Par rapport au dénouement,

a) peut-on dire qu'il dénoue les fils de l'intrigue ?

b) Crée-t-il un effet de surprise ou était-il attendu ?

c) Comment se solde la quête des personnages principaux ?

d) Rieux et les autres sont-ils punis ou récompensés ?

e) S'agit-il d'une fin tragique, comique, philosophique ou morale ?

f) Peut-on dire que ce roman est porteur de connaissances ? Lesquelles ?

❹ Ce roman a-t-il contribué au renouvellement du genre romanesque ou vous semble-t-il, au contraire, plutôt conforme à la tradition instaurée au XIXe siècle par les romanciers réalistes ?

Sujets d'analyse et de dissertation

Plusieurs pistes d'analyse portant sur l'œuvre complète sont maintenant accessibles, et certaines plus faciles à emprunter que d'autres. Pour favoriser la progression vers le plan, les premiers sujets ont été partiellement planifiés (comme suggestion d'exercices : compléter ou détailler ces plans) ; en revanche, les derniers sujets laissent toute la place à l'initiative personnelle.

Questions générales

❶ Analysez le caractère analogique du roman *La peste*, qui établit des liens entre l'épidémie et la guerre.

Esquisse de plan pour le développement.

Introduction

Sujet amené : puisez une idée dans la biographie de Camus ou dans la description de l'époque.

Sujet posé : reformulez le sujet en vous assurant de ne pas le trahir.

Sujet divisé : prévoyez un court résumé (au plus deux phrases) et annoncez les idées directrices des trois paragraphes de développement.

Développement

- Dans le premier paragraphe, reportez-vous à la description de la ville d'Oran qui rappelle à certains égards la ville de Paris occupée par l'armée nazie.
- Dans le deuxième paragraphe, montrez que les personnages luttent pour éliminer l'ennemi, la peste, qui multiplie les morts dans la ville comme le ferait la guerre.

- Dans le troisième paragraphe, prenez en considération les pages du dénouement où Camus se réfère plus ouvertement à la guerre.

Conclusion

- Dégagez les idées-clés de votre dissertation et voyez à ne pas simplement répéter les formulations présentes dans le développement ; assurez-vous également de maintenir l'intérêt du lecteur.
- Idée d'ouverture : établissez des liens avec l'époque, la biographie de l'auteur ou d'autres œuvres.

❷ Analysez un ou plusieurs des thèmes essentiels de cette œuvre.

Voici quelques aspects dont la prise en compte pourrait vous aider à rédiger votre dissertation :

- Observez la représentation des personnages. Ils incarnent souvent chacun un thème en particulier. Voir aussi la section intitulée « Présentation de l'œuvre » qui peut vous fournir les idées principales de votre dissertation.
- Reportez-vous aux scènes de discussion entre personnages pour tout ce qui relève de la condition humaine et des thèmes à caractère plus philosophique.
- Attachez-vous à explorer la symbolique de la mer en particulier.
- Montrez les conséquences de l'épidémie sur la ville d'Oran.

❸ Analysez la représentation de la liberté dans le roman.

❹ Étudiez la représentation de l'absurde.

❺ Montrez que la révolte contient aussi chez Camus une revendication de bonheur.

❻ Peut-on dire que le roman *La peste* correspond aux caractéristiques de la littérature engagée* (écriture mise au service d'une idée ou d'un système idéologique, personnages militants, cadre social particulièrement significatif) ?

* : *Cf.* Glossaire

❼ En quoi *La peste* est-il aussi un roman algérien ?

❽ Chez Camus « l'amour de la vie se mêlait au désespoir de vivre » (cité dans Roger Grenier, *Albert Camus, soleil et ombre*, page 115). Montrez que cette citation s'applique bien à Bernard Rieux.

❾ Des quatre éléments cosmiques, montrez que l'eau (la mer) est le plus bénéfique.

❿ « Un roman n'est jamais qu'une philosophie mise en images. » Cette définition du roman par Camus lui-même s'applique-t-elle à *La peste* ?

Glossaire

Pour étudier le roman : lexique de base et autres termes

Absurde : thème capital dans la pensée philosophique et littéraire de l'après-guerre, associé à l'angoisse existentielle puisque l'être humain, faisant face à la mort, doute de la consolation que représente l'idée de Dieu.

Agnostique : non-croyant.

Alliés : pays qui ont contracté une alliance pour lutter contre un autre pays ; par exemple, les pays opposés à l'Allemagne au cours de la Première et de la Seconde Guerre mondiale.

Analogique : qui repose sur des rapports de ressemblance entre deux situations ou objets différents.

Antihéros : personnage peu sympathique, énigmatique, controversé ou proche de l'anonymat, placé au centre d'un roman, mais peu susceptible de provoquer l'identification du lecteur.

Autobiographie : récit de sa propre vie, fondé sur le pacte implicite de l'engagement à l'authenticité.

Beauvoir, Simone de : romancière et essayiste (1908-1986), disciple de Jean-Paul Sartre ; elle est en outre connue pour avoir écrit le fameux essai féministe *Le deuxième sexe*.

Breton, André : écrivain français (1896-1966), principal défenseur des idées surréalistes, notamment celle de laisser l'inconscient guider l'écriture.

Casarès, Maria : actrice (1922-1996) tant à la scène qu'au cinéma, considérée comme l'une des grandes interprètes de tragédies en France, son pays d'adoption.

Cobra (mouvement) : mouvement artistique qui favorise au XXe siècle le retour à une forme d'expression naïve ou primitive.

Colon : synonyme de pionnier qui ouvre de nouvelles terres, mais souvent en assujettissant les indigènes déjà établis sur ces terres. Par extension, le **colonialisme** est donc une pensée politique qui favorise les intérêts de la métropole au détriment de ceux de la colonie en invoquant souvent une supériorité culturelle. L'**anticolonialisme** vise l'affranchissement de toute colonie : ainsi en est-il de l'Algérie, qui souhaite devenir une nation indépendante de la métropole, la France dans ce cas précis.

Communisme : régime politique d'inspiration marxiste, en faveur de la répartition égalitaire des biens tout en favorisant la dictature du prolétariat comme étape de transition. Les termes « capitalisme » et « libéralisme » en sont des antonymes.

Cubisme : mouvement artistique d'avant-garde qui présente une forme de géométrisation de la réalité.

Dictature : forme de gouvernement autocrate, sans droit de vote ni élection. Dictature d'Antonio Salazar de 1932 à 1970 au Portugal ; de Francisco Franco en Espagne de 1938 à 1975 ; de Benito Mussolini en Italie (régime fasciste) de 1925 à la fin de la guerre, alors qu'il est exécuté par les communistes. Dictature d'Adolf Hitler (régime nazi) en Allemagne de 1933 jusqu'à son suicide à la fin de la guerre en 1945. Dictature de Joseph Staline, maître incontesté de l'URSS, de 1929 à sa mort en 1953.

Don Juan : personnage mythique incarnant une quête cynique de la liberté, notamment en amour, et qui se rebelle contre toute autorité en s'appuyant sur la raison. Molière en a fait le personnage central d'une de ses comédies en prose et l'oppose à son valet, le velléitaire Sganarelle.

Dostoïevski, Fiodor Mikhaïlovitch : auteur (1921-1881) notamment des grands romans *Crime et châtiment* et *Les frères Karamazov*. Son œuvre présente des personnages en quête de Dieu mais angoissés par la présence du Mal. Camus témoigne de son vif intérêt pour cet écrivain en adaptant au théâtre le roman *Les possédés*.

Essai : texte en prose qui présente une réflexion libre sur un sujet donné de la réalité. L'auteur respecte le pacte de lecture de tous les textes non fictifs en attestant l'authenticité de son discours.

Existentialisme : courant littéraire nourri d'une réflexion philosophique qui affirme que l'être humain construit son existence puisque sa nature n'est pas prédéterminée. La négation de Dieu l'oblige à trouver un sens à sa vie soit par la liberté (notamment en art), soit par la révolte ou l'engagement. C'est à ce mouvement que les critiques rattachent Albert Camus.

Fascisme : doctrine qui fait la promotion d'une forme de totalitarisme inspiré du gouvernement de Mussolini en Italie. Un parti unique exerce en effet son emprise sur toutes les institutions de l'État.

Faulkner, William : considéré comme un des grands précurseurs du roman contemporain, notamment par son exploration de modalités narratives variées. Camus témoigne de son admiration à son égard en adaptant et en mettant en scène *Requiem pour une nonne* d'après l'œuvre du romancier américain (1897-1962).

Gauche (la): en politique, est représentée par des partis ou des députés qui favorisent le changement politique, les réformes, alors que la droite regroupe des députés qui préfèrent la continuité, le *statu quo*.

Gide, André: écrivain (1869-1951) novateur qui joue un rôle prépondérant dans l'évolution des mentalités en prônant l'émancipation de l'individu à l'égard d'une morale de l'abnégation. Il est un des premiers romanciers à aborder ouvertement le thème de l'homosexualité.

Gréco, Juliette: interprète de chansons françaises (née en 1927) associée à la mode existentialiste.

Guerre froide: période de rivalité qui s'étend de 1947 à 1991 entre le camp communiste, identifié à l'URSS, et le camp capitaliste, identifié aux États-Unis.

Hiroshima et Nagasaki: villes japonaises atteintes par des bombardements nucléaires (6 et 9 août 1945) décidés par les États-Unis six jours avant la fin du conflit mondial.

Humanisme: tendance philosophique qui influence profondément l'Occident depuis la Renaissance et qui place au cœur de ses préoccupations la dignité de l'être humain. On répertorie trois types d'humanismes: l'humanisme classique (l'homme doit s'inspirer des textes anciens); l'humanisme chrétien (l'enseignement du Christ élève l'homme); l'humanisme sans Dieu (l'être humain doit élaborer seul son propre système de valeurs).

Idéologie: ensemble d'idées souvent formulées par des philosophes, qui orientent la lutte pour le changement social. Le marxisme et le capitalisme sont des idéologies.

Impérialisme: politique expansionniste des superpuissances qui cherchent à contrôler le monde.

Intrigue: suite d'événements fictifs qui constitue l'histoire dans un récit.

Kabylie: région située au nord de l'Algérie.

Lautréamont, comte de (pseudonyme d'Isidore Ducasse): précurseur du surréalisme qui explore les fantasmes de l'inconscient en les associant à une écriture hallucinée (1846-1870).

Littérature engagée: synonyme de littérature militante, qui veut favoriser la prise de conscience du lecteur si ce n'est le porter à agir pour changer la réalité.

Lycée: en France, établissement d'enseignement équivalant plus ou moins au cégep au Québec.

Lyrisme: expression de la sensibilité personnelle (présence du « je »), notamment associé au recours à des figures de style.

Metteur en scène: celui qui élabore la mise en spectacle d'un texte dramatique.

Morale : réflexion sur les notions de bien et de mal qui entraîne forcément un questionnement sur les valeurs (liberté, justice, amour) et leur ordre de priorité.

Mythe : à l'origine, récit oral légendaire ; le terme s'applique aussi à toute forme de récit qui fournit en quelque sorte des clés pour comprendre une époque.

Narrateur : modalité choisie par un auteur pour raconter une histoire. Le narrateur peut être représenté dans le récit par un personnage, ou la narration peut s'effectuer d'un point de vue extérieur (le narrateur n'est pas représenté). Camus invente ici un type de narration inusitée.

Narration : ensemble de procédés qui servent à raconter une histoire.

Nationalisme : mouvement qui favorise l'accession à l'indépendance des colonies et la reconnaissance des droits des autochtones. Le mot « nationalisme » est aussi associé en Europe aux régimes qui définissent la nation comme devant être l'entité politique d'un seul peuple.

Nouveau roman : courant littéraire de l'après-guerre qui favorise un renouvellement des formes romanesques, un style généralement sobre, et qui est proche parent de l'antithéâtre par sa conception des personnages (souvent dépourvus d'identité) et sa thématique (la vie face au néant). Principaux représentants et théoriciens : Alain Robbe-Grillet et Nathalie Sarraute.

Occupation nazie : période pendant laquelle la France a été occupée par l'armée allemande, de 1940 à 1944.

Œuvre ouverte : récit dont le dénouement rend possibles de multiples interprétations de la part du lecteur.

Personnage : être fictif fait de mots et qui constitue une des composantes essentielles du roman, porteur de la signification de l'œuvre.

Pétain, Philippe : maréchal (1856-1951) placé à la tête du gouvernement de Vichy après la défaite française, il pousse la France vers une politique de collaboration avec les nazis. À la fin de la guerre, sa condamnation à mort sera commuée en emprisonnement à vie.

Pia, Pascal (pseudonyme de Pierre Durand : homme d'une grande érudition, écrivain nihiliste (1903-1979), allergique à la reconnaissance publique et aux honneurs. Il recrute Camus pour travailler à des journaux dont lui-même assure la direction.

Polémique : sujet à discussion.

Polyphonique : caractère d'un récit qui comporte plusieurs interventions de personnages secondaires venant raconter une anecdote qui s'insère dans le récit principal.

Postmodernité : terme dont l'emploi se généralise pour classifier les œuvres récentes qui font éclater les frontières entre les genres, lèvent tous les interdits et se permettent toutes les innovations. Littérature souvent portée vers la thématique identitaire.

Prologue : premières pages qui servent de préambule à un texte.

Protagoniste : synonyme de personnage principal.

Réalisme : mouvement littéraire de la seconde moitié du XIXe siècle qui favorise une écriture d'observation visant à instruire le lecteur de la dynamique sociale, généralement centrée sur la thématique de l'argent (valeur au cœur du capitalisme) et sur les rapports de pouvoir. Le terme est aussi utilisé comme synonyme de *vraisemblable*, qui donne l'impression que cela s'est passé dans le monde réel.

Récit : tout texte qui comporte une histoire (ce qui est raconté) et une narration (la façon de le raconter).

Révolte : thème central dans la pensée de Camus qui se développe sur trois plans : **1.** métaphysique, par la remise en question de l'existence de Dieu qui coexiste avec une forme d'angoisse existentielle ; **2.** social, par une critique de l'ineptie des gouvernements et la promotion de l'engagement social dans la solidarité ; **3.** individuel, par la valorisation de l'amour et du bonheur terrestres.

Révolution russe : renversement en 1917 du régime tzariste (une forme de gouvernement monarchiste) par les communistes, sous la direction de Lénine.

Rimbaud, Arthur : poète (1854-1891) d'allégeance symboliste qui favorise le dérèglement des sens et l'innovation poétique, deux voies qui séduisent les surréalistes.

Roman choral : roman qui entrecroise plusieurs récits ; chaque personnage, avec sa propre histoire, participe au sens global du roman.

Roman à thèse : roman qui se met au service d'une thèse ou d'une idéologie particulière, comme un roman qui s'inscrirait dans une perspective communiste. On a souvent reproché cette tendance aux existentialistes et à Camus.

Sartre, Jean-Paul : écrivain et philosophe (1905-1980) considéré comme le chef du courant existentialiste, dont il définit les principes essentiels dans son essai philosophique intitulé *L'être et le néant*. Il transpose ensuite cette conception du monde dans ses textes littéraires.

Schéma narratif : outil d'analyse qui permet de dégager les composantes essentielles d'une histoire, de voir comment elles s'organisent dans le texte, donc de dresser en quelque sorte le plan du récit à partir de la situation initiale (donc de la première page aussi appelée **incipit**) jusqu'à la situation finale (les dernières pages du récit qui présente le dénouement, aussi appelées **excipit**).

Sellers, Catherine : comédienne française (née en 1928) qui s'est surtout distinguée au théâtre.

Structure : ensemble des éléments organisateurs d'un récit.

Style : ensemble d'éléments qui singularisent un texte par rapport à l'usage de la langue. Par exemple : types de phrases, caractère imagé ou humoristique des phrases, emploi de figures de style, variation des niveaux de langue, etc.

Stylistique : qui appartient à l'expressivité, à l'aspect non logique de l'expression ; relatif au style d'un auteur. On parle de procédés stylistiques, d'emplois stylistiques.

Surréalisme : courant artistique (1920-1950) favorisant l'accès aux rêves et à l'inconscient, notamment par le moyen de l'écriture automatique.

Temps circulaire : organisation temporelle qui donne l'impression que l'intrigue n'avance pas, qu'elle fait des retours sur elle-même, notamment par la reprise d'anecdotes (par opposition au temps linéaire des romanciers réalistes).

Terrorisme : recours à des actes de violence pour servir l'avancement d'une cause politique.

Thématique : réseau des grandes idées significatives d'un texte.

Totalitarisme : régime qui réprime toute possibilité d'opposition surtout sur le plan politique et qui exerce un plein contrôle sur les institutions de l'État. Répression, censure et atteinte aux droits de l'homme.

Tragédie : pièce de théâtre versifiée, répondant aux règles du classicisme, et qui place le noble héros face à des choix déchirants mettant en jeu sa propre destinée et celle du royaume.

Vian, Boris : artiste polyvalent (1920-1959), notamment écrivain et compositeur de chansons, à la croisée du surréalisme et de l'existentialisme.

Bibliographie

Ouvrages

– Gérard Bessette, *Le libraire*, Éd. Pierre Tisseyre, 1993.
– Albert Camus, *L'envers et l'endroit*, coll. « Idées NRF », Gallimard, 1970.
– Albert Camus, *Le mythe de Sisyphe*, Gallimard, 2001.
– Albert Camus, *Caligula*, Gallimard, 2006.
– Albert Camus, *Le malentendu*, Gallimard, 2006.
– Albert Camus, *L'homme révolté*, Gallimard, 1985.
– Albert Camus, *Noces*, Gallimard, 1938.
– Albert Camus, *La chute*, Gallimard, 1956.
– Albert Camus, *La peste*, coll. « Folio » n° 119, Gallimard, 2008 (avec un dossier de Mériam Korichi).
– Albert Camus, *Le premier homme*, Gallimard, 1994.
– Simone de Beauvoir, *Les mandarins*, tomes I et II, coll. « Folio », Gallimard, 1954.
– Jeanyves Guérin (sous la direction de), *Dictionnaire Albert Camus*, Éd. Robert Laffont, 2009.
– Morvan Lebesque, *Camus par lui-même*, coll. « Écrivains de toujours », Éd. Du Seuil, 1963.
– José Lenzini, *Albert Camus*, coll. « Les essentiels », Milan, 1995.
– Jacqueline Lévi-Valensi, *Jacqueline Lévi-Valensi commente La peste d'Albert Camus*, coll. « Folio », Gallimard, 1991.
– Jacqueline Lévi-Valensi, *Albert Camus ou la naissance d'un romancier (1930-1942)*, coll. « Les cahiers de la NRF », Gallimard, 2006.
– Herbert R. Lottman, *Albert Camus* (traduit de l'américain), Éd. Du Seuil, 1978.
– Michel Mougenot, *L'étranger d'Albert Camus*, coll. « Parcours de lecture », Éd. Bertrand-Lacoste, 1987.